Handbuch Systematischer Theologie
Herausgegeben von Carl Heinz Ratschow
Band 8

Gütersloher Verlagshaus Gerd Mohn

Albrecht Peters

Der Mensch

Gütersloher Verlagshaus Gerd Mohn

Handbuch Systematischer Theologie (HST)
Herausgegeben von Carl Heinz Ratschow

Das gesamte HST besteht aus den folgenden Bänden:

1. Oswald Bayer, Theologie
2. Albrecht Peters, Gesetz und Evangelium
3. Paul Wrzecionko, Wort Gottes
4. Carl Heinz Ratschow, Geist Gottes
5. Carl Heinz Ratschow, Jesus Christus
6. Jörg Baur, Gott
7. Erwin Quapp, Schöpfung
8. Albrecht Peters, Der Mensch
9. Jörg Baur, Sünde
10. Ulrich Kühn, Kirche
11. Ulrich Kühn, Sakramente
12. Albrecht Peters, Rechtfertigung
13. Martin Seils, Glaube
14. Oswald Bayer, Christliches Leben
15. Martin Schloemann, Hoffnung und Vollendung
16. Carl Heinz Ratschow, Die Religionen
17. Ulrich Mann, Das Wunderbare
18. Walter Sparn, Die Wirklichkeit

CIP-Kurztitelaufnahme der Deutschen Bibliothek

Handbuch systematischer Theologie / hrsg. von
Carl Heinz Ratschow. – Gütersloh: Gütersloher
Verlagshaus Mohn.
NE: Ratschow, Carl Heinz [Hrsg.]
Bd. 8. – Peters, Albrecht: Der Mensch

Peters, Albrecht:
Der Mensch / Albrecht Peters. – Gütersloh:
Gütersloher Verlagshaus Mohn, 1979.
ISBN 3-579-04923-2
(Handbuch systematische Theologie; Bd. 8)

ISBN 3-579-04923-2

Satz: IBV Lichtsatz KG, Berlin
Druck und Bindung: Hieronymus Mühlberger, Augsburg
Umschlagentwurf: Dieter Rehder, Aachen
Printed in Germany

Das Handbuch Systematischer Theologie wurde in vielen Treffen auf dem Schwanberg erarbeitet. Wir widmen seine ersterscheinende Lieferung der Communität Casteller Ring in Dankbarkeit für die Gastfreundschaft und geistliche Gemeinschaft.

Inhalt

Verzeichnis der Abkürzungen

Althaus, Paul:

CW	Die christliche Wahrheit. Lehrbuch der Dogmatik, 8. Aufl., Gütersloh 1969.
GD	Grundriß der Dogmatik, 4. Aufl., Gütersloh 1958.

Barth, Karl:

KD	Kirchliche Dogmatik, 13 Bde., Zollikon-Zürich 1932ff.
BSLK	Bekenntnisschriften der evangelisch-lutherischen Kirche, 6. Aufl., Göttingen 1967.

Calvin, Johannes:

Inst.	Institutio Christianae religionis, letzte Ausg. 1559.
OS	Joannis Calvini Opera selecta, hg. von Peter Barth und Wilhelm Niesel, München 1926ff.
CR	Corpus reformatorum (die Calvin-Texte sind zitiert nach der Bandzahl der Calvini Opera).

Elert, Werner:

CG	Der christliche Glaube. Grundlinien der lutherischen Dogmatik, 3. Aufl., Hamburg 1956.
CE	Das christliche Ethos. Grundlinien der lutherischen Ethik, 2. Aufl., Hamburg 1961.
LLA	Die Lehre des Luthertums im Abriß, Erlangen 1978.
ML	Morphologie des Luthertums, Bd. I und II, 3. Aufl., München 1965.

Luther, Martin:

WA	M. Luther Werke, kritische Gesamtausgabe, Weimar 1883ff.
WA.B	Briefwechsel.
WA.DB	Deutsche Bibel.
WA.TR	Tischreden.

Melanchthon, Philipp:

StA	Studienausgabe, hg. von Robert Stupperich, Bd. II, 1 und 2, Gütersloh 1952.

Tillich, Paul:

ST	Systematische Theologie, Bd. I–III, Stuttgart 1955–1966.
GW	Gesammelte Werke, Stuttgart 1959ff.
GWErg.	Ergänzungs- und Nachlaßbände, Stuttgart 1971ff.

Weber, Otto:

GD	Grundlagen der Dogmatik, Bd. I und II, 2. Aufl., Neukirchen 1959.

Die weiteren Abkürzungen richten sich nach RGG, 3. Aufl., soweit dort nicht verzeichnet nach: *Siegfried Schwertner:* Internationales Abkürzungsverzeichnis für Theologie und Grenzgebiete, Berlin und New York 1974.

Einleitung zum Handbuch Systematischer Theologie

In der theologischen und kirchlichen Debatte der Gegenwart vertreten die evangelischen Theologen und Kirchenführer das »Erbe der Reformation« nach wie vor in der Meinung, daß sich die Grundüberzeugungen der Reformatoren auch heute als angemessener Ausdruck christlichen Welt- und Selbstverständnisses erweisen. Die Kirchenordnungen der evangelischen Kirchentümer basieren das kirchliche Leben auf die Einsichten der Reformatoren, wobei das sola scriptura eine ebenso große Rolle spielt wie das sola fide. In den Präambeln der Kirchenverfassungen werden die Confessio Augustana samt der Apologie und anderen Bekenntnissen des 16. Jahrhunderts herangezogen. Wird diese Bekenntnisbindung auch inhaltlich verantwortet? Geht die Bindung an die Glaubensüberzeugung der Reformatoren und deren theologische Ausprägung heute über eine bloße Versicherung hinaus?

Diese Frage drängt sich auch auf, wenn man das innerevangelische kirchliche und theologische Gespräch verfolgt. Dafür *zwei* Beispiele: *Erstens:* Bei den Verhandlungen des Lutherischen Weltbundes in Helsinki 1963 wurde deutlich, daß das theologische Kernstück der Theologie Luthers, die Rechtfertigungslehre, den Vollzug evangelischen Glaubens offenbar nicht mehr so angemessen zu beschreiben vermag, wie das einmal der Fall war. Zwar kann man die historische Bedeutung dieses Lehrstückes gut begreifen, aber der Glaube evangelischer Christen ist aus der Glaubens-Frage und Glaubens-Antwort offenbar ausgewandert, die hinter der Rechtfertigungslehre steht. *Zweitens:* Bei den Lehrgesprächen zwischen den lutherischen und den reformierten Kirchen konnten in der Neuzeit konkordienartige Vereinbarungen getroffen werden, die im 16. Jahrhundert nicht zu erreichen waren.

Die Frage ist also unabweisbar, ob das vielberufene »reformatorische Erbe« heute mehr ist als eine verbale Kennzeichnung, der kein Inhalt mehr entspricht? Freilich muß diese Frage differenzierter gestellt werden. Ganz bestimmte Positionen scheinen sich ohne tiefgreifende Veränderungen durchgehalten zu haben. Es gibt im Gemeindebewußtsein der Gegenwart aber auch Grundüberzeugungen, die als evangelisch gelten, obwohl sie nicht durchweg auf reformatorische Motive des 16. Jahrhunderts zurückgehen, wie z. B. ein fundamentalistisches Bibelverständnis oder eine liberale, um nicht zu sagen lässige Auffassung dessen, was im evangelischen Christentum denn nun zu glauben sei. Es ist gewiß nicht leicht, solche Phänomene exakt zu beschreiben. Allerdings ist ohnedies nicht zu erwarten, daß sich der theologische Ausdruck des Glaubens über so bewegte Jahrhunderte, wie das 18. und 19. Jahrhundert es waren, hinweg unverändert erhalten haben sollte.

Von dem geistigen Umschwung, der sich mit der Aufklärung vollzog und mit dem Idealismus zunächst konsolidiert zu sein schien, der sich aber bis in die Gegenwart hinein fortsetzt, ist nicht nur das theologische Denken, sondern auch das unmittelbare Selbstverständnis des Glaubens beeinflußt worden. Die theologische Reflexion war von dieser Wandlung allerdings besonders stark betroffen, weil die denkerische Selbst- und Weltvergewisserung seit dem 16. Jahrhundert radikalen Veränderungen unterlag. Zwar kann man bezweifeln, ob es in den letzten drei Jahrhunderten zu tieferen Einsichten oder angemesseneren Begriffsbildungen gekommen ist. Aber auch der christliche Glaube selbst hat sich den Wandlungen dieser Jahrhunderte nicht zu entziehen vermocht, zumal sie ihm nicht selten unbewußt blieben. Zu tief greift etwa die naturwissenschaftliche Weltanschauung und in ihrem Gefolge die Technisierung der Welt und die Umschichtung der Gesellschaft in das Sinngefüge und das Weltverhalten der Christen ein. Der Glaube versteht sich vor diesem Hintergrund in vieler Hinsicht anders als zur Zeit der Reformation.
Gewiß sind die grundmenschlichen Faktoren von Liebe und Tod, Freude und Leid, Schuld und Vergebung geblieben, wie sie immer waren. Aber der Horizont dieser Erfahrungen hat sich geändert, vor allem das Zeit- und Raumbewußtsein. Und gerade dieses Zeit- und Raumbewußtsein läßt jene grundmenschlichen Faktoren in je eigener Weise erfahren. Die Menschen sind so gut und so böse, wie sie eh und je waren. Aber wie sie sich nach Grund und Ziel in ihrer Güte wie in ihrer Bosheit selbst sehen, das hat sich gewandelt. Das besagt viel. Die hohe Reizschwelle des modernen, weltweit wohlinformierten Menschen macht ihn gegen Erschütterungen taub, von denen der christliche Glaube einst bestimmt war; und was den heutigen Menschen trösten kann, das ist nicht mehr ohne weiteres der »liebe jüngste Tag«.
Man muß also annehmen, daß sich nach vier Jahrhunderten seit der Reformation der christliche Glaube im Widerschein der eigentümlich neuzeitlichen Beleuchtung ebenso andersartig darstellt und versteht, wie sich der denkerische Ausdruck des Glaubens unter den Bedingungen, die das moderne Denken setzte, verändert hat. In diesen Überlegungen liegt die Arbeitshypothese dieses Handbuches Systematischer Theologie (HST). In diesem HST wollen wir den Versuch machen, an wichtigen systematisch-theologischen Fragestellungen zu zeigen, ob, wie und warum sich der theologische Ausdruck des evangelischen Glaubens seit der Reformation verändert hat. Aufgrund solcher Veränderungen wird man vielleicht auch etwas darüber sagen können, ob und wie sich der Glaube evangelischer Christen gewandelt hat, der hinter dem theologischen Ausdruck liegt. Eigentlicher Beobachtungsgegenstand ist jedoch die Systematische Theologie: der Schluß auf den Glauben selbst wird nur zum Teil und nur mit Vorsicht gezogen werden können.
Die Aufgabe, die wir uns in dieser Arbeit gestellt haben, besteht also darin festzustellen, ob und wie sich der theologische Ausdruck des evangelischen

Glaubens vom 16. zum 20. Jahrhundert verändert hat. Die einzelnen Beiträge werden das Ausmaß dieser Veränderung sehr verschieden darstellen. Man kann aber das Ganze des Prozesses nur an den konkreten Einzelfragen überhaupt erfassen.

Diese Aufgabe verlangt eine strenge Beschränkung in der Auswahl und Darstellung des Stoffes. Es ist weder möglich, die gesamte Theologie der Reformatoren darzustellen, noch kann die evangelische Dogmatik des 20. Jahrhunderts auch nur annähernd umfassend behandelt werden. Wir hoffen, an exemplarisch ausgewählten, einzelnen theologischen Ausdrucksgestalten das Ganze repräsentativ erörtern zu können. Aufgrund eingehender Beratungen über die Stoffe des 16. und des 20. Jahrhunderts wollen wir versuchen, die gestellte Aufgabe an folgenden Einzelthemen zu lösen: 1. Theologie; 2. Gesetz und Evangelium; 3. Wort Gottes; 4. Geist Gottes; 5. Jesus Christus; 6. Gott; 7. Schöpfung; 8. Der Mensch; 9. Sünde; 10. Kirche; 11. Sakramente; 12. Rechtfertigung; 13. Glaube; 14. Christliches Leben; 15. Hoffnung und Vollendung; 16. Die Religionen; 17. Das Wunderbare; 18. Die Wirklichkeit.

Unsere Beratungen und Vorarbeiten haben gezeigt, daß dieses Handbuch in allen seinen Einzelbeiträgen dieselben Bezugsfelder haben muß, damit ihre Ergebnisse miteinander verglichen werden können. Darum sind die Einzelbeiträge im wesentlichen gleich aufgebaut. In jedem Beitrag werden folgende *drei* Schritte vollzogen:

A. Erstens muß die reformatorische Position erhoben werden. (Nur in besonderen Fällen wird von der Theologie des 20. Jahrhunderts ausgegangen werden müssen.) In allen Beiträgen wird dies an Luther, Melanchthon und Calvin geschehen. Die Behandlung der Reformatoren soll aber nicht Selbstzweck sein. Es geht uns beispielsweise nicht darum, eine neue Deutung der Ekklesiologie Luthers vorzulegen. Es geht uns auch nicht um eine Darstellung der theologischen Entwicklung Luthers oder Calvins. Wir wollen die reformatorischen Positionen vielmehr zum Vergleich mit der Theologie des 20. Jahrhunderts möglichst übersichtlich zusammenstellen. Zu dieser Beschränkung zwingt nicht nur der Umfang, der dem einzelnen Beitrag zur Verfügung steht, sondern auch die Absicht des Ganzen.

Wir haben daher vereinbart, daß wir *Luther, Melanchthon* und *Calvin* nur nach ihren Spätwerken darstellen wollen. Das heißt für Calvin nach der Institutio von 1559, für Melanchthon nach den Loci von 1559. Für Luther ist eine entsprechende Auswahl schwierig. Wir haben uns auf die Disputationen, die in WA 39 I.II abgedruckt sind, geeinigt. (Diese Disputationen sind zwar kein geschlossenes Werk, aber ihr literarisches Genus verleiht ihnen eine gewisse Einheitlichkeit.)

Wir wollen in den einzelnen Fragestellungen die Reformatoren nach diesen Texten zur Sprache kommen lassen. Die explizite Auseinandersetzung mit der

Sekundärliteratur ist nicht beabsichtigt, sondern die möglichst profilierte Darstellung der primären theologischen Aussagen selbst.
Dieses Verfahren hat seine Mängel. Einmal werden z. B. in der Christologie manche Feinheiten und gewisse Besonderheiten der Christologie Luthers nicht auftauchen, weil sie in den genannten Disputationen nicht vorkommen. Trotzdem wird sich ein zutreffendes Bild der christologischen Überzeugungen Luthers ergeben, wenn es der Darstellung gelingt, Luther authentisch zur Sprache zu bringen. Sodann wird es sich an einzelnen Stellen zeigen, daß die Disputationen Luthers, aber auch die Loci Melanchthons für bestimmte Fragestellungen nichts hergeben. Dann wird man ausnahmsweise auf andere Texte zurückgreifen müssen. Es wird freilich die Ausnahme bleiben müssen, um die Vergleichbarkeit der einzelnen Beiträge nicht zu gefährden. Nur bei gleichen Textbezügen ist es möglich, die einzelnen Beiträge quer zu lesen und damit de facto eine Gesamtdarstellung der Theologie Luthers nach seinen Disputationen, Melanchthons nach seinen letzten Loci und Calvins nach der Institutio letzter Hand zu bieten. Ein solcher Vergleich ist notwendig, wenn man die Veränderungen der theologischen Positionen an mehreren oder eben an allen Teilstücken nebeneinander erkennen will.

B. Zweitens muß die Position der modernen evangelischen Theologie erhoben werden. In diesem Teil ist eine analoge Beschränkung notwendig. Wir haben uns darauf geeinigt, die Dogmatiken von *Paul Althaus, Paul Tillich* und *Karl Barth* zugrunde zu legen. (Gelegentlich muß P. Althaus durch Werner Elerts Dogmatik ergänzt werden; auch für K. Barth wird manchmal Otto Webers Dogmatik herangezogen.)
Die Darstellung dieser drei Werke kann wiederum nicht Selbstzweck sein. Es ist z. B. nicht möglich, die Genese der Gedanken Paul Tillichs bis zu seiner Systematischen Theologie zu verfolgen, obwohl vieles in seinem Werk sich erst einer solchen Betrachtung ganz erschließt. Es wird auch nicht möglich sein, die Kirchliche Dogmatik von Karl Barth in ihrer ganzen Breite darzustellen. Wir werden uns auf die Herausarbeitung der Hauptlinien beschränken müssen. Aber je deutlicher diese Hauptlinien hervortreten, je konzentrierter das Wesentliche eines Lehrstückes herausgearbeitet ist, desto klarer werden die Konturen im ganzen. Auch in diesem zweiten Teil geht es um eine möglichst authentische Darstellung. Selbstverständlich hat diese wie jede Darstellung interpretativen Charakter, und die Meinung der einzelnen Bearbeiter wird zutage treten. Eben dadurch soll aber die Aufmerksamkeit wiederum auf die Aussagen Althaus', Tillichs und Barths selbst gelenkt werden.

C. In einem dritten Teil müssen die theologischen Positionen der Reformatoren (A) und der Theologen des 20. Jahrhunderts (B) aufeinander bezogen werden. Dies kann nur in *drei* einander bedingenden Schritten geschehen.

Erstens sind die Verschiedenheiten in den Aussagen zur selben Sache festzustellen. Es ist zu fragen, was in den einzelnen Lehrstücken anders gesagt und definiert wird. Hierher gehört auch zu fragen, ob sich der gedankliche Ausdruck eines Gehaltes oder dieser Gehalt selbst geändert hat. Dabei ist von Belang, ob ganz bewußte Korrekturen, wie bei der Zweinaturenlehre, oder ob kaum bemerkte innere Verschiebungen, wie bei der Sakramentslehre, vorliegen. *Zweitens* muß untersucht werden, ob sich diese Veränderungen erklären lassen: ob Veränderungen in der theologischen Denkstruktur bzw. in der Struktur des Denkens überhaupt, oder ob Wandlungen im Selbstverständnis des evangelischen Glaubens selbst dazu führten. Dazu wird man eventuell auf theologische Zwischenstationen, etwa bei Leibniz, Lessing oder Schleiermacher, oder auf die geistesgeschichtliche Wende der Aufklärungsphilosophie und des Idealismus, oder auf die vitalistischen und existentialistischen Denkversuche des 20. Jahrhunderts verdeutlichend hinweisen müssen. *Drittens* muß berücksichtigt werden, daß Tendenzen theologischen Denkens neben und nach den behandelten Dogmatiken des 20. Jahrhunderts zum Teil in ganz andere Richtung weiterführen. Seit dem Abschluß der genannten Dogmatiken wurde in vielen Lehrstücken Neuartiges gedacht, das sich zu den reformatorischen Gedanken ebenso fremd verhält wie zu den modernen Dogmatiken. Diese Tendenzen theologischer Neuorientierung werden abschließend notiert und womöglich mit dem durchgeführten Vergleich in Beziehung gebracht werden.

Soweit die Aufgabenstellung, die Inhalte und der Aufbau des Handbuchs Systematischer Theologie. Während der Vorarbeiten ist uns deutlich geworden, daß das HST nicht etwa eine Super-Dogmatik werden kann und soll. Die einzelnen Beiträge wie das Gesamtwerk haben auch nicht die dogmatische Meinung des jeweiligen Mitarbeiters als solche zum Thema. Vielmehr soll eine Art Hilfsarbeit für das dogmatische Denken geleistet werden. In allen *drei* Arbeitsschritten kommt es uns daher auf möglichst *sachliche* Feststellungen an, die unserer Eigenmeinung nur *indirekt* Raum geben. Es ist uns aber auch sehr deutlich, daß die einzelnen Beiträge ihren Gegenstand nicht systematisch-theologisch erschöpfend behandeln können. Sie wollen nicht selbst die einzelnen Lehrstücke neu begründen, sondern feststellen, ob und wie zwischen dem 16. und dem 20. Jahrhundert Veränderungen in ihnen stattgefunden haben, ob in der Substanz der Sache oder ihrem begrifflichen Gerüst, und ob über die bearbeiteten Dogmatiken des 20. Jahrhunderts hinaus die Tendenz zu weiteren Veränderungen sichtbar wird.

Die Kenntnis der »Hilfsarbeit«, die wir hier vorhaben, kann nach unserer Überzeugung von großer Wichtigkeit für die weitere systematisch-theologische Arbeit sein. Sie trägt dazu bei, die Veränderungen seit dem 16. Jahrhundert zu verstehen und zu beurteilen. Die Klarheit hierüber dient nicht nur dem Studium und der Wissenschaft, sondern ist auch für die Selbsteinschätzung

der evangelischen Kirchen, speziell für die Frage der Bekenntnistreue und der Ordinationsverpflichtung, von Belang.
Wir haben in unseren Beratungen auf dem Schwanberg lange Zeit angenommen, dieses Werk könne in zwei oder drei Bänden geschlossen erscheinen. Dies hätte den Vorteil gehabt, daß der Benutzer immer das Ganze zur Hand gehabt hätte, um zwischen einzelnen Punkten vergleichen zu können. Inzwischen hat sich aber gezeigt, daß solche voluminösen Bände verlegerisch und buchhändlerisch nicht mehr zu kalkulieren sind. Daraufhin haben wir uns entschlossen, die einzelnen Beiträge in Lieferungen erscheinen zu lassen. Dies hat überdies den Vorteil, daß die Mitarbeiter zeitlich weniger voneinander abhängen und daß die einzelnen Teile des Werkes auch je für sich erworben werden können. Da die Einzelbände jedoch insgesamt subskribiert werden können, ist dem Ganzen kein Abbruch getan. Die bisherigen Vorarbeiten lassen hoffen, daß die Beiträge einander in nicht zu großen Abständen folgen werden.

Für die Mitarbeiter: Carl Heinz Ratschow

Vorbemerkung

Biblisch-reformatorische Anthropologie – heute?

1. Martin Buber beginnt seine kleine Schrift zum »Problem des Menschen« mit den Worten eines der letzten chassidischen Lehrer an seine Schüler: »Ich habe ein Buch verfassen wollen, das sollte ›Adam‹ heißen, und es sollte darin stehen der ganze Mensch. Dann aber habe ich mich besonnen, dieses Buch nicht zu schreiben.«[1] Wir fügen zu den vielen Büchern über den Menschen ein neues hinzu; der »ganze Mensch« steht nicht in ihm. Sind wir Menschen uns hier auf Erden doch ein unlösbares Rätsel. Die Menschheit und der einzelne sind vom Ursprung her zu sich unterwegs. Doch erst spät werden wir uns zu einem eigenen Thema und immer sind wir unendlich viel mehr, als wir von uns wissen. Auch in der christlichen Überlieferung wurden die Einsichten zur Person gewonnen in der Trinitätslehre und in der Christologie und selbst noch in der Lehre von den Engeln[2]. Wir Menschen sind uns nicht zufällig erst so spät zu einem herauslösbaren Thema geworden. Wir vermögen uns nur indirekt mit Hilfe eines Spiegels zu sehen. Wir erfahren uns nur so, daß wir uns handelnd und denkend überschreiten, sind wir doch alle nur dadurch überhaupt Menschen geworden, daß man uns aufnahm und in die Gemeinschaft einwies. Wir kommen uns selber nur vom Gegenüber her entgegen. Selbsterkenntnis erwächst aus Fremderkenntnis. Wir erfahren uns nur und orten uns im »Zwischen«[3], zwischen Gemeinschaft und Individuum, zwischen Welt und Selbst, zwischen Natur und Geist, zwischen Tier und Engel, zwischen Gebundenheit und Freiheit, zwischen Ausgesetzt- und Angenommensein, zwischen Vertrauen und Verzweiflung, zwischen Nichts und Sein, zwischen Gott und Widergott.

2. Der Name »Anthropologia« als Bezeichnung für eine »Psychologia« des Menschen im Unterschied zum nichtmenschlichen Leben tritt schon im 16. Jahrhundert auf[4], eine medizinische und ethnologische Anthropologie konstituiert sich im 18. Jahrhundert[5], doch Wissenschaften vom Menschen in methodisch streng durchreflektierter Gestalt wachsen erst in unserem Jahrhundert zu einem nicht mehr zu übersehenden Geflecht an. Sie gewähren uns eine ungefähre Vorstellung vom Werden des Menschen innerhalb der gesamten Evolution des Lebens. Dieser Horizont ist in den Dogmatiken von Barth,

---

1. *M. Buber:* Das Problem des Menschen, Heidelberg 1948, S. 9.
2. Hierauf macht *W. Pannenberg* im Artikel: Person, RGG[3] V, 230–235, aufmerksam.
3. Zum Begriff des »Zwischen(menschlichen)« *Martin Buber:* Das dialogische Prinzip, Heidelberg 1973[3], S. 271–298.
4. Im klassischen Griechisch erscheint ἀνθρωπόλογος nur einmal als abschätzige Chiffre für ruhm- oder klatschsüchtiges Gerede von Menschen über Menschen (Aristoteles Nik. Ethik IV,8, 1125a 5–9), später ist es Verweis auf Gottes Akkomodation an unser menschliches Verständnis (ähnlich wie »anthropomorph«); die Belege bei *Odo Marquard,* Art.: Anthropologie, HWPh I (1971), Sp. 362–374.
5. Hierzu bes. *Sergio Moravia:* Beobachtende Vernunft. Philosophie und Anthropologie in der Aufklärung, München 1973.

Elert und Althaus noch kaum gegenwärtig; am deutlichsten tritt er bei Tillich hervor. Den Reformatoren war er verschlossen.

3. Sigmund Freud faßte jenen tiefgreifenden Wandel in die These von der dreifachen, der kosmologischen, biologischen und psychologischen »Demütigung« des Menschen[6]. Der Mensch, durch Kopernikus (und Keppler) mit der Mutter Erde aus dem Zentrum der Welt hinausgeschleudert und zum »Zigeuner am Rande des Universums« (Jacques Monod) verdammt, durch Darwin zum Spielball der Dioskuren Mutation und Selektion degradiert und der blinden Gnadenlosigkeit des Wahrscheinlichkeitsgesetzes preisgegeben, durch Freud selber aus dem Haus des eigenen Selbst verstoßen und in den furchtbaren Streit zwischen der unerbittlichen Realität, dem brodelnden Triebchaos des Es und der strengen Aufsicht des Über-Ich eingewiesen. Doch diese dreifache Demütigung zieht nur den Schleier vor der Situation weg, in der wir uns längst vorfinden. Die bittere Desillusionierung läßt nur die immer schon bewußte Spannung zwischen Elend und Größe noch eindringlicher hervortreten. Indem wir uns selber an diesem nun klar markierten Ort erkennen, befinden wir uns notwendig auf beiden Seiten, auf der des Erkannten wie auf der des Erkennenden. Auch wissenschaftlich aufweisbar, entspräche dem raumzeithaften Außenaspekt des verschwindenden Punktes im sich rasant ausdehnenden All der biologische Innenaspekt sich nach dem Maßstab der Potenzierung ständig komplexer gestaltender Bauelemente des Kosmos. Beide Blickweisen greifen ineinander im Geheimnis unserer »exzentrischen Positionalität«[7];indem wir uns selber an einem bestimmten Ort erkennen, sind wir beides zugleich und in eins, dieser raum-zeitliche Punkt und der Horizont alles Raum-Zeithaften[8]. Diese Aporie läßt die letzte Alternative nur noch unausweichlicher hervortreten: Kommen wir als je einzelne, als konkrete Lebensgemeinschaft und als Gesamtmenschheit mit der kosmischen Evolution aus einer Urzeugung und sinken in die Todesstarre zurück oder kommen wir letztlich aus der gütigen Segenshand des Schöpfers und gehen dem ewigen Richter und Erretter entgegen?

4. Im engen Horizont des biblischen Weltbildes mit seinen nicht einmal 6000 Jahren Weltgeschichte sowie mit der Mittelpunktstellung der Erde haben die Reformatoren unser Menschsein als unumkehrbaren Weg skizziert und sich dabei unmittelbar vor dem Ziel gesehen, ist doch der Mensch sich ständig in seiner Hoffnung bereits vorweg und nimmt so gleichsam vom Ziel her erst den Weg unter die Füße. Der Mensch, ursprunghaft erschaffen zum Bilde Gottes, der Sünde verfallen und Gott entfremdet, in Jesus Christus, dem wahrhaften Ebenbild des Vaters, erneut zurückgerufen auf den Weg des Gehorsams, der ewigen Vollendung entgegen. Dieser noch mythisch überhöhte Weg von der Weltschöpfung zur Totenauferweckung ist für einen jeden existen-

---

6. Siehe hierzu etwa *Joachim Illies:* Die drei Demütigungen durch die Naturwissenschaft, in: Was ist das eigentlich – der Mensch?, *hg. von Eberhard Stammler,* München 1973, S. 41–58 und *Helmut Thielicke:* Mensch sein – Mensch werden. Entwurf einer christlichen Anthropologie, München und Zürich 1976, S. 43–47.

7. Siehe hierzu unten S. 172ff.

8. *Thomas von Aquin:* Contra gentes II,68: »... anima intellectualis dicitur esse quasi quidam horizon et confinium corporeorum et incorporeorum, inquantum est substantia incorporea, corporis tamen forma«; vgl. III,135; IV,55; Prol. in III. Sent.

tiell konzentriert auf die Rechtfertigung des Gottlosen. Dabei übergreift die abgründige Ohnmacht in der Heilsdimension die freie Verantwortung in der Weltgestaltung. Auch die institutionell strukturierte Sozialität bleibt umspannt vom Ringen zwischen Gut und Böse, Leben und Tod, Gott und Gegengott.

5. Melanchthon sucht diese biblische Sicht bereits zu vermitteln mit einer naturphilosophischen Anthropologie im Anschluß an Aristoteles und Galen; hieran knüpft die Wissenschaft des 17. und 18. Jahrhunderts an. Calvin greift unter der Chiffre der Imago Dei die durch Ficino und Erasmus erneuerte pythagoräisch-platonische Vorstellung von der unsterblichen Seele im erdenschweren Leibeskerker auf. Luther öffnet sich dem Geheimnis unerzwingbaren Lebens, verknüpft hierzu alltägliche Sprichworteinsicht mit der alttestamentlichen und antiken Weisheit. Er stößt am bewußtesten zu einer existentialen Schau durch, die analog in gegenwärtigen Humanwissenschaften präsent ist. Doch orientiert er die exzentrische, responsorische und eschatologische Dynamik jeglichen Menschseins streng auf Jesus Christus und zeichnet die Gottesrelation ein in unsere todverfallene Existenz.

A. Anthropologie bei den Reformatoren

I. Martin Luther

Literatur: Paul Althaus: Die Theologie Martin Luthers, Gütersloh 1962, S. 119–159. 195–248; *ders.:* Paulus und Luther über den Menschen, SLA 14, Gütersloh 1958[3]. – *Heinrich Bornkamm:* Luther. Gestalt und Wirkungen; Ges. Aufsätze, SVRG 188, Gütersloh 1975. – *Ph. Bachmann:* Der Mensch als Ebenbild Gottes, in: Das Erbe Martin Luthers und die gegenwärtige theol. Forschung. Theol. Abh. Ludwig Ihmels zum 70. Geburtstag, Leipzig 1928, S. 273ff. – *Gerhard Ebeling:* Lutherstudien, Bd. I, Tübingen 1971, S. 221–285 und Bd. II, Teil I (Disputatio de homine), Tübingen 1977; *ders.:* Luther. Einführung in sein Denken, Tübingen 1964. – *Reinhold Gallinat:* Der »natürliche Mensch« nach Luther, LuJ 42 (1975), S. 33–51. – *Leif Grane:* Modus loquendi theologicus. Luthers Kampf um die Erneuerung der Theologie (1515–1518), AThD 12, Leiden 1975. – *Bengt Hägglund:* De homine. Människoupfattningen i äldre luthersk tradition, STL 18, Lund 1959. – *Lauri Haikola:* Studien zu Luther und zum Luthertum, UUA 1958 II, Uppsala–Wiesbaden 1958, S. 7–55. – *Emanuel Hirsch:* Lutherstudien, Bd. I (zum Gewissen), Gütersloh 1954. – *Wilfried Joest:* Ontologie der Person bei Luther, Göttingen 1967. – *Eberhard Jüngel:* Zur Freiheit eines Christenmenschen. Eine Erinnerung an Luthers Schrift, München 1978. – *Bernhard Lohse:* Ratio und Fides. Eine Untersuchung über die Ratio in der Theologie Luthers, FKDG 8, Göttingen 1958. – *Wilhelm Maurer:* Von der Freiheit eines Christenmenschen. Zwei Untersuchungen zu Luthers Reformationsschriften 1520–21, Göttingen 1949. – *Kjell Ove Nilsson:* Simul. Das Miteinander von Göttlichem und Menschlichem in Luthers Theologie, FKDG 17, Göttingen 1966. – *Steven E. Ozment:* Homo spiritualis. A comparative study of the anthropology of Johannes Tauler, Jean Gerson and Martin Luther (1509–16) in the context of their theological thought, SMRT 6, Leiden 1969. – *Erdmann Schott:* Fleisch und Geist nach Luthers Lehre, unter bes. Berücksichtigung des Begriffes »totus homo«, Leipzig 1928. – *Reinhard Schwarz:* Fides, spes und caritas beim jungen Luther, AKG 34, Berlin 1962. – *Martin Seils:* Der Gedanke vom Zusammenwirken Gottes und des Menschen in Luthers Theologie, BFChTh. M. 50, Gütersloh 1962. – *M. Stomps:* Die Anthropologie Martin Luthers (Phil. Abhandl. 4), Frankfurt 1935. – *Gustaf Wingren:* Luthers Lehre vom Beruf, FGLP X, 3, München 1952; *Gustaf Wingren:* Das Problem des Natürlichen bei Luther, in: Kirche, Mystik, Heiligung und das Natürliche bei Luther; Vorträge des dritten Intern. Kongresses für Lutherforschung, herausgegeben von Ivar Asheim, Göttingen 1967, S. 156–168.

a) Drei anthropologische Aspekte der Disputation über den Menschen

Der Reformator hat seine Sicht des Menschen nur beiläufig und indirekt entfaltet. Dies erfolgt einerseits in den Auslegungen der einschlägigen paulinischen Worte im Römer- und Galaterbrief sowie im Auferstehungskapitel des 1. Korintherbriefes und andererseits in den Interpretationen der Genesis sowie des ersten Glaubensartikels.

Eine systematische Zusammenfassung bietet allein die »Disputatio de homine« von 1536[1].

1. Der Mensch im Welthorizont als Skopus der Philosophie

1. In den ersten Thesen (Th. 1–19) jener Disputation skizziert Luther zunächst die philosophische Sicht des Menschen, der an dieses Erdenleben gebunden und dem Tode verfallen ist (Th. 3: homo mortalis et huius vitae); sodann expliziert er unser Menschsein im Horizont der Theologie unter der Chiffre des »homo theologicus« (Th. 20–40)[2]. Hierbei stellt er Philosophie und Theologie, Vernunft und Glauben nicht kontradiktorisch einander gegenüber, vielmehr läßt er die philosophische Sicht von der theologischen umgriffen sein. Hierzu bedient er sich des traditionellen aristotelischen Schemas der vier Ursachen[3]. Die Philosophie wisse zwar um die stoffliche Ursache (causa materialis), um das Menschsein in seiner Leibesexistenz (Th. 12), doch schon bei der gestaltgebenden Ursache (causa formalis), bei der menschlichen Seele, die Aristoteles als erstbewegende Kraft eines lebensfähigen Körpers verstanden habe (Th. 15f.)[4], gerate sie mit sich selbst in Widerstreit. Als Zielursache (causa finalis) könne sie lediglich den irdischen Frieden angeben (Th. 14); um die eigentliche Wirkursache (causa efficiens), um Gott als hoheitlichen Schöpfer, wisse sie nicht (Th. 14).

2. Damit sind die Grenzen des Herrschaftsbereiches markiert, den Gott der menschlichen Vernunft überantwortet hat. In den Thesen 4 bis 9 schreitet Luther ihn aus und wertet ihn erstaunlich positiv. Die Vernunft hebt den Menschen heraus aus den Geschöpfen und stellt ihn zwischen Tier und Engel[5]. Als ein gleichsam gottheitliches Numen soll sie wie eine geisthafte Sonne den weiten Umkreis dieses Erdenlebens herrscherlich bestrahlen (Th. 8); sie soll sich nicht allein die außermenschliche Kreatur untertan machen (Th. 7), sondern auch die zwischenmenschliche Gesellschaft durchwalten, die Luther mit Hilfe der drei zur Theologie hinzugetretenen Fakultäten, der Artistenfakultät, der Medizin und Jurisprudenz, anspricht (Th. 5).

3. Dieser erstaunliche Lobpreis der Vernunft bleibt jedoch streng eingegrenzt auf unsere weltorientierte Leibesexistenz, auf die Dimension des »coram mundo«. Darüber hinaus vermag die Menschenweisheit (sapientia humana) von sich aus diese Einsicht nicht zu erschwingen, fällt Luther hierin doch kein philosophisches, sondern ein theologisches Urteil; diese Einsicht ist erst im nachherein (Th. 10 non a priore, sed a posteriore) im Licht der Heilsgnade gewonnen; sie bezeugt, daß Gott auch nach dem Sündenfall den Herrschafts-

1. WA 39 I, 174–180; eine Übersetzung und Gliederung findet sich bei *G. Ebeling:* Lutherstudien II, 1, S. 15–24.31–45.
2. WA 39 I,179,5; 180,30f.
3. Vgl. WA 42,92–98, zu Gen 2,21.
4. De anima II,1.412a,20. »Notwendig ist also die Seele Wesenheit im Sinne der Form des natürlichen Körpers, der seiner Möglichkeit nach Leben hat.«
5. Nach WA 42,85,10–13.

auftrag (Th. 7) nicht zurückgenommen und der Menschenvernunft diese Hoheit nicht entzogen, sondern sie vielmehr befestigt hat (Th. 9).

2. Der Mensch vor Gott als Skopus der Theologie

1. Die Urnot der gefallenen Menschheit und die hieraus resultierende Ohnmacht philosophischer Selbsterkenntnis beruht darin, daß sich der Mensch nicht rückhaltlos in das Licht seines Schöpfers und Erlösers zu stellen wagt und dies von sich aus auch nicht vermag. Er blendet den transzendierenden Horizont des »coram Deo« ab.

Eine wahrheitsgemäße und wirklichkeitsgerechte Sicht des Menschen erschließt sich jedoch erst dort, wo er im Angesicht Gottes als seiner Ursprungs- (causa efficiens) und Zielursache (causa finalis) erkannt wird[6].

Der Reformator versteht die Menschenexistenz als einen unumkehrbaren Weg zwischen unserer Herkunft aus Gott dem Schöpfer und unserer Zukunft in Gott dem Weltvollender; auf diese Wanderschaft durch den Verlust des Gottesbildes in Adam und dessen Erneuerung in Christus hindurch ist mit Adam als dem Menschen schlechthin[7] zugleich ein jeder einzelne gerufen.

2. In den Thesen 20 bis 23 und 35 bis 38 schreitet der Reformator anhand der Chiffre des Gottesbildes (Imago Dei) den weitgespannten Bogen des Gotteswirkens und der Menschenantworten von der Weltschöpfung bis zur Totenauferweckung aus: Der Mensch, bestehend aus einem Erdenleib und dem lebendigen Atemhauch (Gen 2,7), ist von seinem Ursprung her zum Bilde Gottes erschaffen frei von Sünde, um sich fortzuzeugen, die Welt hegend zu beherrschen und niemals zu sterben. Durch den Fall wurde er der satanischen Gegenmacht, der Sünde und dem Tode unterworfen und damit in einen Kerker eingeschlossen, den er von sich aus nicht aufzusprengen vermag. Erst Jesus Christus, der Sohn und das wahrhaftige Gottesbild, hat ihn befreit und das ewige Leben erneut erschlossen. Damit ist er auf den Weg der endzeitlichen Erneuerung seiner verspielten Gottebenbildlichkeit gestellt, dies ist ein Kreuzesweg, der ihn unter Glaube, Liebe und Hoffnung durch Gericht und Neuschöpfung hindurch vor Gottes Gnadenantlitz führt.

Diese umfassende und erschöpfende »Definition« (Th. 20) menschlicher Existenz läßt sich nur als ein Weg ausschreiten, nur als eine Geschichte erzählen; hierzu muß der Horizont dieses todverfallenen Erdenlebens radikal aufgesprengt werden. Luther zeichnet die Umrisse einer betont »narrativen Anthropologie«.

---

6. WA 42,93,32: Apparet itaque hic quoque, quam horribilis lapsus sit peccati originalis, quo amisimus eam notitiam, ut neque principium nec finem nostri videre possimus.
7. WA 24,75,32: Wir sind Adam und bleiben Adam; WA 14,125,2: Omnes Adam dicimus a primo illo et sumus ein Kuchen.

3. Rechtfertigung des Sünders als Unterscheidungsmerkmal zwischen Theologie und Philosophie

1. Die Umschreibung des Menschseins als eines weltübergreifenden Weggeschehens wird zusammengerafft in die Kurzdefinition des Apostels (Röm 3,24): Gerechtfertigt durch den Glauben unter Absehen von den Werken (Th. 32).

Diese existenzorientierte Definition markiert präzise die Grenzscheide zwischen der Hoheit menschlicher Vernunft und Willenskraft im Bereich der uns von Gott zugewiesenen Weltverantwortung und deren Ohnmacht im Horizont unserer ewigen Existenz vor Gott (Th. 24f.). Die in der Scholastik rezipierten antiken Thesen zur sittlichen Grundorientierung müssen auf den Raum einer philosophischen Ethik und damit auf die Dimension irdischen Wohles beschränkt bleiben, sie dürfen nicht hinübergreifen in die Theologie und damit Geltung für unser ewiges Heil beanspruchen wollen[8].

2. Der Reformator hebt zugleich diese spezifisch theologische Sicht des Menschen von einer naturphilosophischen Anthropologie ab, er akzentuiert den eigenständigen Sinn der jeweils verwendeten Termini und scheut nicht zurück vor der These einer zweifachen Wahrheit[9]. Bereits innerhalb der Fakultäten hätten sich unterschiedliche »Anthropologien« herausgebildet, so könnte man schon hier von einer pluralistischen Wahrheit sprechen[10]. Betrachte der naturwissenschaftlich orientierte Philosoph den Menschen als leibverhaftetes, sinnengeleitetes Vernunftwesen (Th. 1), so nehme der Jurist ihn als »Eigentümer und Herrn seines Vermögens«, der Mediziner wiederum frage nach dem Kranken oder Gesunden[11]. Schon im Rahmen des weltbezogenen Menschseins wandeln sich die Fragerichtungen und prägen jeweils ein eigenständiges Begriffsnetz aus; insofern ließe sich bereits hier von »unterschiedlichen Wahrheiten« sprechen.

3. Jedoch erst in der Theologie wird der gesamte Horizont des todverfallenen Erdenlebens aufgesprengt. Der Glaube an die Christusoffenbarung tritt an die Stelle rationaler Einsicht, damit rückt der lebendige Affekt ins Zentrum und verdrängt den abstrahierenden Intellekt[12]. Eine physikalisch orientierte Be-

---

8. Vgl. WA 40 I,409,11–412,9; Luther lobt hierin Aristoteles im Unterschied zu seinen scholastischen Rezeptoren.

9. Vor allem in der Disputatio de sententia: Verbum caro factum est, WA 39 II,3–33; vgl. *Bengt Hägglund:* Theologie und Philosophie bei Luther und in der occamistischen Tradition (LUA, NF I,51,4), Lund 1955.

10. WA 39 II,5, Th. 36: Denique aliquid est verum in una parte philosophiae, quod tamen falsum est in alia parte philosophiae.

11. Nach WA 40 II,327,17–328,36 und WA 39 I,231,1–233,40.

12. WA 39 II,5, Th. 42: Affectus fidei exercendus est in articulis fidei, non intellectus philosophiae; hierzu die bei *B. Hägglund:* De homine, S. 49 Anm. 62, zusammengestellten Konfrontationen.

griffssprache muß »zum Bade geführt« und getauft werden[13]. Die gesamte Anthropologie ist auszurichten auf unsere sündenversklavte Existenz unter Gottes Gericht und Gnade, ist doch »der eigentliche Gegenstand der Theologie der unter der Sündenschuld stehende und verlorene Mensch sowie der rechtfertigende Gott und Heiland dieses sündigen Menschen. Was außer diesem Gegenstand in der Theologie erfragt und verhandelt wird, ist Irrtum und Gift« (WA 40 II, 328,17–20).

4. Spannungsvolles Ineinander der drei anthropologischen Aspekte

Die Disputation über den Menschen erschließt uns somit ein dreifaches Bezugsfeld der Anthropologie; dieses Dreifache prägt noch die gegenwärtige Diskussion:

1. Luther weitet die traditionelle naturphilosophische Sicht des Menschen aus auf unterschiedliche Verstehensansätze der drei außertheologischen Fakultäten. Damit meldet sich das gegenwärtig lebhaft diskutierte Problem einer Pluralität sachorientierter Interpretationsentwürfe an[14]. Diese auseinandertretenden Sichtweisen verbleiben, theologisch geurteilt, jedoch unter Gottes weltlichem Regiment. Der Schöpfer entläßt den Menschen nicht aus der Verantwortung, trotz seines Fluches hält er an den gegen ihn Aufbegehrenden fest und gewährt der menschlichen Vernunft die Kraft, sich aus ihren eigenen Verkehrungen immer wieder herauszuarbeiten[15].

2. Über diesen gesamten Bereich erhebt sich die Dimension des geistlichen Regimentes. In ihrem Horizont versagen die Denkmittel der antik-scholastischen Schulphilosophie; nach dem Zeugnis der Schrift ist unser Menschsein recht allein im Spannungsfeld zwischen dem ersten und dem zweiten Adam zu erkennen und als echtes Weggeschehen erzählend auszuschreiten. Dieser unumkehrbare Weg führt vom Geschaffensein zum Bilde Gottes über den Fall und die Christuserrettung zur Totenauferweckung und zum ewigen Leben. Luther entwirft hierzu eine narrative Anthropologie. In seinem verdichtenden Nachzeichnen des Ur- und Endgeschehens scheut er vor phantasiereichen Ausschmückungen und mythisierenden Präzisierungen nicht zurück.

3. Die narrative Anthropologie wird definitionsartig zusammengerafft in der Kurzformel der Rechtfertigung allein aus Glauben. Mit ihr reißt Luther den Abgrund auf zwischen einer Vernunft, die in sich selber verfangen bleibt, und

---

13. WA 39 I,229,23: Si volumus uti philosophicis terminis, müssen wir sie erst wohl zum Bade führen.

14. Siehe hierzu etwa die einleitenden wie abschließenden Bemerkungen von *Hans-Georg Gadamer* in dem siebenbändigen Werk zur Neuen Anthropologie, dtv WR Nr. 4069, S. IX–XXXVII und Nr. 4148, S. 374–392.

15. Hierzu *Bernhard Lohse:* Ratio und Fides. Eine Untersuchung über die ratio in der Theologie Luthers, S. 119–133.

einer Glaubenszuversicht, die vom Bauen auf das Eigene befreit ist, zwischen Gesetzesgerechtigkeit und Christusgewißheit. Diesen neuen Verstehensansatz hebt er bereits ab von einer rationalisierenden, spekulativen und objektivierenden Denkweise, somit stößt er das Tor zu einer »existentialen Interpretation« auf[16].

4. In der »Disputatio de homine« bleibt zwischen diesen drei anthropologischen Sichtweisen eine nicht völlig aufzulösende Spannung. Einerseits ließe sich mit Hilfe des Schemas der vier Ursachen die weltorientierte philosophische Sicht auf die heilsgeschichtlich narrative hin öffnen. Andererseits ließe sich von der Kurzformel des »Homo theologicus« aus ein radikaler Trennungsstrich zwischen innerweltlicher und theologischer Anthropologie ziehen. Schließlich ließe sich aus These 10 die Einsicht gewinnen: Erst aus der Tiefenschau des Glaubens heraus im behutsamen Nachdenken des göttlichen Offenbarungsweges wird auch unser erdhaftes Leibesleben in seinen abgründigen Geheimnissen erahnt. Eine Anthropologie im grellen Licht des Kampfes zwischen Geist und Fleisch entwirft der Reformator vor allem in seinen Interpretationen der Paulinen und in den Disputationsthesen zur Rechtfertigung.

Eine Anthropologie im Segensglanz einer für das Christusheil schon heimlich erschlossenen Schöpfung visieren die Auslegungen des ersten Glaubensartikels an[17].

b) Anthropologisches Übereinander von Leib, Seele, Geist – theologisches Gegeneinander von Geist und Fleisch

1. Luthers philosophische Definition des Menschen in ihrer Tradition

1. In der »Disputatio de homine« zitiert Luther die philosophische Schulformel: Der Mensch als »animal rationale, sensitivum, corporeum« (Th. 1). In dieser Definition ist die ursprünglich an der sprachlichen Gemeinschaft und politischen Verantwortung orientierte Einsicht des Aristoteles auf eine abstrahierende Schulformel zusammengeschrumpft[18]. Den Menschenleib durchwalten die vegetativen Seelenkräfte; die Sinne ermöglichen die mit Lust oder Unlust verknüpften Wahrnehmungen; die Vernunft umgreift das Erkenntnis- und Willensvermögen.

---

16. Zur »existentialen Interpretation« bei Luther *B. Lohse:* Lutherdeutung heute, Göttingen 1968, S. 33–46; *A. Peters:* Luther und die existentiale Interpretation, LM 4 (1965), S. 46ff.; *Otto Hermann Pesch:* Existentielle und sapientiale Theologie, ThLZ 92 (1967), Sp. 731–742.

17. Hierzu *A. Peters:* Die Theologie der Katechismen Luthers anhand der Zuordnung ihrer Hauptstücke, LuJ 43 (1976), S. 7–35.

18. Hierzu *G. Ebeling:* Lutherstudien II,1, S. 72–89.

2. Einen noch oberhalb der ratio liegenden Seelenbereich, den Geist oder auch die Seelenspitze (spiritus, apex mentis, syntheresis), wie ihn die vor allem durch Gerson[19] an Luther vermittelte platonische Tradition kennt, spricht jene knappe Definition nicht an. Im Unterschied auch zur aristotelischen Tradition blendet Luther in seiner Schilderung des Herrschaftsbereichs der Vernunft die über das Sicht- und Greifbare hinausgreifende und dem Ewigen zugewandte höhere Vernunft (ratio superior) aus und grenzt deren Hoheit ein auf unser todverfallenes Erdenleben.

3. Damit ebnet er die aristotelische Unterscheidung[20] zwischen der praktischen Vernunft, die uns die Welt der veränderlichen Dinge zu beherrschen hilft, und dem theoretischen Erkenntnisvermögen, das sich zu den unveränderlichen ontologischen, logischen und mathematischen Axiomen aufschwingt, zugunsten der weltorientierten praktischen Vernunft ein. Ohne ein Vorstoßen zu letzten Gründen wissenschaftlicher Einsicht ist jedoch auch eine sinnträchtige Weltverantworung nicht möglich. Luther nimmt jene transzendierende Dimension philosophischer Erkenntnis jedoch in die theologische Definition hinein.

2. Luthers theologische Definition des Menschen in seiner kreatürlichen Erdgebundenheit nach Gen 2,7

1. Schon in dem Ansatz seiner theologischen Umschreibung des Menschen löst sich der Reformator von der philosophischen Tradition und knüpft bewußt an Gen 2,7 an: »Der Mensch ist Gottes Kreatur, aus Fleischesleib und Hauch-Seele bestehend« (Th. 21).

Diese Wendung greift auch nicht mehr auf die durch Origenes und Hieronymus inaugurierte kirchliche Überlieferung zurück; diese, der Luther sich zunächst angeschlossen hatte, ging aus von der vulgär hellenistischen Trichotomie in 1 Thess 5,23: Geist, Seele, Leib. Luther setzt jetzt ein bei Gen 2,7, blendet aber in den folgenden Sätzen: »Von Anbeginn zum Bilde Gottes gemacht ... und mit der Ewigkeit des Lebens zu beschenken« (Th. 21.23) Gen 1,26 f. darüber. Seit den Genesispredigten 1523/24 arbeitet er diesen anthropologischen Neuansatz immer bewußter heraus. Hierzu zeichnet er den (jahwistischen) Text der Menschenschöpfung von Gen 2 als Explikation des sechsten Schöpfungstages in den Rahmen der (priesterschriftlichen) Weltschöpfung ein[21].

2. Gen. 2,7, jener locus classicus alttestamentlichen Menschenverständnis-

---

19. Zu Gerson siehe *W. Dreß:* Gerson und Luther, ZKG 52 (1933), S. 122–161; *Steven E. Ozment:* Homo spiritualis, S. 49–83.

20. Etwa Eth. Nic. VI,2; De anima III,19.

21. WA 42,63,15: Hic redit Moses ad opus sexti diei, et ostendit, unde cultor terrae venerit.

ses, läßt uns aus der locker aufgeworfenen Erde[22] entstanden sein, zu der wir im Tode zurückkehren (Gen 3,19). Der lebendige Atemhauch ist uns mit den Tieren gemeinsam. Dies zeigt an, »daß unser Odem auch nicht in unser Gewalt stehet noch daß wir von uns selbs schnauben noch Odem holen künnen« (WA 24,66,25). Hierdurch wird der Mensch zu einer »lebendigen Seele«.

3. Nápäš ḥajiā hat nach der Schrift niemals wie in der platonisierenden kirchlichen Tradition »die Bedeutung eines im Unterschied zum leiblichen Leben unzerstörbaren Daseinskerns ..., der auch getrennt von ihm existieren könnte«[23]; es bezeichnet vielmehr, wie Luther drastisch aufweist, die vitale Lebenskraft unserer Leibesexistenz in ihren fünf Sinnen[24]; »daß man höret und siehet, reucht, greift, schmeckt, dauet, zu sich nimmpt und auswirft, Kinder zeuget und was der Leib für natürlich Wesen und Werk hat, das heißt die hebräische Sprache ›Seele‹« (WA 24,67,23).

4. Der Mensch ist mit den Tieren der mütterlichen Erde entnommen und lebt kraft des ihm verliehenen göttlichen Lebenshauches. Schroff weist Luther eine angeblich von Platon wie auch bei den Juden tradierte vulgäre Gebetsanweisung zurück[25], nach welcher man Gott danken solle, daß man als Mensch und nicht als Tier, als Mann und nicht als Frau, als Grieche und nicht als Barbar, bzw. als Jude und nicht als Heide zur Welt gekommen sei. Vielmehr sollen wir uns in brüderlicher Gemeinschaft mit allen Geschöpfen unter die gütige Segenshand des Schöpfers beugen.

5. Wie stark das menschliche Lebenszentrum dem Leib verbunden ist, bestätigt Luthers Ja zum Traduzianismus der »Seele«; mit ihm wendet er sich gegen eine breite kirchliche Tradition, die im 5. Laterankonzil 1513 gegen Petrus Pomponazzi zum Dogma erhoben war[26]. Vor allem in der Promotionsdisputation von Petrus Hegemon (WA 39 II,337–401) weist er den kreatianischen Lehrsatz, daß die menschliche Geistseele als unsterblich unmittelbar von Gott geschaffen und dem Leibe als dessen Trägerin eingegossen sei, als ungewisse Schulmeinung zurück und stellt ihr – wenn auch bewußt nur als seine private aber besser begründete Antithese – den Satz entgegen: Auch die

22. WA 24,66,11: Es heißet aber eigentlich eine solche Erde, die auf gegraben ist und ein wenig aufgeworfen wie ein Land, das gepflügt ist odder von einem Grabe, aber noch nicht Staub, wilcher in die Luft fleuget. Von solcher loser Erde hat er genommen ein Schrollen und den Menschen davon gemacht.

23. *Hans Walter Wolff:* Anthropologie des Alten Testaments, München 1973, S. 40; zu Platon selber *Jörg Baur:* Platons Wort zu Seele und Unsterblichkeit, NZSTh 18 (1976), S. 173–179.

24. WA 57 Gal 78,6f.; WA 14,119,10ff.; 120,4; WA 36,663,10–664,10; WA 42,65,9–17; 358,37–359,2; 461,22–27.

25. WA 42,189,25–36 und WA 45,15,7–16,5; angeblich nach Thales (Diog. Laert. I, 33).

26. DS 1440; vgl. *G. Ebeling:* Lutherstudien II,1, S. 195–205.

Geistseele werde wie das Menschenherz von Gott aus dem sündeverseuchten Lebenskeim gewirkt[27]. Hierbei stoße – wie bereits Augustin erkannt habe[28] – der Schöpfer freilich die Seele nicht von außen in den schon gebildeten Leib hinein, wie ein Bauer Korn in einen Sack stößt, vielmehr wirkt er sie von innen heraus durch seinen belebenden Atemhauch und sein allmächtiges Wort[29]. Diese These könne einerseits leichter den Anschein der Ungerechtigkeit von Gott abwehren, als ließe er die in sich reine Seele vom verseuchten Leibe her befleckt werden[30], andrerseits mache sie die erbsündliche Verdorbenheit auch der innerlichsten Seelenregungen leichter einsichtig[31].

3. Luthers theologische Definition des Menschen in seiner endzeitlichen Gottzugehörigkeit nach Gen 1,26f.

1. Hat der Mensch auch mit den höheren Lebewesen die nápäš als leibhaftige Lebenskraft gemeinsam, so gilt allein von ihm die Doppelaussage: Ursprunghaft geschaffen zum Bilde Gottes, ausgerichtet auf die Gabe des ewigen Lebens.

Luther akzentuiert, daß nach Gen 1,26 Adam und nach Gen 2,18 auch Eva aus einem ausdrücklichen Beschluß und einer solennen Selbstberatung Gottes heraus erschaffen wurden[32]. Allein der Mensch ist gestaltet zum bleibenden Gesprächspartner Gottes, um in Ewigkeit vor ihm zu leben. Allen anderen Kreaturen ist Gott ein hoheitlicher Schöpfer, uns Menschen gibt er sich zum gnädigen Vater[33]. Indem der Reformator vor allem in der Genesis-Vorlesung das explizite neutestamentliche Zeugnis (bes. 1. Kor 15) in die dunklen Andeutungen der Urgeschichte einblendet, richtet er Adams Geschaffensein zu Gottes Bild streng aus auf die Auferweckung der Toten und das ewige Leben[34].

2. Zugleich greift er die Fingerzeige der antiken Philosophen auf. Über das mit Tieren gemeinsame animalische Leben hinaus charakterisiert den Menschen der worthafte Gottesbezug, der ihn zum ewigen Leben bestimmt[35].

---

27. Vgl. WA 39 II,341f., Th. 31–50; S. 350f. 354ff. 358f. 391f. 395f.
28. Zu Augustin vgl. die knappe Zusammenfassung bei *Heinrich Karpp:* Probleme altchristlicher Anthropologie, Gütersloh 1950, S. 244–246; *Erich Dinkler:* Die Anthropologie Augustins, FKGG 4, Stuttgart 1934, S. 121ff.
29. WA 39 II,356,16–357,3; 356,27–357,18.
30. WA 39 II,359,1–16; 361,1–22.
31. WA 39 II,341, Th. 32; 358,5–19; 395,10–396,2.
32. WA 42,41,29–42,20 zu Adam, S. 88, 30–33 zu Eva.
33. WA 45,16,6–23.
34. WA 42,35,3–5; 42,5–43,11; 66,20–27; 67,27–41; 79,20–26; 81,5–14; 85,6–13; 147,34–39; 210,30–211,3; 244,22–245,13; 253,12–258,28 u.ö.
35. WA 42,43,7: Habuit igitur Adam duplicem vitam: animalem et immortalem, sed nondum revelatam plane sed in spe.

Auch nach dem Fall bleibt jener göttliche Wille zur ständigen Partnerschaft als Zielbestimmung über allen Menschen erhalten. Dies prägt sich aus im aufrechten Gang und im erhobenen Haupt[36]. Weil der Mensch zur Ewigkeit bestimmt ist, deshalb vermag er den Lauf der Gestirne zu ermessen[37]. Von diesem Geheimnis der protologischen Herkunft aus Gott und dem eschatologischen Offenbarwerden vor ihm haben die heidnischen Philosophen etwas geahnt. Doch selbst die besten unter ihnen erlangten keine letzte Gewißheit über Gott als den hoheitlichen Schöpfer und Erhalter der Welt, über die Menschwerdung des gnädigen Erretters sowie über die Ankunft des Vollenders aller Kreatur[38]. Weil für sie Gott nicht wirklich erhaben war über den Kosmos, deshalb konnten sie sich auch nicht seine volle Inkarnation in unser Menschengeschick vorstellen.

3. Die theologische Sicht des Menschen ist somit einerseits erdverbundener als die philosophische und andererseits überschreitet sie jene radikal auf den hoheitlichen Schöpfer hin; so umgreift sie diese gleichsam von zwei Seiten her. Sie vermag dies, weil sie in sich selber doppelschichtig ist und dennoch im Begriff der Kreatur zu einer Einheit zusammengefügt wird. Unter exegetischem Rückgriff auf Gen 2,7 schildert Luther den Menschen erdverhafteter und tiernäher als die aristotelische Tradition, die in seiner philosophischen Definition nachklingt. Hierbei tritt freilich die Eigenständigkeit unserer sprachhaften Vernunft nicht klar heraus. Die These vom Traduzianismus auch der Seele unterstreicht unser tiefes Hineinverwobensein in den kreatürlichen Vollzug von Zeugung und Geburt und damit in die Kette der Geschlechterfolgen. Indem Luther Gen 1,26f. auf das ewige Leben bei Gott hin öffnet, übergreift er nicht nur die aristotelische, sondern auch die platonische Tradition von oben her und bricht sie auf für ein unmittelbares Geworfensein aller Menschen auf Gott.

4. Rezeption und Überwindung der traditionellen Trichotomien

1. Aus der Überlieferung, die sich auf 1 Thess 5,23 berief und vor allem durch Origenes, Hieronymus, aber auch durch Augustin ausgeformt wurde, übernahm der Reformator zunächst die anthropologische Dreigliederung in Leib (Fleisch), Seele und Geist (corpus/caro – anima – spiritus), bzw. in sinnlichen, rationalen und geistigen Menschen (homo sensualis, rationalis, spiritualis)[39].

---

36. WA 42,65,20ff.
37. WA 42,34,22–29.
38. Nach WA 42,63,34–64,19 und S. 245,7–13.
39. Zum Folgenden bes. *W. Joest:* Ontologie der Person bei Luther, S. 164–195; *R. Gallinat:* Der »natürliche Mensch« nach Luther, LuJ 42 (1975), S. 33–51; *H. Bornkamm:* Äußerer und innerer Mensch bei Luther und den Spiritualisten (1932), SVRG 188, S. 187–211.

Unklar blieb hierbei zunächst, wie sich der Leib, welcher mit Seele und Geist zu Gottes guter Schöpfung gehört, unterscheidet vom Fleisch, das der göttlichen Bestimmung widerstreitet. Ebenso blieb undeutlich, wie sich der Geist des Menschen, der zusammen mit Seele und Leib unser Wesen ausmacht, zu jenem Geist verhält, der in uns das Fleisch überwindet. Origenes und Hieronymus blendeten den Aspekt des pneumatischen Kampfes dergestalt hinein in die anthropologischen Konstitutionstrichotomien, daß sie der Seele die entscheidende Mittelstellung zuwiesen. Der Leibeskerker droht den Menschen zu den zerstreuenden sinnlichen Lüsten hinabzuziehen. Der Geist weist ihn empor zum Gottheitlich-Einenden. Die Seele soll gleichsam als Zünglein an der Waage die asketische Abkehr von der nichtigen Welt und die Hinkehr zum wahrhaftigen Gott verwirklichen, indem sie den widerspenstigen Leib unter die Führung des Geistes zwingt[40].

2. Wohl unter Gersons Einfluß rezipiert Luther jene Trichotomien[41]. In allegorisierender Anknüpfung an die Dreigliederung der Arche Noahs und der Stiftshütte sowie des Tempels skizziert er von den Randbemerkungen zu Taulers Predigten bis hin zur Magnifikat-Auslegung den sinnesverhafteten, vernunftgeleiteten und geistgetriebenen Menschen. In der Scholie zu Hebr 4,4, dem Verweis auf Gottes ewige Sabbatruhe[42], schildert er jenes Emporstreben als eine dialektische Dynamik von auswendigem und inwendigem Zur-Ruhe-Kommen (quiescere), bzw. In-Unruhe-gestürzt-Werden (inquietari); hierbei bringt jeweils ein ranghöheres Streben oder Erleiden das niedrigere zum Schweigen. In dieser Vorlesung ordnet er jenem dreigestuften Menschen eine dreigliedrige Theologie zu[43], die symbolische, welche sich mit den Juden und einfachen Christen an wahrnehmbare Bilder hält, die eigentliche (propria), welche rational zu argumentieren sucht, und die mystische oder »alogische« (nach dem Areopagiten), welche jegliche sprachhafte und vernunftorientierte Vermittlung auf ein innerliches Sich-ergreifen-Lassen hin übersteigt.

3. In seiner Magnifikat-Auslegung (1521) hat Luther jene Trichotomie ein letztes Mal ausführlich entfaltet; dabei konzentriert er sich mit Lk 1,46f. auf den Geist; dieser ist »das hohste, tieffiste, edliste Teil des Menschen, damit er geschickt ist, unbegreiflich, unsichtige, ewige Ding zu fassen. Und ist kurtzlich das Haus, da der Glaube und Gottis Wort innen wohnet« (WA 7,550,28). Der Geist des Christenmenschen ist »Gottis Wohnung im finstern Glauben ohn' Liecht, denn er gläubt, das er nit siehet noch fuhlet noch begreiffet« (WA

---

40. Nach *W. Joest:* Ontologie der Person bei Luther, S. 142–145; Luther weist diese Schau zurück WA 18,774,39–42.

41. WA 9,99,36–40; 103,37–104,3; WA 57 Hebr 158,18–160,2; Gal 77,18–79,2; WA 56,476,20–26; WA 2,510,2–5; 585,22–25.

42. WA 57 Hebr 158,18–160,2; siehe auch S. 179,5–15 und 196,22–197,24.

43. WA 57 Hebr 179,5–15.

7,551,20). Luther geht darin über den durch Origenes, aber auch durch Augustin geprägten christlichen Platonismus hinaus, daß für ihn der Geist nicht mehr aktive Strebekraft geisthafter Ideeierung ist, sondern Organ eines inwendigen Überwältigtwerdens von Gottes worthafter Selbsterschließung[44]. Die Seele ist »eben derselbe Geist nach der Natur, aber doch in einem andern Werk. Nämlich in dem, alß er den Leip lebendig macht und durch ihn wirket ... Und ist nämlich die Vornunft hie das Liecht in diesem Hause, und wa der Geist nit mit dem Glauben, als mit einem hohern Liecht erleucht', dies Liecht der Vornunft regiert, so mag sie nimmer ohn' Irrtum sein. Denn sie ist zu geringe, in gottlichen Dingen zu handeln« (WA 7, 550,35). Luther vertieft in diesen Worten Hinweise, die Origenes und Augustin aus der mittelplatonischen Tradition aufgegriffen hatten: Geist und Seele sind nicht zwei unterschiedliche »Bestandteile« im Menschen, diese Chiffren verweisen vielmehr auf ein und dasselbe Lebenszentrum; als Geist wird es in liebend-hoffendem Vertrauen vom Gottesgeist erleuchtet, als Seele durchwaltet es den Leib, bedient sich der Sinne und herrscht kraft der Vernunft über die außermenschlichen Kreaturen. Nur kurz noch kommt er auf den Leib zu sprechen; dieser erscheint als weltoffene, kommunikable Dimension des vertrauenden, erkennenden und wollenden Selbstes und wird mit Hilfe der typischen Stichworte »Übung und Brauch« zurückbezogen auf die erkennende, wollende und fühlende Seele sowie auf den glaubenden, hoffenden, liebenden Geist.

4. Dieser Text ist die letzte solenne Explikation einer trichotomischen Anthropologie unter Berufung auf 1 Thess 5,23[45]. Platonische Orientierung läßt die Leibesexistenz noch zurücktreten und übergeht das Herz wie den Willen. Die vernunftgeprägte Seele bildet den Drehpunkt zwischen dem ewigkeitsorientierten Geist und dem weltverhafteten Leib. Die Stelle, an der sich die antik geprägte Sicht mit der biblischen Anthropologie reibt, wird von Luther selber markiert. Zum Stichwort »Seele« merkt er einerseits an, sie werde »oft in der Schrift fur ›das Leben‹ genummen« (WA 7,551,1), andrerseits unterstreicht er noch: »Der Geist mag wohl ohn' den Leip leben, aber der Leip lebet nit ohn' den Geist« (WA 7,551,2).

5. In der Auslegung des Magnifikat selber rücken die Chiffren Seele und Herz ins Zentrum der Anthropologie. Die Seele ist das uns selber entzogene Geheimnis unserer Existenz[46], in ihr versammelt sich das »ganze Leben, Weben,

44. Vgl. WA 5,176,1–33.

45. Die Dreigliederung ist appliziert auf selbsterwählte Werke leiblicher Gerechtigkeit, auf die in Gottes Gesetz gebotenen Werke und auf die aus der Christusgnade herausfließenden Taten des geistgewirkten Gehorsams im »Sermon von dreierlei gutem Leben, das Gewissen zu unterrichten« (1521), WA 7,795–802.

46. WA 44,590,4–14, Z.5: Es ist ein wunderlich Kreaturichen; Z.13: ideo anima mirabile quiddam est et nobis incognitum.

Sinn und Kraft« (WA 7,554,20). Diese geheimnisvolle Mitte zieht alle Bezeichnungen auf sich[47] und markiert als Herz oder Gewissen den Ort, an welchem der gesamte Mensch versammelt und über sich selber hinausgetrieben wird[48].

Unter dem Stichwort »das Herz und der gründliche Schatz der Seelen« der Heiligen (WA.DB 10 I,101,22.30) schildert Luther dies einprägsam in seiner Vorrede zum Psalter von 1528/45. Jenes Enchiridion der ganzen Bibel und Exempelbuch der Christenheit läßt uns eindringlicher als jegliches leibliche Werk durch seine emotionsgeladenen Worte einen tiefen Blick ins Herz und den Seelengrund der Heiligen tun, ist doch nach den uralten Bildern aus Antike und Christenheit[49] das Menschenherz wie ein Schiff auf hoher See, von den Sturmwinden der Anfechtungen hin und her geschleudert, über unauslotbaren Abgründen gehalten allein durch die Gewißheit, trotz allem in Gottes Gnadenzusage geborgen zu sein[50].

5. Der Mensch im Kampffeld zwischen Geist und Fleisch

1. Die Konzentration der gesamten Person in ihrem Herzzentrum ermöglicht es, daß Luther zu den Chiffren Fleisch und Geist den streng antithetischen theologischen Sprachgebrauch abhebt gegenüber einer abgeschliffenen Formulierung wie in 1 Thess 5,23[51]. Diese Erkenntnis bahnt sich in der Römerbrief-Vorlesung an, sie wird sorgfältig begründet im Galaterbrief-Kommentar von 1519[52], breit entfaltet in den anthropologischen Partien der Streitschrift gegen Latomus von 1521[53] und auf die Formel gebracht in »De servo arbitrio«: »In Summa, dies wirst du in der Schrift beobachten: Wo immer vom Fleisch die Rede ist im Gegensatz zum Geist, dort versteht man durchgehend unter Fleisch alles, was dem Geist entgegen ist, wie dort: ›Fleisch ist nichts nütze‹ (Joh 6,63). Wo es jedoch absolut behandelt wird, dort bezeichnet es, wie du

---

47. WA 40 II,425,17: Germanis quoque fere idem est vocabulum Cordis cum eo, quod Hebraeus »Spiritum« dicit. Nam quod Latine dicimus »Animam, Intellectum, Voluntatem, Affectum«, haec fere omnia Germani vocabulo Cordis reddunt.
48. Hierzu etwa WA 7,550,6f.; 555,25ff.; 556,20ff.; 558,20ff.; 564,26ff.
49. Vgl. *Hugo Rahner:* Antenna Crucis, in: Symbole der Kirche, Salzburg 1964, S. 239–564.
50. WA 7,22,3ff.; 51,21ff.
51. Zum Folgenden siehe vor allem *Erdmann Schott:* Fleisch und Geist nach Luthers Lehre; *Rudolf Hermann:* Luthers These »Gerecht und Sünder zugleich«, Gütersloh 1960[2], S. 203–233; *B. Hägglund:* De homine, S. 293–332.
52. WA 56,342,33: Quia eadem persona est spiritus et caro, ideo quod facit carne, totus facere dicitur. WA 2,585,31: Ego mea temeritate carnem, animam, spiritum prorsus non separo. Non enim caro concupiscat nisi per animam et spiritum, quo vivit, sed spiritum et carnem intelligo totum hominem, maxime ipsam animam.
53. WA 8,119,8–126,14.

wissen mußt, den leiblichen Zustand oder die leibliche Natur, wie: ›Die zwei werden ein Fleisch sein‹ (Gen 2,24)« (WA 18,735,31–35)[54].
2. Hatte ein objektivierendes Einzeichnen jenes pneumatischen Kampfes in die dreistufige Anthropologie bewirkt, daß die geisthafte Menschenvernunft hoch über die sinnlichen Leibestriebe erhaben schien[55], so arbeitet Luther im Gegenschlag dazu heraus, daß Paulus unter den Werken des Fleisches nicht lediglich grobe Lüste wie Unzucht und Ausschweifungen, sondern auch und vor allem höchst geisthafte Verfehlungen wie Zwietracht und Parteienzwist aufzählt (Gal 5,19ff.)[56]. Damit akzentuiert er – fraglos in entgegengesetzter Richtung über die apostolischen Worte hinausgreifend – die tief verhüllte geisthafte Dimension menschlicher Sünden. Hierin macht er zugleich eine zielgerichtete Dynamik reflex, welche halbbewußt die seit dem Ausgang der Antike geübte regelmäßige Beichte prägte. Mit den Antithesen der Bergpredigt hatte man jenes: Nicht erst die auswendige Gesetzesübertretung, sondern schon die inwendige Herzensregung ist Sünde! in die Gewissen der Gläubigen hineingetrieben. Luther zieht hieraus die denkerische Konsequenz: Die Sünde hat ihren zentralen Sitz nicht in unserer leibgebundenen Triebsphäre, sondern gerade in unserem geisthaften Selbst, also in demjenigen, was die Griechen als »Hegemonikon«, als edelsten Teil des Menschen gepriesen hatten[57].
3. Die biblische Chiffre des Fleisches meint den ganzen Menschen »mit seinen besten und höhisten Kräften, beide äuserlich und innerlich, als da sind die tiefen Boßheit des eigen Sinnes, Dunkels, Vernunft, Weißheit, Vermessenheit in gutten Werken, geistlichem Leben, und was denn mehr Gottis Gaben in den Menschen sind« (WA 17 II,11,35). Quellpunkt jener fleischlichen Existenz ist hierbei unser scheinbar vernünftiges Wollen. »Die Seel ist also tief gesenkt in das Fleisch, daß sie es will behüten und beschützen, daß es nit Schaden leide, also daß sie mehr Fleisch ist denn das Fleisch selber« (WA 10 I,2,301,30). – Geist hinwiederum ist ebenfalls der ganze Mensch, sofern ihn Gottes Heiliger Geist leitet. »Geist heißet, was uber die Natur und menschlich Vermögen Gott in uns schaffet, nämlich geistlich Erkenntnis, Liecht, Verstand, so er uns offenbaret, dadurch wir Gott erkennen und uns zu ihm kehren, seine Gnad ergreifen und an ihm hangen« (WA 21,533,9). – Der Widerstreit zwischen Geist und Fleisch zieht sich mitten durch den Glaubenden hindurch; er steht auf beiden Seiten der Kampffront und ist doch ein und derselbe Mensch. »Es ist

54. Als Ausnahme markiert Luther 2 Kor 7,1, WA 40 II,407,1–6.14–21.
55. Dies bekämpft Luther schon in der Römerbrief-Vorlesung, WA 56,351,23–352,20.
56. WA 40 I,347,27: Quidquid ergo optimum et praestantissimum est in homine, Paulus vocat Carnem, scilicet summam sapientiam rationis et ipsam iustitiam legis; vgl. etwa WA 2,588,26–32; WA 36,665,16–21; WA 21,532,27–31.
57. Nach WA 18,743,11–15.

der ganze Mensch, der die Keuschheit liebt, ebenso wird der ganze Mensch von unerlaubten Begierden gereizt. Es sind zwei ganze Menschen und ein ganzer Mensch; so geschieht es, daß der Mensch mit sich selber kämpft und sich selber widerstreitet, er will und will nicht. Doch dies ist der Ruhm der Gnade Gottes, daß sie uns selber zu unseren Feinden macht« (WA 2,586,15–20)[58].

4. Der Streit zwischen Gott und den Chaosgewalten läßt dem Menschen keinen Spielraum zur freien Entscheidung; nach Luthers berühmtem Bilde, das über Augustin auf manichäische Vorstellungen zurückgehen mag[59], ist der Mensch wie ein »Lasttier« eingekeilt zwischen zwei Herren, die um es hadern, ja er selber wird in seinem Herzen in diesen furchtbaren Kampf hineingerissen. Für den Glaubenden liegt über diesem Ringen schon die »morgendliche Dämmerung«[60]; die aufgehende Sonne des ewigen Gottestages will die weichenden Schatten dieser Todeswelt vertreiben. Um diese trotz allem »Zugleich« (simul) von Sünde und Gerechtigkeit eindeutige Situation zu markieren, führt Luther im Antilatomus unter Verweis auf Röm 6,12 und Gen 4,7 die Unterscheidung zwischen herrschender und beherrschter Sünde ein[61]. Hierdurch gewinnt seine Rezeption von Römer 7 und Galater 5 einen zwiefachen Akzent. Auf der einen Seite ist nach seinen Schilderungen die Sünde furchtbarer als beim Apostel in das Herz der Christen eingedrungen und haust dort in ihrer unheimlichen Macht[62]. Auf der anderen Seite hält er fest an der seufzenden Selbstdistanzierung der Glaubenden von der Sünde.

5. In einem schonungslosen Entlarvungsfeldzug deckt Luther hierzu anhand der Bußpsalmen und der Antithesen der Bergpredigt die unheimliche Gewalt der Sünde auf. Von den handgreiflichen Verstößen gegen die zweite Tafel des Dekalogs stößt er vor zur Kernsünde im Menschenherzen. Als eine entelechetische Urgewalt steckt jene tiefer in uns als unsere vernünftigen Überlegungen, bewußten Willensentscheidungen und kontrollierten Emotionen[63]. Sie reicht hinab in jene unauslotbaren Abgründe, in denen sich der Mensch selber entzogen ist; müßte er sie unverstellt ausleiden, er würde dies nicht einen einzigen Augenblick aushalten[64]. Kraft jener »Systole« hebt sich das Zentrum

---

58. Analoge Worte bei *E. Schott:* Fleisch und Geist nach Luthers Lehre, S. 54 Anm. 1.
59. WA 18,635,17–22; hierzu *A. Adam:* Das Fortwirken des Manichäismus bei Augustin, ZKG 69 (1958), S. 1–25.
60. WA 2,586,10: crepusculum matutinum.
61. WA 8,93,35–97,7: peccatum regnans – peccatum regnatum.
62. WA 8,123,28–124,17.
63. WA 39 I,112,20–29; 125,10–14.
64. WA 39 II,210,20: Si homo sentiret magnitudinem peccati, non viveret uno momento, tantam vim habet peccatum.

der Person heraus aus ihren welthaften Bezügen und wird konzentriert auf die Spannung zwischen Gottvertrauen oder Selbstsicherheit, zwischen Gottgeborgenheit oder Selbstverzweiflung. Unter dem Gericht des Gesetzes sowie unter der Heilszusage des Evangeliums rührt Luther hiermit an die unvergebbare Sünde gegen den Heiligen Geist in ihrer zwiefachen Ausprägung, entweder absolute Selbstgerechtigkeit oder radikale Verzweiflung[65].

6. Der Systole auf die inwendige Gottesrelation korrespondiert die »Diastole« der Geistesgewißheit in alle welthaften Bezüge hinein, besitzt doch auch der Glaube eine analoge entelechetische Dynamik[66]. Er gebiert die Person neu vor Gott und geht »aus in die Werk' und kummpt widder durch die Werk' zu sich selb, gleich wie die Sonn' aufgeht bis an den Niedergang und kommpt wieder bis zu dem Aufgang« (WA 6,249,32). Diese inkarnatorische Dynamik der inwendigen Glaubensgewißheit des Herzens in den auswendigen Taten des Leibes gründet Luther ein in die Inkarnation des Gott-Logos in Jesu Christi Menschsein. Wie in Jesus aus Nazareth der ewige Gottessohn menschliche Natur annahm und völlig durchwaltete, so will das im Glauben erneuerte Personzentrum in konkreten Liebeswerken tast- und greifbar werden[67].

7. Doch jene innerste Glaubenszuversicht erlangt der Mensch nicht durch unvermittelte Erleuchtungen, sondern aus dem Verbum externum. Gegen ein mystisches Überfliegen der leibgebundenen Gnadenmittel beugt der Reformator die skizzierte Anthropologie unter die Kondeszendenz Gottes. Für ihn ist es gerade das Kainsmal des fleischlichen Menschen, daß er Gott in übergeistiger Welt- und Selbsttranszendenz sucht, hier jedoch stößt er auf den heiligen Gott in dessen furchtbarer Majestät. Gott als uns in Jesus Christus gnädiger Vater läßt sich allein unter den irdischen Hüllen des Heiligen Geistes finden, nicht im von uns selbstsicher oder eigenwillig Erwählten, sondern im uns kontingent Zugeschickten, nicht in scheinbar notwendigen Vernunftwahrheiten, sondern in zufallenden Geschichtswirklichkeiten.

8. An diesem Punkt wird die oft negativ gewertete Leibverfallenheit des Inwendigen positiv beurteilt. Es ist Gottes Erbarmen, daß er sich in jene leiblichen Zeichen einhüllt und nicht in seiner unverhüllten Majestät über Menschenherzen daherfährt oder in Menschengewissen einbricht. Der Mensch, der nur einige Minuten von der Lichtwucht Gottes getroffen würde, müßte vergehen[68]. Zugleich ist es Gottes Güte, daß er uns ein dickes Fell, trübe Augen und ein träges Herz gab; wäre die Glaubenszuversicht so groß, wie sie

65. WA 39 I,428,19: ...et finalis praesumptio et finalis dubitatio utraque est peccatum in Spiritum sanctum; vgl. S. 352, Th. 7–12.

66. WA 39 I,318,16. fides est ipsa forma et actus primus seu ἐντελέχεια charitatis. Charitas autem est opus et fructus fidei.

67. Vgl. *A. Peters:* Sakrament und Ethos nach Luther, LuJ 36 (1969), S. 41–79.

68. Als eigene Erfahrung ist dies angedeutet WA 1,557,33–558,12.

wohl sein sollte, wir könnten vor Freude nicht leben[69]. Würden wir das Wunderwerk nur eines Getreidekorns oder Kirschkerns unverstellt schauen, wir würden vor Staunen vergehen[70].

c) Der Mensch als Gottes Bild (Imago Dei)

1. Gottoffenheit und Leibbezogenheit der Imago Dei

1. In der Disputation über den Menschen sowie in der Genesis-Vorlesung stellt der Reformator den Streit zwischen Geist und Fleisch hinein in den weltübergreifenden Duktus von der Schöpfung hin zur Totenauferweckung. Hierbei rückt die Chiffre der Imago Dei ins Zentrum. In Vorwegnahme neuzeitlicher Exegese, vor allem seit Hermann Gunkel[71], sieht er zu Gen 5,3 sehr wohl, daß ṣäläm (εἰκών imago) eigentlich aufgerichtete Statue oder herausgehauene Figur meint[72] und demūt (ὁμόιωσις, similitudo) für eine gelungene (oder abschwächende?) Angemessenheit jener Gestalt zu ihrem Vorbilde steht[73]. Indem er jedoch die Imago von Gen 1,26f. zum »leiblichen Leben« von Gen 2,7, das wir mit den Tieren gemeinsam haben, hinzufügt und unterstreicht, daß nach dem priesterschriftlichen Schöpfungsbericht Gott allein den Menschen anredet, konzentriert er dessen Ebenbildlichkeit im worthaften Gottesbezug. Hierin ist ihm die gegenwärtige Dogmatik durchgehend gefolgt[74].

2. Stärker als die frühere Tradition, die neuzeitliche Systematik und die gegenwärtige Exegese, füllt der Reformator jene personale Partnerschaft mit einem Menschenherzen, das in angstfreier Gottesgewißheit aufatmet und in beseligender Gottestrunkenheit aufjauchzt, zugleich richtet er sie aus auf unsere unzerstörbare Gottesgemeinschaft. Adam vor dem Fall besaß nicht allein geisthafte Gotteserkenntnis, er lebte in ungespaltener Zuversicht zu Gott, atmete frei in Gottes Gnadenzuwendung, in voller Gewißheit seiner Güte, deshalb war die Furcht vor den Abgründen des eigenen Herzens und vor von außen drohenden Gefahren, vor allem aber vor dem Tod, noch fern[75].

---

69. Vgl. WA 46,613,26f.

70. WA 19,496,11: Solltistu ein Körnlin auf dem Feld ausforschen, du solltist dich verwundern, daß du sturbest. Gottes Werk' sind nicht unsern Werken gleich.

71. Hierzu *Ludwig Koehler:* Die Grundstelle der Imago-Dei-Lehre Genesis 1,26, in: Der Mensch als Bild Gottes, WdF CXXIV, Darmstadt 1969, S. 3–9; *Claus Westermann:* Genesis, BKAT I, S. 203–209.

72. WA 42,248,3: Ibi vocabulum nihil significat aliud, quam figuras seu statuas, quae eriguntur.

73. WA 42,248,4: Demuth vero, quod similitudinem significat, est perfectio imaginis.

74. Siehe unten S. 198f.

75. WA 42,46 Anm.: Similitudo et imago Dei est vera et perfecta Dei notitia, summa Dei dilectio, aeterna vita, aeterna laetitia, aeterna securitas; vgl. WA 42,XX,26–33; XXI,29–33; 47,8–11; 86,11–16.

3. Im Unterschied zur Moderne löst Luther jene alles tragende Gottesrelation nicht heraus aus Adams leibhaftem Weltbezug. Das angstfreie Atmen in der Gotteszuversicht erweist sich in der furchtlosen Herrschaft über die außermenschliche Kreatur. Einerseits schildert der Reformator jene Hoheit des ersten Menschenpaares gleichsam »existential« von innen heraus als intuitives Durchschauen auch der verborgensten Lebenszusammenhänge[76]; andererseits stellt er sich die leibliche Verfassung der Urväter als überaus prächtig vor; sie besaßen mehr Kraft im kleinen Finger als wir im ganzen Arm; sie lenkten mit einem Wink schreckenerregende Löwen wie wir einen gut abgerichteten Hund[77].

4. In Augustins Nachfolge malt sich Luther anhand biblischer Andeutungen und weit hierüber hinaus die ursprunghafte Imago Dei sowie deren Verlust phantasiereich aus. Bei einem Überdenken der reformatorischen Thesen sollten die leiblichen Wirkungen und kosmischen Ausstrahlungen des Urfalls sowie des Gottesfluches nicht ausgeblendet werden[78]. Ihnen korrespondieren die Aussagen, daß auch Gottes Ursprungssegen trotz seines Gerichtes über Adams Schuld noch auf der Schöpfung ruht. Für Luther hat der Mensch die gesamte Kreatur in sein eigenes Verderben hineingerissen. Hierbei ist die Verkettung von Sünde und Strafe kein einmaliges Geschehen, sondern ein furchtbarer Prozeß, der die gesamte Menschheitsgeschichte durchzieht und bis in die zeitgenössische Situation hinein das Antlitz der Erde verändert[79].

2. Christologische Fundierung und eschatologische Orientierung der Imago Dei

1. Der Lawine des Verfalls stellt Luther die stets erneuerte Zusage des ewigen Lebens entgegen, deren verhüllte Anzeichen er ebenfalls durch die gesamte Genesis hindurch aufsucht[80]. Als Bild Gottes war Adam erschaffen zum ewi-

---

76. WA 42,49,18–22 und 47,29–38.

77. Vgl. WA 42,308,21 f. und 48,1 f.

78. Die kosmische Dimension des Falls ist noch angedeutet bei Johann Gerhard, vgl. *Fr. K. Schumann:* Imago Dei, in: Imago Dei, S. 167–180, S. 169 ff.

79. WA 42,68,33: ... Imaginem Dei in homine ita post peccatum periisse, sicut originalis mundus et Paradisus perierunt. S. 154,33: Ita in universum verum est, Quod crescentibus peccatis etiam crescunt poenae. S. 261,9: Igitur sicut Mundus primus optimus et sanctissimus fuit, Ita finalis mundus est pessimus et sceleratissimus. Als Zeichen der Gottesstrafe in der Gegenwart sieht Luther etwa das Verlanden der Häfen von Venedig und Brügge an (WA 42,358,17–21) oder das Aufkommen neuer Krankheiten wie des englischen Schweißes und der »französischen« Syphilis (WA 42,154,40–155,10).

80. WA 42,42,21–43,11; 48,27–49,16: die Imago Dei in Adam; WA 42,61,3–32 und 81,5–14: das Zeichen des Sabbats; WA 42,210,30–211,3: Abel; WA 42,243,12–38: die ersten vier Kapitel als Zeugen der Auferweckung; WA 42,244,22–245,6: Henoch; WA 42,254,1–258,28: Abel, Henoch, Elia, Christus.

gen Leben unter dem Gnadenantlitz des Vaters. Wäre er mit seinen Nachkommen nicht gefallen, so hätte Gott die festgesetzte Zahl der Menschen aus dem noch erdverhafteten Leibesleben (vita animalis) zum inwendigen Geistesleben (vita spiritualis) hinweggenommen[81]. Jetzt steht uns Menschen dieser Weg zum ewigen Leben bei Gott nur noch durch den Tod und das Gerichtsfeuer hindurch offen; er ist uns neu erschlossen allein in jenem Einen, der Gottes wahrhaftiges Ebenbild ist.

2. Mit der Tradition blendet Luther das endzeitliche Zielbild in das vorzeitliche Urbild hinein. Schon in den Genesis-Predigten 1523/24 und in den Deklamationen 1527 zitiert er hierzu 1 Kor 15,48f. und Eph 4,22ff.[82]. Der ewige Gottessohn ist das himmlische Bild Gottes, auf das hin alle Menschen in Adam wesenhaft erschaffen wurden, gegen das sie aber auch in Adam sich letztlich versündigt haben[83], in das sie Gott durch Wort und Geist hineingestalten will. Die neutestamentliche These von der fundamentalen Erneuerung des Gottesbildes in Jesus Christus läßt die Antithese von dessen Verlust in Adams Fall um so härter hervortreten. Schroff streicht Luther heraus: Als Adam, durch Satan verführt, Gott ähnlich werden wollte, wurde er dem Teufel ähnlich[84], muß doch der Mensch »ein Bilde sein entwedder Gottes odder des Teufels; denn nach wilchem er sich richtet, dem ist er ähnlich« (WA 24,51,12). Dabei ist freilich zu beachten, daß durch das Protevangelium Gen 3,15 vom zukünftigen Bezwinger der Schlange Adam und Eva erneut zur Hoffnung auf die Imago Dei erweckt wurden. So rafft Luther für die Christen das Gesamtgeschehen zusammen in den Worten: »Aber das selbe Bilde (Gottes) ist nu untergangen und verderbet und an des Statt des Teufels Bilde aufgericht'; aber durch Christum ist es widder bracht und verneuet, durch wilchs Blut wir errettet sind von Sund, Tod und Teufel und durch den Heiligen Geist, durch ihn erworben, gerecht, wahrhaftig, grundgut im Hertzen und ins ewige Leben gesetzt werden« (WA 24,153,14)[85].

---

81. WA 42,79,23–27; 65,31–36.
82. WA 14,110f. und WA 24,49–51; vgl. WA 42,141–147 und 166–168.
83. WA 42,167,15: Atqui imago Dei invisibilis est Filius, per quem consistunt omnia. Itaque Adam per peccatum suum impegit in personam Christi, quae est vera imago Dei.
84. WA 42,166,22f.29ff. und WA 14,111,9f.
85. Luther sieht bereits, daß sich Gen 5,1.3 und 9,6f. nur gewaltsam mit der kirchlichen Lehre vom Verlust des Gottesbildes vereinen lassen. Er hilft sich durch die Unterscheidung zwischen dem von Gott erschaffenen Sein zum Ebenbild, das durch den Urfall verloren ist, und der leibhaftigen Gleichgestalt, die durch Zeugung und Geburt fortgepflanzt wird (WA 42,249,29–250,7). Zum Rechtsspruch über die Blutrache (Gen 9,6f.) denkt er an das in Adam eingebüßte Gottesbild, das durch Wort und Geist erneuert werden soll; wir haben es deshalb als göttliche Bestimmung über einem jeden Menschen zu ehren (WA 42,361,19–27). So deutet sich auch bei ihm eine Richtungsänderung an, wie sie durch *Helmut Thielicke* auf die Spitze getrieben ist in der These: »Der Mensch

3. Neufassung der Imago Dei und ihres Verlustes in Kontroverse mit der Tradition

1. Trotz seiner exegetischen Differenzierung zwischen Imago und Similitudo unterscheidet Luther nicht systematisch zwischen beidem[86]. Die trinitarische Deutung Augustins auf Erinnerungsvermögen (memoria), geistiges Erfassen (mens vel intellectus) und willentliches Verknüpfen (voluntas) sowie deren Variationen in der Scholastik[87] weist er als ungute Spekulationen zurück. Dabei geht es ihm nicht so sehr um deren trinitätstheologisches Fundament als um die gefährlichen anthropologischen Konsequenzen. Vor allem dort, wo jene Triaden mit der Unterscheidung zwischen einer naturhaften Ebenbildlichkeit (Imago secundum naturalia) und einer gnadenhaften sittlichen Ähnlichkeit (Similitudo secundum gratuita)[88] verkoppelt wurden, mußte sich die Schlußfolgerung aufdrängen: Durch den Fall habe der Mensch seine Entscheidungsfähigkeit und damit seine Willensfreiheit nicht eingebüßt[89]. Luther deckt auf, daß hierbei unser inhaltliches Bezogensein auf Gott zwischen Vertrauen und Mißtrauen aus dem Blick geraten ist. Wo man das menschliche Seelenvermögen in sich identifiziert mit der Imago Dei, müßte man dem Satan das Gottesbild mit größerem Recht zuerkennen, sind doch in ihm Gedächtnis, Einsicht und Wille unendlich vollkommener als in uns[90].

2. Der Reformator verficht hingegen die These vom totalen Verlust urständlicher Gerechtigkeit[91]; hierbei orientiert er jene jedoch an der Gottesrelation und stellt ihr die Erbsünde konträr gegenüber. Urstand und Ursünde werden somit zu einem Analogon zum Streit zwischen Geist und Fleisch. Die These vom Urstand besagt: Der Mensch war nicht lediglich in seinen geistigen und leiblichen Fähigkeiten ohne jeglichen Mangel, er atmete vielmehr in seinem Lebenszentrum frei in Gott. Seine ursprunghafte Rechtheit war ihm nicht als eine Art gnadenhafter Schmuck von außen her über sein geschöpfliches Wesen darübergestülpt, sie durchdrang und prägte vielmehr seine innerste Natur selber[92]. Die inhaltlich gefüllte Gottesrelation tritt also nicht zu unserem weltorientierten Leibesleben schmückend hinzu, in ihr gründet vielmehr wahre Menschenexistenz.

---

ist nur von seinem Woraufhin und nicht von seinem Woher aus zu bestimmen« (Mensch sein – Mensch werden, München–Zürich 1976, S. 431).

86. WA 42,247,39–248,8.

87. Zu den »diversae trinitates« Augustins vgl. WA 42,45,1–10.18–23 und WA 24,49,6–8.23–30.

88. Hierzu *Ludwig Hödl:* Zur Entwicklung der frühscholastischen Lehre von der Gottebenbildlichkeit des Menschen, in: Der Mensch als Bild Gottes, S. 193–205.

89. WA 42,45,24–39.

90. WA 42,46,4–10.

91. Bes. WA 42,86,1–42.

92. WA 42,123,38–124,21; 125,21–32.

3. Analog ist auch die Ursünde nicht eigentlich der begierige Griff nach der verbotenen Frucht, sondern die Abwendung des Herzens vom ungespaltenen Vertrauen in das Gotteswort. »Wurzel und Quelle der Sünde ist der Unglaube und die Abkehr von Gott, wie im Gegensatz dazu Quelle und Wurzel der Gerechtigkeit der Glaube ist« (WA 42,122,13)[93]. Das Herausfallen aus dem Grundvertrauen zieht nach sich Schrecken und Furcht vor Gott, Haß und Unbußfertigkeit, Selbstsicherheit und Verzweiflung[94]; jetzt muß der Mensch vor Gott fliehen und vermag ihm doch nicht zu entkommen.

4. Der Riß in der Gottesdimension zieht sich durch alle anderen Dimensionen hindurch. Die Erde muß dem Menschen seine Mühsal mit Dornen und Disteln lohnen. Die furchtlose Herrschaft über die Tierwelt verkehrt sich in einen listenreichen Kampf. Die freie Zuwendung der Geschlechter zueinander ist nun gezeichnet von verzehrender Gier und brennender Scham. Die Frau gebiert unter Schmerzen und Todesgefahr; jedes neue Geschlecht wird unter Mühe und Plage großgezogen. Die Partnerschaft zwischen Mann und Frau wandelt sich unter dem Gottesgericht in eine einseitige Über- und Unterordnung[95]; die Frau »soll sich ducken vor dem Mann«[96] und begehrt doch ständig gegen ihn auf. In die menschliche Gemeinschaft bricht der Mord ein, dem Gott das weltliche Schwertregiment entgegensetzen muß. Schließlich findet das Aufbegehren des Herzens gegen Gott sein Echo im Aufstand der Glieder gegen das Herz. Waren die Menschen »abgefallen und Gotte ungehorsam worden, da ward hernach auch alles ungehorsam, was am Leibe war, daß sie es nicht zähmen kunnden, widder Gedanken noch Geliedmaß. Das ist nu an uns geerbet und bleibet noch also« (WA 24,90,28).

4. Eschatologische Erneuerung der Imago Dei

1. Das in Adam verlorene Ebenbild transzendiert weit die Hinweise auf den ersten Blättern der Bibel. Es ist mit 1 Kor 15,45 ff. christozentrisch und eschatologisch orientiert[97]. In Jesus aus Nazareth, dem zweiten und letzten Adam, hat die wahrhaftige und ewige Imago Dei unser fluchbeladenes Menschsein angenommen. In seinem Geiste und aus seinem Leibe strahlt uns Gottes Hoheit wie Liebe entgegen. Er lebte erneut als der rückhaltlos offene Mensch für Gott und die Menschenbrüder. Er bezwang die Chaosgewalten und herrschte in der Freiheit des Gottessohnes über die außermenschliche Kreatur. In ihm erlangten Geist, Seele und Leib ihre ursprunghafte Harmonie zurück. »Das himmlische Bilde ist Christus, der war ein Mensch voll Liebe, Barmherzigkeit

---

93. Ähnlich WA 42,111,2.23f.; 112,20f.; 119,30–34.
94. WA 42,128,22–33; analog zu Kain WA 42,203,27–35.
95. WA 42,151,12–42; 361,19–41; schon WA 14,141,2–6.20–30.
96. Nach WA 24,102,26.
97. Vgl. WA 42,49,8–16 und WA 36,663–669.

und Gnade, Demut, Geduld, Weisheit, Liecht und alles Guts, also daß all sein Wesen dahin gericht' war, daß er jedermann dienete und niemand schädlich wäre; des' Bilde müssen wir auch tragen und ihm gleichförmig werden« (WA 24,50,26).
2. Unser Hineingestaltet-Werden in das Christusurbild erfolgt im Prozeß der Heiligung aus der stets erneuerten Rechtfertigung heraus[98].
Das Neuwerden setzt an im Herzen, es bezieht jedoch den gesamten Menschen ein und strahlt aus auf den Kosmos; seine Wirkkräfte wie Heilszeichen sind das Evangelium und die Sakramente[99]. »So wird auch das Euangelium gepredigt und wir dadurch gesegnet, nicht allein nach der Seelen, sondern umb des gantzen Menschen willen auch nach dem Leibe; item, so empfähet nicht allein die Seele, sondern auch der Leib das Sakrament des Leibs und Bluts Christi, also daß er mit der Seele durch die Taufe und Sakrament gehet und bleiben soll, wo die Seel bleibet am Jüngsten Tag« (WA 36,666,36).
3. Die geistleibliche Neuschöpfung wird in überschwenglicher Weise zurückerstatten, was in Adam verloren ist; sie wird darüber hinaus zu demjenigen geleiten, in das auch Adam noch eingehen sollte, aus dem animalischen Leben hinein ins geistliche. Mit 1 Kor 15,45–49 stellt sich Luther dieses neue Leben plastisch vor als ein angstfreies Aufatmen in der Gottunmittelbarkeit eines getrosten Herzens, dessen gotttrunkene Freude das erneuerte Leibesleben durchströmt. Von aller lastenden Erdenschwere befreit, wird der Auferstehungsleib ohne inneres Widerstreben den Impulsen des Geistes folgen[100].
4. Nach dem Urfall dringt der Mensch jedoch allein durch den Tod und das Gerichtsfeuer hindurch zum ewigen Leben; anders kann und will Gott die radikale Verderbnis der Imago nicht überwinden[101]. Insofern gelten die schroffen Thesen (Th. 35–38) der »Disputatio de homine«: Der Mensch dieses unter die Sünde versklavten und dem Tode verfallenen Leibeslebens ist für den Schöpfer pure Materie zu jener endzeitlichen Herrlichkeitsgestalt eines Lebens aus einer ungespaltenen Gottoffenheit heraus. Zu dieser Neuschöpfung vermag menschliches Wollen nicht das geringste beizusteuern; der Mensch ist ausschließlich Ton in der Hand des Töpfers, keine aktive Kraft, lediglich passive Potenz[102].
5. Zu beachten ist freilich die anthropologische Struktur, die sich sowohl in der Schöpfung als auch im Fall, sowohl in der Christuserneuerung als auch in der endzeitlichen Vollendung durchhält. Die Entscheidung fällt jeweils im

---

98. Siehe bes. WA 36,665,33–37 und WA 42,48,11–31.
99. Hierzu *A. Peters:* Realpräsenz, AGTL V, Berlin–Hamburg 1965^2, S. 115–134.
100. WA 36,662,11: Vita springt ex aspectu dei et ex anima, postea in corpus.
101. Hierzu bes. WA 39 I,95,16–29; 96,19–21; 98,9–11.
102. WA 42,64,20–36, nach Jes 64,8.

Herzpunkt der Existenz vor Gott; von diesem Zentrum aus durchdringt sie alle anderen Dimensionen, das Verhältnis zur außermenschlichen Kreatur, zur zwischenmenschlichen Gesellschaft, zum personalen Lebenspartner und zum leibverhafteten Selbst. Insofern ist der gesamte leibliche Mensch auf Gott bezogen, er ist dieses jedoch auf den geheimnisvollen Herzpunkt seiner Existenz hin und von diesem inwendigen Lebenszentrum her, in welchem er sich selber entzogen und auf Gott geworfen ist. Ein Wandel deutet sich jedoch an im Blick auf die leitende Verbindung zwischen dem Herzen und dem auswendigen Organ der Gotteszuwendung. Während Adam seiner Herzensgewißheit in der Schau froh war und dieses Geheimnis im Eschaton zurückgewonnen wird, bilden auf dem Erdenweg der Menschen die Ohren die entscheidenden Organe für den Empfang des Heils[103].

d) Der Mensch vor Gott in seinen kreatürlichen und gesellschaftlichen Dimensionen

1. Der Mensch im Kosmos

1. Der Mensch als Mikrokosmos und Quintessenz der Elemente[104] wird von Luther anhand der Schöpfungsberichte höchst bewußt ins Zentrum der Welt gestellt. Gilt doch nach dem ersten Glaubensartikel: »Ich gläube, daß mich Gott geschaffen hat sampt allen Kreaturn« (KK II,2; BSLK 510,33). In den Katechismen schildert er zunächst mit der Menschenschöpfungstradition des Jahwisten »die dem Menschen nahe Welt, die Welt seines Lebens, ... die Gott um den Menschen herum aufbaut«[105]. Sodann fügt er mit der Weltschöpfungstradition der Priesterschrift den weiten Kosmos hinzu von den fernen Gestirnen bis zum Gewimmel auf der fruchttragenden Erde. Freilich hat sich der offene Garten Eden gewandelt in das bergende Haus des sächsischen Akkerbürgers. Um die enge Lebens- und Wirtschaftsgemeinschaft dieses Hauswesens lagern sich die gesellschaftlichen Schutzmächte, die Fürstentümer und Stadtstaaten der anhebenden Neuzeit.

2. In seinen Genesis-Auslegungen folgt der Reformator dem Duktus der Priesterschrift und läßt die breit fundierte Pyramide der Geschöpfe im Menschen als ihrer einsamen Spitze auslaufen. In beiden Ansätzen jedoch zielt die gesamte Schöpfung auf den Menschen als ihre Krone hin. »Am letzten Tage machet er (Gott) den Menschen, aber zuvor bauet er ihm ein Haus, machet ihm das Liecht an' Himmel, daß er sehen kann, scheidet das Wasser von der Erden, daß er Raum hat, darauf zu wohnen, und schmücket sie umb seinet Willen mit allerlei Gewächse, gibt ihm dazu das Regiment uber alles, was da lebt, daß

---

103. Vgl. *W. Joest:* Ontologie der Person bei Luther, S. 280–298.
104. WA 42,51,15–26.
105. *Gerhard von Rad:* Genesis, ATD 2–4, Göttingen 1976[10], S. 53.

wir ja sehen sollen, daß Gott unser nicht vergesse, sondern als unser lieber Vater mit allen Gütern versorget« (WA 24,58,24)[106].

3. Obwohl Kopernikus bereits das geozentrische Weltbild aufgesprengt hatte, ist für Luthers Lebensgefühl die Welt noch klein und überschaubar, sowohl im Blick auf ihre räumliche Ausdehnung als auch auf ihre zeitliche Tiefe. Räumlich scheint alles um das Hauswesen des sächsischen Ackerbürgers zu kreisen, das schon in den Zelten der Erzväter, ja selbst im Gottesdienst Adams unter den Bäumen des Gartens Eden heimlich anwesend ist[107]. Zeitlich zählte er in seiner »Supputatio annorum mundi« (WA 53,22–184) 5500 Jahre von der Weltschöpfung bis zu seiner Gegenwart.

Die Welt ist klein und überschaubar; das Menschengeschlecht bildet eine enge Gemeinschaft; Welt und Menschheit sind ausgerichtet auf ihren Schöpfer und Vater.

4. Diese ungebrochene Nähe zu allen Kreaturen wie zu Gott ist jedoch durchzittert vom Erschrecken vor dem unauslotbaren Geheimnis des Lebens. Die dunkle Chaosmacht des Nichtenden, aus der heraus der Schöpfergott die Welt ins Dasein rief, sie bedroht uns ständig. Sie lauert nicht allein in den fernen Urfluten, über denen die Erde gegründet ist, sie umlagert einen jeden Menschen und haust zugleich in seinem Innersten, um ihn ins Verderben hineinzureißen[108].

2. Der Mensch in den Institutionen

1. Die gesellschaftliche Dimension unseres Menschenlebens wird von Luther anders als bei Melanchthon, der naturrechtliche Traditionen unkritischer aufgreift, nicht so sehr aus dem eingestifteten Drang zur Vergesellschaftung heraus expliziert, sondern in Anordnungen und Stiftungen des Schöpfers und Erhalters eingegründet. »Vult Deus esse discrimina ordinum« (WA 44,440,25). Gott selber hat die tragenden Institutionen des Hauses als einer Lebens- und Wirtschaftsgemeinschaft und damit also der Ehe und Familie sowie der Arbeit und des Eigentums (Familia – Oeconomia), der im Recht verfaßten und durch Gewaltandrohung geschützten sippenübergreifenden Ordnungen, also des weltlichen Schwertregimentes (Politia), sowie der kirchlichen Heilsgemeinde mit ihren öffentlichen Ämtern, also des geistlichen Wortregimentes (Ecclesia), gestiftet. Von ihnen gilt: »Der Stand, den Gott geschaffen und geordnet

---

106. Vgl. WA 42,29,27–38; 55,3–5.

107. Zum »Gottesdienst des Ersterschaffenen« siehe *Peter Brunner:* Zur Lehre vom Gottesdienst der im Namen Jesu versammelten Gemeinde, in: Leiturgia, Bd. I, Kassel 1954, S. 119–125.

108. WA 42,328,27: Itaque singulis momentis custoditur vita nostra et servatur miraculose per verbum; vgl. WA 12,442,1–8; WA 38,373,15–32; WA 42,328,20–40; WA 43,178,39–179,2; WA 45,13,9–21; WA 46,560,4–11.

hat, und der Mensch, so in solchem Stand nach Gottes Wort gehet und lebt, der kann nichts bringen denn gute Früchte« (WA 32,519,24).

2. In der Genesis-Vorlesung entfaltet der Reformator jene »Erzhierarchien«[109] anhand der Schrift. Sie alle werden so weit wie irgend möglich in die Anfänge der Menschheit zurückprojiziert[110], hierbei werden sie einerseits nahezu positivistisch in einzelnen Schriftworten festgemacht, andererseits jedoch in eine unumkehrbare Geschichtsdynamik eingezeichnet. Die Ehe und Familie, die Dienstherrschaft an der Erde, die zwischenmenschliche Rechts- und Friedensordnung sowie die Heilsgemeinde Gottes reichen durchaus zurück in Gottes urständige Schöpfung, zugleich sind sie durch den Sündenfall wesenhaft verändert. Jetzt hält in ihnen der Schöpfer an seiner guten Kreatur fest, sowohl gegen seinen eigenen Gerichtsfluch als auch gegen die Verderbensmächte, jetzt erhält er durch sie die Erde wie seine Menschheit auf das Eschaton hin.

3. In ihnen hat Gott, der Schöpfer und Erhalter, der Erretter und Neuschöpfer, dem gesamten Menschengeschlecht einen zwiefachen Auftrag gegeben: a) Die Menschen sollen sich auf der ihnen zugewiesenen Erde fortzeugen, als Gottes Mandatsträger die außermenschliche Kreatur hegen und pflegen, sich unter einer Rechts- und Friedensordnung gegenseitig zu einem lebenswerten Leben verhelfen. b) Die Menschen sollen die Botschaft von ihrem Heil im fleischgewordenen Gottesbild Jesus Christus im Glauben annehmen und sich in der Liebe immer inniger in jenes Ur- und Zielbild hineingestalten lassen, bis sie durch den leiblichen Tod hindurch ins ewige Leben errettet werden.

4. Dieser doppelte Auftrag greift die beiden Regimente Gottes zusammen und nimmt die Unterscheidung zwischen dem todverfallenen Menschen dieses Erdenlebens und dem zum Gottesbild erschaffenen sowie zum Geisteswandel erneuerten »theologischen Menschen« auf. In einer Zirkulardisputation zu Mt 19,21 (WA 39 II,34–89) sieht Luther im Papsttum und im Türken die beiden Ausgeburten des apokalyptischen Angriffes gegen Gottes »Erzhierarchien«. In dieser in der Forschung weithin verschwiegenen Disputation[111] wird eine eschatologische Verantwortung der gesamten Menschheit wie eines jeden Menschen für jene Gottesstiftungen sichtbar. Während gelegentliche tyrannische Übergriffe langmütig zu erdulden sind, ist bei einem »notori-

---

109. Siehe *Wilhelm Maurer:* Luthers Lehre von den drei Hierarchien und ihr mittelalterlicher Hintergrund, München 1970.

110. Schon von Adam gilt: fuit Pater, Rex et Sacerdos (WA 42,159,35); zu den Institutionen in Urstand und Fall siehe WA 42,XXII,17–31; 71,39–72,36; 79,3–29; 87,11–90,9; 159,30–36; 360,19–34; 361,28–362,8.

111. Sie wurde noch 1941 von *Rudolf Hermann* im Luther-Jahrbuch (23, S. 35–93) kommentiert; doch wird der aktuelle Bezug etwa zum Widerstand gegen Hitler nicht sichtbar.

schen« Angriff gegen die grundlegenden Gottesordnungen jedermann Widerstand geboten, nicht allein durch das Leidenszeugnis eines Wortes, das Unrecht furchtlos brandmarkt, sondern notfalls mit Waffengewalt in einem revolutionsartigen Aufstand[112].

3. Der Mensch im Kampffeld zwischen Gott und Widergott

1. Der Kampfesaspekt menschlicher Existenz greift noch weiter. Gott stellt den Menschen zusammen mit den übrigen Kreaturen hinein in eine Schlachtreihe, daß er mit ihnen gegen die Chaosgewalten streite[113]. Doch auch der Fürst dieses vergehenden Äons hat seine Heerscharen, so wird das Ringen zwischen Leben und Tod, Licht und Finsternis auf allen Ebenen ausgefochten[114].

2. Die unterste Ebene bildet die nichtmenschliche Kreatur. Gott läßt sie als »Hand, Rohre und Mittel« (GK I,26; BSLK 566,21) dem Menschen »zu Nutz und Notdurft des Lebens dienen« (GK II,14; BSLK 648,19). Doch nur die wenigsten erkennen dies und danken ihm durch eine pflegliche Fürsorge. So ist die Erde der Gottlosigkeit der sie ausbeutenden Menschen unterworfen und harrt in Qual auf das Offenbarwerden der Kinder Gottes. Um der Schuld der Menschen willen trägt sie Dornen und Disteln. Die versklavte Tierwelt läßt ihr Zetergeschrei erschallen, das die Menschen vor Gottes Jüngstem Gericht anklagt[115].

3. Darüber erhebt sich die gesellschaftliche Dimension des »weltichen Regimentes, darinnen begriffen ist das Haus-Regiment und der Eltern Gewalt uber die Kinder« (WA 23,513,21). Dies ist die Ordnung des Schwertes und der Faust, aber auch des Verstandes und der Vernunft. Als gütiger Schöpfer und milder Segensspender wirft Gott auch unter die Heiden und Gottlosen nicht allein irdische Schätze und politische Herrschaft, sondern auch »hohe Vernunft, Weisheit, Sprachen, Redekunst, daß seine lieben Christen lauter Kinder, Narren und Bettler gegen sie anzusehen sind« (WA 51,242,18); gewährt Gott doch auch den heidnischen Kulturen und Staaten »ihre Propheten, Aposteln und Theologos oder Prediger zum weltlichen Regiment« (WA 51,243,3). Doch Satan als Gottes Affe[116] hat seine Gegenkräfte; er erfindet

---

112. WA 39 II,57,26: actio popularis; S. 58,8: seditio; vgl. S. 61,28f.; 74,4ff.

113. WA 42,56,30: Deus creavit istas creaturas omnes, ut stent in militia et sine fine pugnent contra Diabolum pro nobis.

114. Siehe *Martin Seils:* Der Gedanke vom Zusammenwirken Gottes und des Menschen in Luthers Theologie, S. 177–184.

115. Hierzu die Auslegungen von Röm 8,18–23 WA 41,301–318 und WA 49,503–510 bei *Eduard Ellwein:* Luthers Epistel-Auslegung I: Der Römerbrief, Göttingen 1963, S. 128–149.

116. *A. Adam:* Der Teufel als Gottes Affe, LuJ 38 (1961), S. 110–116. Für Luther greift

Stände und Berufe, die nur der Ausbeutung dienen, und sucht alle hilfreiche Ordnung zu verwirren.

4. Die Verborgenheit des Gotteswirkens kulminiert in seinem geistlichen Regiment durch »Wort und Mund« (WA 23,513,38). Von Kain und Abel her verfolgt die Gegenkirche Satans die Heilsgemeinde Gottes[117]. Von Bernhard von Clairvaux übernimmt Luther die These von einer dreifachen Gestalt jener satanischen Angriffe. In der Frühzeit der jungen Christenheit wütete er noch von außen her durch das Schwert der Tyrannen; es war die goldene Zeit der Martyrien. Dann brachen die Häretiker in die Glaubensgemeinschaft selber ein; ihnen stellten sich die Kirchenlehrer entgegen. »In dieser letzten bösen Zeit« hat sich Satan des kirchlichen Leitungsamtes bemächtigt; unter einem Scheinfrieden »wird das Gotteswort durch Menschenworte ausgelöscht und werden wir alle miteinander in die Hölle geschleppt«[118].

---

der Streit zwischen Gott und Satan in das Menschsein selber ein. Als Affe Gottes kann Satan einen »Wechselbalg« oder »Kielkropf« erzeugen, ein Stück Fleisch ohne menschliche Seele. Dieses Gemächte sei zu ersticken oder zu ersäufen oder man solle durch Gebet Satan heraustreiben. Luthers diesbezügliche Worte sind im Nationalsozialismus für die »Euthanasie« ausgemünzt (*Dietfried Gewalt:* Sonderpädagogische Anthropologie und Luther, LuJ 41 (1974), S. 103–113; *Ernst Wolf:* Das Problem der Euthanasie im Spiegel evangelischer Ethik, ZEE 10 (1966), S. 345–361; *Erwin Mülhaupt:* »Spiegel«, »Stern« und Luther, Luther 35 (1964), S. 81–88). Hingegen will der Reformator Taube und Stumme zum Abendmahl zulassen, wenn sie recht leben und es eindeutig begehren. Die Krankheit ist ihm ein Teufelswerk, gegen das Christus in seinen Wundern antritt. Medizinische oder heilpädagogische Hilfen sah er noch nicht (*Dietfried Gewalt:* Taube und Stumme in der Sicht Martin Luthers, Luther 41 [1970], S. 93–100). Den Hang zur Melancholie sowie zum Selbstmord hat er durch eine ganze Skala von Ratschlägen von leiblichen Hilfen bis hin zum solennen Zuspruch der Absolution zu bekämpfen gesucht (hierzu etwa Vom wahren Herzenstrost. Martin Luthers Trostbriefe, ausgew. und eingel. v. Paul Scheurlen, Stuttgart o.J., bes. S. 33–60). Dem Pfarrer Severin Schulze zu Belgern schickte er eine Art Formular zur Fürbitte unter Handauflegung durch den verordneten Diener und die Ältesten der Gemeinde nach Jak 5,14f. Hier soll das Apostolikum und das Vaterunser laut gesprochen werden und darauf unter Berufung auf Joh 16,23; Mt 7,7f.; Ps 50,15 (Mk 16,17f.) gesagt: »... Würdige diesen Menschen, daß du ihn von allem Übel befreist. Zerstöre das Werk Satans in ihm zur Verherrlichung deines Namens und zum Wachstum des Glaubens und der Heiligen ...« Dies soll bis zu dreimal am Tage erfolgen und von der öffentlichen Fürbitte der Gemeinde begleitet werden (WA.B 11,111f., Nr. 4120; vgl. *Heinz Doebert:* Die Krankenheilung in der Amtsführung Luthers, Luther 35 [1964], S. 89–97 und *Gottfried Holtz – Heinz Doebert,* Luther 36 [1965] S. 136–140).

117. *Augustin:* de civ. Dei, XV,7; Luther bes. WA 42,187,13–20; 215,5–7.

118. Nach WA 5,484,27–40; hierzu *John M. Haedley:* Luther's View of Church History, New Haven–London 1963, S. 145ff. und *W. Maurer:* Luthers Anschauungen über die Kontinuität der Kirche, in: Kirche und Geschichte, Bd. I, Göttingen 1970, S. 76–102, bes. S. 79ff.

5. Über jener dreifachen irdischen Kampfesfront erhebt sich die Dimension der Fürstentümer und Gewalten. Die guten Engel, deren Beistand im täglichen Morgen- und Abendsegen erbeten wird, bewahren die Menschen auswendig vor Unfall und Schaden und leiten sie inwendig durch segensreiche Gedanken. Was die Heiden als plötzliche Eingebung oder unvorhergesehene Bewahrung dem Fatum oder einem gottheitlichen Numen zuschreiben[119], das beziehen die Glaubenden auf jene hilfreichen Mächte. »Dieses Erkenntnüs gehöret auch in die Christenheit, daß, wie wir wissen, daß gute Engel seind, wir dagegen auch wissen, daß Teufel und böse Engel seind, auf daß wir nicht leben wie die Sadduzäer, welche der keines gläubten« (WA 34 II,232,20).

6. In dieser weltumspannenden Kooperation leibgebundener sowie geisthafter Geschöpfe mit ihrem Schöpfer wacht der Reformator streng über der Grenze zwischen Mitarbeit und Mitschöpfung. Im Unterschied zwischen »cooperatio« und »concreatio« ist seine Anthropologie wie in einem Brennspiegel zusammengefaßt. In jenen Horizonten menschlicher Existenz ist uns unter den Larven der Kreaturen Gott selber unmittelbar nahe. Die Geschöpfe, selbst die Engel, vermögen letztlich nicht von innen heraus zu wirken, »denn von inwendig erhält und hilft alleine der einige Gott« (WA 23,512,3)[120]. Dort, wo es das Geheimnis des Lebens gilt, stößt der Mensch ständig auf Gott selber. Das Unberechenbare jenes göttlichen Waltens faßt Luther in die Chiffre des »Stündeleins«. Der Herr bestimmt den Kairos des Gelingens, aber auch des Mißratens, weil er »alle Gedanken und Werk' in seiner Hand haben will« (WA 33,404,38). Durch jene Unterscheidung zwischen dem Mitwirken der Geschöpfe von außen her und Gottes schöpferischem Wirken ganz von innen heraus rezipiert Luther die in Israels Weisheit anvisierte »Spannung zwischen einer radikalen Verweltlichung einerseits und dem Wissen um die uneingeschränkte Verfügungsfreiheit Gottes andererseits«[121].

4. Die exzentrische, responsorische, eschatologische Struktur des Menschseins

1. Anthropologisch durchreflektiert ist dieser gesamte Komplex in der triadischen These von einer exzentrischen, responsorischen und eschatologischen Existenz des Menschen[122]. Als schöpfungsmäßig exzentrische Wesen

---

119. WA 51,222,4: ... Erfahrung, daß nie kein Großtättiger oder Wundermann gewest sei sine afflatu, das ist, ohn' ein sonderlich Eingeben von Gott; vgl. S. 244,21–27 (Hinweis auf Cicero).

120. WA 40 III,237,28: »Credo in unum Deum«, hoc est, Deus vult manere Deus, creator et factor omnium, nos autem vult habere cooperatores seu potius instrumenta, non auctores; vgl. WA 23,133,30–135,11.

121. *G. von Rad:* Weisheit in Israel, Neukirchen 1970, S. 133.

122. Hierzu *W. Joest:* Ontologie der Person bei Luther, S. 232–353.

sind wir hineingerissen in den Strom von der Geburt zum Tode und suchen in ihm einen festen Grund. Dies vermögen wir letztlich nicht, weil wir nicht unsere eigenen Schöpfer sind. Angesichts dieser Aporie sucht der Reformator erneut den Unterschied zwischen der »Imago Dei« und der »Imago satanae«, zwischen dem »Homo theologicus« und dem »Homo mortalis et huius vitae« zu bestimmen. Hierzu spielt er gleichsam mit den Präpositionen. Wir sollen durchaus leben »in unseren Anstrengungen«, auch wohl »durch unsere Anstrengungen« (in laboribus nostris – per labores nostros), jedoch niemals »aus unseren Anstrengungen« (ex laboribus nostris)[123]. Der Weltmensch versucht sein Leben dergestalt zu führen, als stünde alles in seiner Macht und Gewalt, als hätte er die ganze Welt und sein eigenes Leben in seiner Faust. Der Gottesmensch hingegen weiß, daß Gott jenes an unsere Stirnen geschriebene überdimensionale EGO nicht leiden will[124]; er existiert nicht aus eigener Vernunft oder Kraft heraus; er beugt sich unter die Kreuzesgestalt der Welt und bleibt doch in Herz und Gewissen frei von den Zwängen, denen sein weltbezogenes Leibesleben unterworfen ist. Er hat sein Zentrum nicht mehr in sich selber, sondern in dem ihm zugesprochenen Wort; in dieses birgt er seine Selbstgewißheit und seine Weltverhältnisse hinein. Hierin realisiert er als »Homo theologicus« die radikale Exzentrizität rechter Menschenexistenz[125].

2. Zugleich ist das Responsorische echten Menschseins im Spiel. Der Mensch lebt aus einer Gewißheit heraus, die er durch eigene Anstrengungen nicht werkhaft herzustellen vermag, die er sich auch nicht selber worthaft zusprechen kann. Sie muß ihm auf den Kopf zugesagt werden. Diese Zusage, die freilich zugleich einen Anspruch enthält, ist im Christuszeugnis gegeben; dabei muß uns freilich das in einer menschlichen Tradition übereignete Wort durch das inwendige »Einraunen« des Gottesgeistes[126] zur unerschütterlichen Gewißheit werden. Protologisch gesehen ist jene Struktur fundiert im ursprunghaften Geschaffensein zum Bilde Gottes. Allein der Mensch ist aus einem ewigen Selbstgespräch Gottes heraus erschaffen, hierdurch ist er bleibend hineingerufen in die Partnerschaft Gottes und auf den Weg der eschatologischen Offenbarung entgegen gewiesen. »Wo und mit wem auch immer Gott spricht, es sei im Zorn oder in der Gnade, der ist gewiß unsterblich. Die

---

123. Nach WA 14,633,9–19, zu Dtn 8,17; vgl. WA 40 III,253,18–38.

124. WA 40 III,226,29: damnamus, quod ... in frontibus suis pingunt: EGO. Hanc additionem neque vult ferre nec potest ferre Deus, nec debet etiam ferre. S. 225,35: Cum canerent: Ego feci, mox secutum est illud: Ego perii.

125. WA 40 I,589,8: Ideo nostra theologia est certa, quia ponit nos extra nos: non debeo niti in conscientia mea, sensuali persona, opere, sed in promissione divina, veritate, quae non potest fallere.

126. WA 1,190,1 und WA 18,503,14.

Person des redenden Gottes und das Wort zeigen an, daß wir solche Kreaturen sind, mit denen Gott sprechen will in Ewigkeit und über den Tod hinaus« (WA 43,481,32–35).

3. Diese Einsicht leitet sachnotwendig über zur eschatologischen Bestimmung des Menschen. In Gericht und Gnade stellt Gottes Anruf einen jeden auf den endzeitlichen Weg. Es ist der Adel des Menschengeschlechts, daß es sich in einem radikalen Überstieg befindet. Schroff wehrt sich Luther deshalb dagegen, die alttestamentlichen Verheißungen oder gar die neutestamentlichen Zusagen auf einen innerweltlichen Friedenszustand einzugrenzen; er weist dies als törichte Verirrung zurück. Angesichts der unmittelbar bevorstehenden endgültigen Entscheidung unseres ewigen Geschicks würde man, wie fixiert, auf das tägliche Brot starren[127], wo doch Gott selber uns durch Leben und Sterben hindurch zu sich emporziehen will. Kraft jener endzeitlichen Dynamik ist unser Erdenleben »nit ein Frummkeit, ßondern ein Frummb-Werden, nit ein Gesundheit, ßondern ein Gesund-Werden, nit ein Weßen, sunderen ein Werden, nit ein Ruge, ßondern ein Ubunge; wir seins noch nit, wir werdens aber. Es ist noch nit getan und geschehen, es ist aber im Gang und Schwank. Es ist nit das End, es ist aber der Weg, es gluhwet und glinzt noch nit alles, es fegt sich aber alles« (WA 7,337,30).

e) Kritische Würdigung

1. Bleibende Grundzüge einer christlichen Anthropologie

Ein kritisches Resümé wird Luthers lebensvolle und spannungsreiche Anthropologie in ihren zentralen Aspekten zunächst unterstreichen müssen.

1. Die menschliche Existenz sollte in deren exzentrischer, responsorischer und eschatologischer Struktur analysiert werden. Eine bewußt christliche Sicht wird darüber hinaus unter der leitenden Chiffre der Imago Dei unser Menschsein als einen unumkehrbaren Weg nacherzählend ausschreiten und hierin ein narratives Gepräge gewinnen. Die entscheidenden Stationen jenes Weges sind markiert durch die Kernsätze des Credos: der Mensch, geschaffen zum Bilde Gottes, ursprunghaft entfremdet, gerufen zur in Jesus Christus erneuerten Gleichgestalt, in Rechtfertigung und Heiligung auf den Weg dem endzeitlichen Ziel entgegen zurückgebracht.

2. Diese weltübergreifende narrative Anthropologie kann und will die wissenschaftlichen Einsichten über den Menschen weder negieren noch ersetzen; sie muß jene vielmehr als durchaus sinnvolle Pluralität sachorientierter Verstehensentwürfe in ihre eigene Gesamtschau einbeziehen. Hierbei ordnet sie die philosophischen wie humanwissenschaftlichen »Anthropologien« dem Menschen dieser todverfallenen Leibesexistenz zu, welcher um seine Herkunft aus Gott dem Schöpfer und um seine Verantwortung vor Gott dem Richter höchstens ein dunkles Ahnen hat; sie ordnet jene Entwürfe Gottes weltlichem Regiment zu. Insofern übergreift der zum ewigen Ge-

---

127. Nach WA 50,269,21–35 und WA 40 III,579,1–12.

sprächspartner Gottes berufene »Homo theologicus« den weltverhafteten Horizont des »Homo mortalis et huius vitae«.

3. Die heilsgeschichtlich ausgefaltete Anthropologie wird von Luther nach ihrer anthropologischen Struktur zusammengerafft in der Kurzformel des Menschen als eines zu rechtfertigenden Sünders. Vor allem in der sich hierdurch eröffnenden Sichtweite gerät die reformatorische Anthropologie in Kollision mit der scholastischen Schultradition. Die abgründige Ohnmacht in der Gottesdimension wird präzise abgehoben von einer verbleibenden Handlungsfreiheit im Bereich der Weltverantwortung. Gerade im Zentrum seines Selbst erfährt sich der Mensch keineswegs als ein in sich selber ruhendes, sondern als »ein ›transitives‹, seinen Halt im Gegenüber suchendes Wesen«[128].

4. Indem Luther auf eine innerste Gewißheit vor Gott drängt, arbeitet er die anthropologische Dynamik einer »Systole« sowie einer »Diastole« überscharf heraus. Unter dem Gerichtsurteil Gottes löst sich in einem Prozeß radikaler Konzentration das Gewissen ab von allen welthaften Bindungen und werkhaften Stützen. Kraft des Evangeliumszuspruchs durchpulst die neu geschenkte Existenzgewißheit des Herzens alle Glieder des Leibesmenschen und inkarniert sich in den Werken. In der Systole wird der Mensch zum Beter, in der Diastole zum Täter[129]. Jene anthropologische Doppelbewegung enthüllt die abgründige Gebundenheit und schenkt die wundervolle Freiheit menschlicher Existenz.

5. In Luthers Rezeption und Umprägung traditioneller Trichotomien (Leib, Seele, Geist; homo sensualis, rationalis, spiritualis) wird jene anthropologische Struktur unter Gottes Inkarnationsbewegung gebeugt. Theologisch weist er dies auf anhand des Ringens zwischen Geist und Fleisch, zwischen der Imago Dei und der Imago satanae. Anthropologisch formt er hierzu die platonisierenden Trichotomien um in eine Sicht, die anhand von Gen 2,7 die bleibende Erdverbundenheit akzentuiert und anhand von Gen 1,26f. die eschatologische Gottespartnerschaft des Menschen hervorhebt. Hieraus resultiert eine Verkehrung der Fronten. Das Sündenfleisch und die »Imago satanae« erweisen sich gerade darin als etwas höchst Geistiges, daß der Mensch die niedrigen Zeichen der Gottesoffenbarung verachtet und Gott in sublimsten Spekulationen sucht. Die wahrhaft geistergriffene Imago Dei zeigt sich gerade darin, daß der Mensch Gottes armselige Offenbarungszeichen nicht verschmäht und sich durch jene in Christi Leidensgestalt hineinwandeln läßt.

6. Der Kampf zwischen Geist und Fleisch läßt sich nicht eingrenzen auf den Gottesbezug der Menschen, er durchzieht nicht weniger die zwischenmenschlichen Institutionen. Eine christliche Anthropologie wird hierauf zu achten haben. Menschsein ist institutionell verfaßt. Die Institutionen sowie das Leben in ihnen sind jedoch keineswegs eindeutig. Für Luther bricht hier erneut die Frage nach der Gewißheit auf, sie artikuliert sich jetzt als Frage nach dem Tun des Rechten. Gewißheit wird hier nicht erlangt durch ein Warten auf unmittelbare Geisteserleuchtungen, sondern durch ein Anerkennen der

---

128. *W. Joest:* Ontologie der Person bei Luther, S. 229.

129. WA 5,128,28: Pauperitatem suam confitetur: nihil habet, nisi quod oraturus sperat accipere, ut sit orator, non operator; vgl. *Rudolf Hermann:* Das Verhältnis von Rechtfertigung und Gebet (1926), in: Gesammelte Studien zur Theologie Luthers und der Reformation, Göttingen 1960, S.11–43.

göttlichen »Platzanweisung«. Indem Gott den Menschen als seinen »Mitarbeiter« annimmt und ihn zusammen mit den Kreaturen in die Schlachtreihe gegen die Chaosgewalten stellt, bricht erneut die Ohnmacht mitten in der menschlichen Freiheit auf. Überall dort, wo es das Geheimnis des Lebens selber gilt, wirkt allein der hoheitliche Schöpfer ganz von innen heraus. Wir Menschen sind wie die anderen Kreaturen wohl seine Mitarbeiter (cooperatores), nicht jedoch seine Mitschöpfer (concreatores). Diese von uns aus unübersteigbare Grenze ist markiert anhand der Chiffren des Exzentrischen, des Responsorischen und des Eschatologischen.

2. Kritischer Aufweis der Kernspannung in Luthers Anthropologie

1. Jene dreigesichtige Struktur exzentrischer, responsorischer und eschatologischer Existenz läßt ahnen, wie sehr der Mensch aus einem Wurzelgrund heraus lebt, der ihm wesenhaft entzogen ist. Sünde und Gerechtigkeit, Urzweifel und Grundvertrauen greifen tiefer als jegliche verantwortliche Sittlichkeit oder durchreflektierte Entscheidungsfreiheit. Weil Luther, wie nur wenige Menschen vor und auch nach ihm, um jene unauslotbaren Abgründe wußte, deshalb insistierte er so leidenschaftlich auf einer unerschütterlichen Gewißheit.

2. Dies führt dazu, daß für ihn alle Menschen unter jenem abgründigen Geworfensein auf Gott eng zusammenrücken; durch ihre Gemeinschaft zieht sich freilich so wie bereits durch das Leben des Glaubenden die Kampffront zwischen Gott und Satan quer hindurch. Indem Luther vor allem in seiner Genesis-Auslegung das lockere Gefüge von Genealogien, Berichten wichtiger Errungenschaften und Sagen über menschlichen Frevel und göttliche Strafe zu einer einheitlichen Frühgeschichte zusammenfügt, entsteht das Bild einer lebendigen Menschengeschichte in ihren prägenden Institutionen: Familia, Oeconomia, Politia und Ecclesia. Zugleich ist die gesamte nichtmenschliche Kreatur einseitig dem Menschen zugeordnet und unter dessen Schuld gebeugt.

3. Die ungeheuren Dimensionen der Evolution des Lebens auf unserem Planeten sind ihm nicht bewußt. Daß damit auch der Kreislauf des Werdens und Vergehens, von Aufwachsen und Ersterben, von Töten und Getötetwerden sich durch Jahrmillionen dahinwälzte, bevor er im Erschauern eines Menschenherzen als Verkettung von Schuld und Strafe erfahren wurde, blieb ihm verdeckt. Auch die unvorstellbaren Ausmaße sowie die unendlich zähflüssigen Anfänge der Menschheitsentwicklung waren ihm natürlich fremd. Dies impliziert jedoch, daß für ihn die Grenzen menschlicher Existenz noch fließender sind. Indem er die legendären Andeutungen der Urgeschichte historisch festzumachen sucht, erweitern sich jene Grenzen. Dem Proton korrespondieren die phantasiereichen Ausmalungen des Eschaton.

4. Indem Luther jene Vorstellung konzentriert auf das Geheimnis des Lebens, werden sie jedoch schon andeutungsweise »entmythologisiert«. So zeichnen sich in seiner Sicht vom Menschen zugleich die Linien ab, die in der Krise der Moderne ausgezogen wurden[130]: die Ohnmacht mitten in der Freiheit, das Existieren aus einem Grund heraus, der uns entzogen ist; die heimliche Wirksamkeit der Verfehlungen wie der Guttaten der Väter im Leben der Söhne, die kollektive Verflochtenheit von Fluch und Segen; das

---

130. Dies unterstreicht *Walter von Loewenich:* Luther und der Neuprotestantismus, Witten 1963, S. 416–420.

Hineinverwobensein jedes personalen Lebens in den Streit transpersonaler Mächte, die tragende wie gefährdende Macht der Institutionen; das Dahineilen zum Tode sowie das fortwährende Schwanken zwischen Lebensgier und Todesfurcht, Sicherheit und Angst.

5. Unter dem Skopus der Rechtfertigung des Gottlosen bleiben alle Horizonte menschlicher Existenz durchstimmt vom Bewußtsein, daß wir in jedem Moment unseres Lebens über unauslotbaren Abgründen gehalten werden; unter den ständigen Vermittlungen sind wir hierin unmittelbar zu Gott. Diese Gottunmittelbarkeit wird jedoch nicht wie bei Schleiermacher als eine mystische Grundstimmung einem unendlichen Gefüge von streng innerweltlichen Ursachen und Wirkungen gegenübergestellt; Luther weiß sich gerade durch das Kleinste und Geringste direkt auf Gott gewiesen. Das mitschwingende Wissen um unsere Kreatürlichkeit ist wohl der erfahrungsmäßige Kern von Luthers Anthropologie; dieser bleibt jedoch christozentrisch verankert und endzeitlich orientiert. Jenes ständige Widerfahrnis ist von ihm in einprägsamen Worten angesprochen. Es läßt sich aus den mythologisierenden Horizonten herauslösen, hierbei sollte aber die endzeitliche Ausrichtung nicht preisgegeben werden. »Du bist Gottes Geschepf, Gemächte, Kreatur und Werk; das ist: von dir selbs und in dir selbs bistu nichts, kannst nichts, weißt nichts, vermagst nichts. Denn was bistu vor tausend Jahren gewest? Was ist Himmel und Erden vor sechs tausend Jahren gewest? Eben so gar nichts, als das Nichts ist, so nimmer nicht geschaffen soll werden. Was du aber bist, weißt, kannst, vermagst, das heißt Gottes Geschepfe, wie du hier (im ersten Glaubensartikel) mit deinem Munde bekennest, darumb du vor Gott dich nichts zu ruhmen hast, denn daß du gar nicht seiest und er dein Schepfer sei und dich alle Augenblick' zu nicht machen kann« (WA 38,373,20).

II. Philipp Melanchthon

Literatur: Heinrich Bornkamm: Humanismus und Reformation im Menschenbild Melanchthons, in: Das Jahrhundert der Reformation, Göttingen 1961[2], S. 69–88. – *Hans Engelland:* Melanchthon, Glauben und Handeln, FGLP IV, 1, München 1931. – *Werner Elert:* Humanität und Kirche. Zum 450. Geburtstag Melanchthons, in: Zwischen Gnade und Ungnade, München 1948, S. 92–113. – *Ernst Friedrich Fischer:* Melanchthons Lehre von der Bekehrung, Tübingen 1905. – *Hans-Georg Geyer:* Von der Geburt des wahren Menschen, Neukirchen-Vluyn 1965. – *Martin Greschat:* Melanchthon neben Luther, UKG 1, Witten 1965. – *Wilhelm Maurer:* Der junge Melanchthon zwischen Humanismus und Reformation, Bd. II: Der Theologe, Göttingen 1969, S. 230–454. – *Philipp Melanchthon.* Forschungsberichte zur 400sten Wiederkehr seines Todestages, hg. von *Walter Elliger,* Göttingen 1961. – *Wilhelm H. Neuser:* Der Ansatz der Theologie Ph.

Melanchthons, BGLRK 9, Neukirchen 1957. – *Johann Rump:* Melanchthons Psychologie (seine Schrift de anima) in ihrer Abhängigkeit von Aristoteles und Galenos, Kiel 1897. – *Rolf Schäfer:* Christologie und Sittlichkeit in Melanchthons frühen Loci, BHTh 29, Tübingen 1961. – *Adolf Sperl:* Melanchthon zwischen Humanismus und Reformation, FGLP X, 15, München 1959.

a) Spannungen im Ansatz von Melanchthons Anthropologie

1. Versklavung des menschlichen Willens durch die Affekte

1. In seinen Loci von 1521 stellt Melanchthon den drei zentralen Abschnitten zu Sünde, Gesetz und Gnade einen Verweis auf die menschlichen Seelenkräfte voraus[1]. Dieser Abschnitt enthält keine eigenständige Anthropologie, er will vielmehr die in der scholastischen Schöpfungslehre rezipierten philosophischen Thesen zur Willensfreiheit des Menschen als Angriff auf das Christusheil entlarven[2]. Hierzu schickt er eine Art Faustskizze zum Verhältnis zwischen Erkenntnis und Willen voraus[3].

2. Die zweipolige Sicht des Menschen nach Erkenntnisfähigkeit und Strebekraft lenkt das Augenmerk auf die Willensdynamik; emotional jagen wir dem vernunfthaft Erkannten nach oder widerstreben ihm. Hierbei rückt der Wille in eine Zwitterstellung. Von unten her betrachtet ist er der Tyrannei der Affekte preisgegeben, welche untereinander um die Vorherrschaft ringen[4]. So erscheint der Wille als dasjenige »Vermögen«, kraft dessen der Mensch von seinen übermächtigen Affekten fortgerissen wird. Von oben aus gesehen wird damit der Wille selber zu einem Tyrannen, der den besonnenen Senat vernünftiger Einsichten zur Unbesonnenheit hinreißt[5]. Das Herausstreichen der Willensproblematik gegenüber der Erkenntnisfähigkeit kennzeichnet Melanchthons erste anthropologische Skizze. In seiner Analyse klammert er freilich die niederen Affekte aus und konzentriert sich auf tiefe seelische Regungen wie Liebe und Haß; ihnen seien wir völlig ausgeliefert[6]. Zugleich blendet er die Ausrichtung der Vernunft auf das Wahre und Gute ab und beschränkt jene auf die Fähigkeit, das Feld zwischen sinnlicher Wahrnehmung und geistiger Intuition auszumessen und hierdurch zu Erkenntnissen zu gelangen; hierin optiert er für die durch Aristoteles inaugurierte Tradition[7].

---

1. StA II,1,8–17; vgl. schon CR 21,14f.
2. StA II,1,8,26–32. Melanchthon sieht hierdurch den Menschen nicht von dessen Geschöpfsein, sondern von seinem Sündersein her.
3. StA II,1,9,7: ... in duo partimur hominem. Est enim in eo vis cognoscendi, est et vis, qua vel persequitur vel refugit, quae cognovit; vgl. CR 21,13,1–5.
4. StA II,1,13,13: affectus affectu vincitur; vgl. Z. 10–20 und CR 21,15,26ff.
5. StA II,1,9,24–29.
6. Zur Unterscheidung zwischen den Affekten StA II,1,9,14–21.
7. Zur Anlehnung an Aristoteles vgl. *J. Rump:* Melanchthons Psychologie, S. 124ff.

2. Melanchthons Ansatz innerhalb der philosophischen Überlieferung

1. Melanchthon kommt in den Loci von 1521 nur obenhin auf den trichotomischen Ansatz zu sprechen, den Origenes und Hieronymus aus 1 Thess 5,23 entwickelt hatten und den etwa Erasmus in seinem Enchiridion militis Christiani breit explizierte[8]. Er will diese stärker auf Platon fußende Tradition nicht radikal verwerfen, weist aber die positive Wertung der Vernunft zurück und sieht im »Geist« nicht einen Bestandteil unseres Menschseins, sondern das Wirken des Gottesgeistes in uns[9].

2. Die Konzentration auf den affektversklavten Willen dürfte einerseits auf die Devotio moderna zurückgehen. Jene hatte den forschenden Intellekt durch einen demütigen Affekt ergänzt, zugleich hatte sie freilich anders als Melanchthon den okkhamistischen Willensprimat ausgerichtet auf eine neuplatonische Ekstasis im Sinne des Areopagiten. Durch die »Theologia mystica« des Johann Gerson dürfte diese Tradition Luther und Melanchthon nahegebracht worden sein[10]. Ein eigenartiges Gegenbild hierzu bietet die dynamistische Schilderung geistgewirkter Affekte, in der wohl eine augustinische und neuplatonische eroshafte Inspiration nachschwingt, wie sie Melanchthon über Johann Reuchlin und Johannes Stöffler von Marsi(g)lio Ficino übernommen hatte[11]. Andererseits greift er eine Akzentverschiebung in der Rhetorik auf, die von Aristoteles über Cicero und die späte Stoa zu Laurentius Valla führt[12]. Valla bestreitet die aristotelische These, der Affekt sei ein Mittleres zwischen Gut und Böse, und insistiert auf Ciceros Einsicht, daß die Affekte uns mit sich fortreißen.

3. Mit Luther greift Melanchthon Vallas radikale Thesen auf und untermauert sie dadurch, daß er Gottes Alleinwirksamkeit ins Feld führt, die nach jener uralten Weisheit der Völker aller Menschen Geschick unausweichlich leite[13]. Dies führt freilich zu deterministischen Sätzen, die nicht geschützt sind gegen einen fatalistischen Schicksalsglauben.

3. Melanchthons Ansatz in seinen theologischen Intentionen

1. In seiner rationalisierenden Affektenlehre geht es Melanchthon mit Luther letztlich um die Frage der Gewißheit. Auch der Mensch, der etwas ahnt von

---

8. StA II,1,13,23–26; 39,31–36; *Erasmus:* Enchiridion, Ausgew. Schriften, Bd. I, Darmstadt 1968, S. 108–146; hierzu die Auslegung bei *H.-G. Geyer:* Von der Geburt des wahren Menschen, S. 99–122.
9. StA II,1,138,26–32; vgl. aber auch StA IV,83,9–84,5.
10. Melanchthon verweist auf Gerson StA I,142,20ff.; 144,10f.
11. Hierzu *W. Maurer:* Der junge Melanchthon, Bd. II, S. 257–261.385–392.
12. Nach *W. Maurer:* Der junge Melanchthon, Bd. II, S. 257 und StA II,1,12,20.
13. StA II,1,11,19: Omnia necessario evenire scripturae docent; vgl. S. 10,11–12,30; 17,2–6; CR 21,13,1 ff., von Luther bes. die Assertio zu Th. 36, WA 7,142–149 und 444–451.

den Abgründen seines Herzens, soll sich in Gott geborgen wissen[14]. Um dies verständlich zu machen, identifiziert er immer eindeutiger den von seinen Affekten geschüttelten Willen mit dem biblischen Terminus des Herzens. Dies wird solenn vollzogen in der These: Die Schrift nennt das Zentralorgan des Menschen das Herz, ist jenes doch die Quelle, der alle Affekte entspringen, haust in ihm doch das Verborgene, das Gott in seinem Gericht ans Licht ziehen wird[15].

2. Indem das Herz an die Stelle rückt, die im aristotelischen Schema der Wille einnahm, wird die Entscheidungsfreiheit in äußeren Dingen unterfangen durch die Versklavung im Ichwillen[16]. In Anknüpfung an Röm 8,5ff. wird dargelegt, daß jene angeblich rein empirisch gewonnenen Einsichten über die Herrschaft der Affekte schon unter der Leitung des biblischen Zeugnisses gewonnen wurden[17]. Die Theologie bestätigt so einerseits eine selbstkritische philosophische Erkenntnis, andererseits durchstößt sie das abstrakte philosophische Schema und legt hinter dem Bündel einzelner Begierden die Wurzelsünde selber bloß, jenes Schwanken zwischen Selbstbestätigung und Selbstverachtung aus mangelnder Gottesfurcht sowie mangelndem Gottvertrauen heraus[18].

3. Melanchthon rezipiert mit Luther die paulinische Konfrontation von Geist und Fleisch. Auswendiger Mensch, alter Mensch, Fleischesleib, dies meint den gesamten Menschen nicht lediglich in seinen niederen Sinnesregungen, sondern gerade in seinen sittlichen Höchstleistungen. Dieses alles ist Fleisch, solange noch das Herz von Selbstsucht und Gotteshaß erfüllt ist[19]. Geist hingegen steht als Chiffre für den Einbruch des Gottesgeistes in das Menschenherz[20].

4. Unter dem Drängen von Gesetz und Evangelium auf die Affekte des Herzens arbeitet er das Zielbild geisterfüllter Spontaneität heraus, als dessen Negativ der von unbezähmbaren Affekten umgetriebene Mensch erschien. Hierbei blickt er kaum auf die leibhaftige Gestalt Jesu, hingegen verweist er unermüdlich auf den Heiligen Geist und dessen Wirkungen. In ihnen geht es trotz der bleibenden menschlichen Schwachheit um Erfahrungen. Tiefe Gebundenheit und höchste Freiheit schwingen in einer Art Syllogismus practicus in-

---

14. StA II,1,11,6: Neque enim vel timorem dei vel fiduciam in deum certius aliunde disces, quam ubi imbueris animum hac de praedestinatione sententia.
15. StA II,1,13,21–23; 15,22–24; 39,4–9; vgl. auch CR 13,19.
16. StA II,1,15,28–34 und 16,1–5.
17. StA II,1,26,12–29,30.
18. Vgl. StA II,1,16,15–34; 21,27–29; 24,14–32; 38,27–39,26.
19. StA II,1,26,12–29,30; 39,16–26.
20. StA II,1,26,29: Rursus spiritus significat ipsum spiritum sanctum et eius motiones atque opera in nobis.

einander[21]. Die Urgewalt des Gottesgeistes hat den Vorrang; indem ihr Sturmwind jedoch das Menschenherz erfaßt und mitreißt, gelangt jenes zu einer eigenständigen Willensfreiheit und echter Gebotserfüllung[22].

4. Unabgegoltenes und Weiterführendes in Melanchthons Ansatz

1. In dieser ersten Skizze einer Anthropologie, die weithin in den späteren Loci mitgeschleppt wird, verbleiben Einseitigkeiten, die zum Teil indirekt korrigiert sind. So hat Melanchthon schon die Tradition des Naturrechtes rezipiert und deren drei Kerngebote: Gott zu verehren, den Mitmenschen zu helfen, die Lebensgüter gemeinsam zu nutzen, expliziert[23]. In diesem Bereich kommt man aber nicht mehr durch mit einer restriktiven Entscheidungsfreiheit in äußeren Dingen; in diesem uns Menschen überantworteten Herrschaftsraum gilt es die ethischen Grundregeln verantwortlich zu erkennen und tatkräftig durchzusetzen.

2. Von einem wohl bereits 1521 gehaltenen Kolleg zum »Unterschied zwischen weltlicher und Christlicher Frommkeit«[24] bis hin zum Lobpreis der Philosophie und der ihr zugeordneten Künste in den Scholien zum Kolosserbrief (1527)[25] entfaltet Melanchthon diesen Horizont des weltlichen Regimentes Gottes ständig positiver. Das stoizistische Mißverständnis, als walze die göttliche Allmacht unsere menschliche Entscheidungsfreiheit einfach nieder, korrigiert er jedoch erst in einem Nachtrag zu den Visitationsartikeln, der in den Unterricht der Visitatoren einging[26] und von dorther den Artikel XVIII der Confessio Augustana und der Apologie prägt[27]: Im Horizont jener »Gerechtigkeit..., die das Fleisch oder der Mensch aus eigener Kraft tut« (StA I,252,11), werden nicht lediglich sündige Neigungen niedergerungen, sondern steht eine echte »Wahl und Freiheit, Böses zu fliehen und Guts zu tun« (StA I,252,14), auf dem Spiel.

3. Der verantwortlichen Willensentscheidung korrespondiert sachnotwendig eine verpflichtende Vernunfteinsicht. Dies ist gleichsam präfiguriert in den frühen Loci in der gewissen Glaubenszuversicht, die sich den hinundherschwankenden Meinungen entgegenstemmt. Dem entspräche, daß die Sünde nicht derart einseitig auf den von den Affekten überwältigten Willen zugespitzt, sondern auf die Verkehrungen in unserer Erkenntnis ausgeweitet

---

21. StA II,1,121,33–122,9.
22. Vgl. StA II,128,23–31; 129,26–34; 137,31–36; 138,27–32.
23. StA II,1,42,28–45,36.
24. StA I,171–175.
25. Zu Kol 2,8 StA IV,230,11–238,2.
26. WA 26,26f. und StA I,252f.
27. CA XVIII,5 und Apol. XVIII,4; auch der Gottesbezug ist in diese Freiheit einbezogen, BSLK 311,28f.

würde. Schon in einer Annotatio zu 1 Kor 2,6 (1522) spricht Melanchthon die »Ignorantia Dei« als jene Wurzelsünde an, die Gottesverachtung und Unglauben nach sich ziehe[28].

In seiner späteren These, daß die mutwillige Ignoranz (ignorantia affectata) oder das mutwillige Vergessen (omissio affectata) eine Kerngestalt der unvergebbaren Todsünde sei[29], stehen das Erkenntnisvermögen und die Willenskräfte gleichgewichtig nebeneinander.

4. In seinem schon 1533 geplanten, erst 1540 im Druck erschienenen »Liber de anima«, der nach Albertus magnus ersten Psychologie, ja Anthropologie in Deutschland, welche nicht lediglich das aristotelische Vorbild in theologischer Perspektive nachzeichnet, sondern zugleich durch physiologische Gesichtspunkte, die sich auf Galen, Vesalius und Leonhard Fuchs stützen, ergänzt, sind Herz und Haupt einander sorgfältig zugeordnet. Das Herz als Sitz der Seele ist in seinem Schwanken zwischen Traurigkeit und Freude das eigentliche Domizil des Gottesgeistes. In seinem kreatürlichen Leidensdruck macht sich das vom Gottesgesetz angerührte Gewissen geltend; in seiner kreatürlichen Fröhlichkeit deutet sich das im Evangelium getröstete Gewissen an. Das Haupt ist in spezifischer Weise dem Sohn-Logos zugewandt. Seine Fähigkeiten, die gottgestifteten Axiome zu erfassen, konzentrieren sich jetzt im Unterscheidungsvermögen zwischen dem Schändlichen und dem Ehrenhaften[30].

b) Der Mensch als Bild Gottes (Imago Dei)

1. Verweise auf die Imago-Lehre in den Loci

1. Wenn Melanchthon in seinen späten Loci auch die philosophische Nomenklatur eingehender mit dem biblischen Sprachgebrauch zu vermitteln sucht, so reproduziert er noch in der Letztfassung von 1559 die karge Skizze der menschlichen Seelenvermögen aus den frühen Loci[31].

Jetzt dienen ihm freilich jene knappen Hinweise nicht mehr dazu, die menschliche Willensfreiheit zu attackieren, sondern dazu, die Verantwortung einzuschärfen. Im Schöpfungstraktat klingen anthropologische Einsichten nur indirekt an der Stelle an, wo er Gottes Nahesein in den Kreaturen aufzuweisen sucht[32].

---

28. StA IV,25,5–8; vgl. WA 5,392–415, bes. S. 392,26 ff.
29. In der »Philosophiae moralis epitomes« von 1546 beruft er sich für die Unterscheidung zwischen ignorantia probabilis und affectata auch auf Aristoteles, Eth. Nic. III,2, 1110b,31 f.; StA III,219,32–221,4.
30. Vgl. CR 13,53–57 und 65–68.
31. StA II,1,237,14–238,6.
32. StA II,1,221,9–223,2.

2. Schon zuvor hatte er innerhalb der Trinitätslehre den Sohn als den logoshaltigen Lichtglanz des ewigen Vaters der göttlichen Selbsterkenntnis zugeordnet und den Geist als die hervorbrechende Schaffensmacht der Willensdynamik des Vaters und des Sohnes zugewiesen, zugleich hatte er jene Zweiteilung flüchtig auf das Haupt und das Herz des Menschen bezogen[33]. Daß der Sohn-Logos unsere Vernunfteinsicht erleuchtet, das Hauch-Pneuma unsere Willenskräfte entflammt, sind spielerische Appropriationen, die in der späteren Dogmatik durchgehend als »Träume Melanchthons« zurückgewiesen werden[34].

2. Christozentrische Umpolung der Imago Dei

1. Auch für Melanchthon selber zentraler ist der Versuch, in Anlehnung an Luther die Imago Dei christologisch zu bestimmen. Er deutet dies in den Anmerkungen zu Genesis I bis VI an, präzisiert es in der Scholie zu Kol 3,9[35] und entfaltet es in seinem anthropologischen Lehrbuch viel ausführlicher als in den theologischen Loci.

2. Das Gleichbild des väterlichen Urbildes, in dem wir Menschen erschaffen sind und errettet werden sollen, ist nach Eph 4,24; Kol 3,10; 2 Kor 3,18[36] nicht Adam, sondern Christus. Deshalb ist, wie sich in der finalen Ausrichtung des priesterschriftlichen Schöpfungsberichtes auf unser Eingehen in Gottes Sabbatruhe ahnungsreich andeutet[37], das Gottesbild im Menschen nur als Weggeschehen zu interpretieren. Hierin geht Melanchthon ähnlich vor wie Luther.

3. Stärker als jener beachtet er jedoch die philosophischen Traditionen. Der Mensch zur Imago Dei geschaffen, dies beinhaltet: Gott hat ihn als frei verantwortliches Gegenüber gebildet, um ihn an seinem Wesen teilhaben zu lassen, auf daß er Gott erkenne und dessen Ruhm ausbreite[38]. Melanchthon verweist wie Luther auf die Triaden Augustins[39], konzentriert jene jedoch auf die christologisch vermittelte Einsicht und auf das pneumatologisch entflammte

---

33. StA II,1,184,5–185,31; vgl. StA II,2,814,32–815,15 und StA IV,284,23–287,5; StA III,163,15–165,36; 361,33–364,36.
34. Dabei geht es freilich zunächst um die sich an Thomas (S th I, q.27, a.4) anlehnenden trinitarischen Unterscheidungen; vgl. *Carl Heinz Ratschow:* Luth. Dogmatik zwischen Reformation und Aufklärung, Bd. II, Gütersloh 1966, S. 90f., Z.6 (J. Gerhard und Quenstedt).
35. CR 13,771 und StA IV,286,26–29.
36. Diese Texte schon CR 13,771.
37. Nach CR 13,773f.
38. CR 13,772 und StA III,164,5–8.
39. StA IV,285,9–21: memoria – intellectio – voluntas; StA III,362,24–363,3: mens – cogitatio – voluntas; De trin. X,13ff.; XI,6ff. Dagegen jedoch die paulinische Sicht nach Eph 4,24 und 2 Kor 3,18, StA IV,285,22–286,8.

Herz[40]. Hierdurch akzentuiert er das eschatologische Neuwerden des Gottesbildes im Menschen.

3. Verbleiben von Imago-Resten nach dem Fall

1. Stärker als bei Luther reibt sich bei Melanchthon die christozentrische und pneumatologische Orientierung der Imago mit dem philosophischen Ansatz. Dies verschärft die Problematik eines Imago-Restes. Auch für Melanchthon gilt: Durch den Fall ist die Imago, wenn auch nicht total vernichtet, so doch zutiefst korrumpiert und des göttlichen Lichtes beraubt[41]. Immer eindeutiger arbeitet er jedoch die verbliebenen Reste heraus. Im Unterschied zu den frühen Loci greift er hierzu auf die Trias der Vernunft, der Willenskräfte und der sinnlichen Strebungen zurück, die Origenes unter Verweis auf 1Thess 5,23 aus der platonischen Tradition rezipiert hatte, und anhand derer Erasmus die »Militia Christiana« entfaltete.

2. Nach Melanchthon verbleibt im Menschengeist die Fähigkeit, die ontologischen, logischen und mathematischen Axiome zu erfassen, sowie die Denkkraft, das sinnlich Wahrgenommene ihnen methodisch schlußfolgernd zuzuordnen[42]. Vor allem verbleibt ein, wenn auch stets gefährdetes, Wissen um die gottgesetzten Maßstäbe des Ethos[43].

Dieses in sich reflexe intellektuelle Vermögen[44] hebt uns empor über die Tiere und verweist uns auf Gott.

3. Im Willenszentrum des Herzens verbleibt der Stachel im Gewissen[45], der verschwiegene, aber hartnäckige Anruf, das Gute zu tun und das Böse zu meiden, vor allem jedoch der Biß der Reue und die Furcht nach begangener Untat[46]. Wir können und sollen uns verantwortlich entscheiden, wenn diese Kraft auch gelähmt ist sowohl durch die Selbstverblendung im Geist als auch durch die Selbstversklavung im Herzen.

4. Es verbleiben die geschöpflichen Affekte, in welchen sich das aller Kreatur eingestiftete Gottesgesetz anmeldet, liebende Ehrfurcht vor dem, was über

---

40. StA III,363,35–364,7; S. 364,3: Ita restituitur in nobis vita et iustitia aeterna, et renovatur imago Dei verbo lucente in mente, ut agnitio Dei sit clarior et firmior, et Spiritu sancto accendente motus congruentes cum Deo in voluntate et corde.

41. StA III,363,9: tamen anima sine luce Dei est corrupta imago.

42. StA III,340,35–341,31.

43. Vgl. etwa StA I,179–189 und StA IV,230,3–243,2.

44. StA III,331,15–30.

45. StA III,336,21–26; StA II,1,222.17–23. In Luthers Nachfolge arbeitet Melanchthon das affektive Element in der conscientia stärker heraus als die Scholastik; vgl. *J. Rump:* Melanchthons Psychologie, S. 100–103; *H.-G. Geyer:* Von der Geburt des wahren Menschen, S. 245–281.316–322.

46. StA III, 337,1–8.

uns ist, Hingabe an die Blutsverwandten, Mitleid mit dem Schwachen, Freude am Sieg des Guten, Zorn gegenüber dem auftrumpfenden Bösen[47].

5. Auch psychologisch geurteilt ist dem Menschen somit nicht lediglich eine auswendige Legalität, sondern eine inwendige Moralität möglich. Er vermag nicht allein die aufbrandenden Affekte durch einen harschen Befehl an seine Bewegungskräfte »despotisch« zu zügeln, er kann und soll echt »politisch« und gleichsam demokratisch aus innerem Einvernehmen zwischen besonnener Vernunftentscheidung, herzhaftem Willensentschluß und guter Sinnesregung heraus handeln[48].

4. Verkehrung der Imago Dei durch den Fall

1. Diese positiven anthropologischen Aspekte eines Imago-Restes sind für Melanchthon umgriffen von den drei zentralen Verkehrungen in Geist, Wille und Herz, die aus dem Urfall resultieren. Hierin beugt sich auch der betonte Humanismus seiner späten Phase unter das Zeugnis der Schrift. In der Vernunft herrscht Ungewißheit: Hat sich uns Gott entzogen und thront in unerreichbaren Fernen oder ist er uns Erdenwürmern nahe? Das Gewissen ist weder echt getroffen von Gottes heiliger Rechtsforderung noch atmet es frei in der Geistesgewißheit des Abbarufes. Weil dem Menschen die Klarheit der Vernunfteinsicht und die Gewißheit des Herzens fehlt, deshalb wird er von seinen verwirrten Trieben überwältigt und ins zügellose Begehren hinabgerissen[49]. Die Konkupiszenz wird zur Chiffre für jene dreifache Verderbnis der Imago Dei, Verfinsterung des in die Vernunft einstrahlenden Gotteslichtes, Abkehr des Herzenswillens von Gottes Geistesleitung, ungeordnetes Vagieren der sinnlichen Affekte[50].

2. Trotz jener abgründigen Verkehrung will der Schöpfer von allen Menschen eine gewisse Frömmigkeit (pietas) coram Deo und eine entsprechende Gerechtigkeit (iustitia) coram mundo; der Herr will nicht lediglich eine auswendige Legalität, sondern eine inwendige Moralität. Solange das Menschenherz noch nicht durch Gesetz und Evangelium erneuert ist, muß der Mensch im Streit mit den Chaosmächten um ihn herum wie im eigenen Herzen unterliegen.

5. Erneuerung der Imago Dei in Jesus Christus

1. Die Verderbnis der Imago ist allein in Jesus Christus überwunden. In ihm erkennt Melanchthon das menschgewordene ewige Gleichbild des unsicht-

47. Vgl. StA II,1,13–28; 267,21–269,15; II,2,797,6–27; 813,1–814,6.
48. StA III,317,36–319,26.
49. StA III,356,30: ... appetitiones et affectus vagantur sine ordine.
50. Zur dreigestuften Umschreibung der Ursünde siehe StA II,1,227,1–8; StA III,357,4–9; 363,23–31.

baren Gottes[51]. Nach diesem Urbild ist der erste Adam geschaffen, in ihm wird er auch erneuert. So rückt der zweite Adam in das Zentrum jenes Weges, der sich auf das Eschaton hin öffnet. Melanchthon fügt jedoch das Einwirken des Gottesgeistes auf das Menschenherz hinzu; hierauf liegt der Akzent auch im Blick auf das Neuwerden der Imago.

2. Das Leitbild gewinnt Melanchthon aus den vierzig Tagen des Umganges des Auferstandenen mit seinen Jüngern[52]; daneben rekurriert er freilich auf spiritistische Geistererscheinungen sowie auf philosophische Argumente zur Unsterblichkeit der Seele[53]. Ähnlich wie Luther unterstreicht er nicht den neuen Gehorsamsleib, sondern die ständige Gottesschau des Herzens; jener Befreiung im Gewissen ordnet er sowohl die Erleuchtung im Geist als auch die Spontaneität in den Affekten zu[54].

3. In Luthers Nachfolge hält Melanchthon durch alle Stadien des Menschenweges: Schöpfung, Fall, Erneuerung und Vollendung hindurch die bewußte Vor- und Überordnung des Gottesbezuges gegenüber dem Weltbezug fest. Dies hat er schon in der Genesis-Auslegung fixiert und bleibt ihm selbst in seiner philosophischen Ethik treu[55]. Der Mensch ist im ewigen Gott-Logos als Imago Dei erschaffen, um in ungetrübter Gottesfreude und Herzensgewißheit zu leben; hieraus erst resultiert die Herrschaft über die eigenen Seelenregungen sowie über die anvertraute Kreatur. Der Urfall vollzieht sich in der Gottesrelation und dringt ein in alle anderen Lebensbezüge. Die Christus-Erneuerung heilt alle Dimensionen des Lebens aus der innersten Abba-Gewißheit heraus. Im Eschaton atmet der auferweckte Herrlichkeitsleib frei in der Herzensfreude des inwendigen Menschen.

c) Anthropologische Explikation und theologische Restriktion der Willensfreiheit

Die Spannung zwischen totalem Verlust der Imago in der Gottesdimension und kräftigen Überresten im Welthorizont schlägt sich seit den mittleren Loci nieder in Melanchthons Insistieren auf einer verantwortlichen Willensentscheidung. Hierzu arbeitet er seit 1535 die umstrittene These von den drei Ursachen einer guten Handlung heraus. Neben das Gotteswort und den Heiligen Geist scheint dabei als eigenständige dritte Kraft der menschliche Wille zu treten[56].

---

51. CR 13,771; StA IV,286,20–30; StA III,363,35–364,28.
52. StA III,365,1–26 und StA II,2,609,20–610,23.
53. StA III,368,30–371,7.
54. StA III,366,33–36; 322,6–15; 336,27–31; StA II,2,612,1–4.16–29; 615,32–36.
55. CR 13,771 f. und StA III,165,24–36.
56. StA II,1,243,14–21; 245,30–33; vgl. die Texte von 1535 und 43 in der Anm. auf S. 243; ferner StA III,186,26–187,5 und CR 23,15.435. Wohl die ausführlichste Explikation findet

1. Gründe für eine eigenständige Verantwortung des Menschen

In dieser anthropologischen These greift ein Mehrfaches ineinander: 1. Im Horizont der Gnadenlehre wendet sich Melanchthon gegen fatalistische Konsequenzen, die man aus seinem früheren Nein zur Entscheidungsfreiheit gezogen hatte. Jetzt drängt er auf eine Verpflichtung aller Menschen, sich dem Ruf Gottes in Gericht und Gnade zu stellen[57]. Daß uns Gottes Wort ergreift, erfolgt nicht unter einem naturhaften Zwang oder gar in einem enthusiastischen Entrücktwerden[58], es schließt ein verantwortliches Zustimmen und ein willentliches Niederringen aufbrechender Zweifel ein.

2. Im Horizont der Sündenlehre verwirft Melanchthon jegliches Zurückführen des Bösen auf Gottes eigentliches Wollen[59]. Der Mensch ist selber verantwortlich für sein Verharren in Unglaube und Ungehorsam; für sein Ja zum Bösen kann er Gott nicht haftbar machen[60].

3. Im Horizont von Schöpfung und Erhaltung unterscheidet Melanchthon jetzt präziser zwischen Gottes allumspannendem Wollen und der menschlichen Gehorsamsverpflichtung. Die Einsicht heidnischer wie israelitischer Weisheit, daß niemand das Gelingen seiner Pläne in seinen eigenen Händen hält, will die Pflicht zur Verantwortung nicht einfach niederschlagen[61].

4. In allen jenen Bereichen befehdet Melanchthon leidenschaftlich einen »stoischen« oder gar »epikureischen« Fatalismus. Der Determinismus des Laurentius Valla wird jetzt ausdrücklich zurückgewiesen[62]. Die altkirchlichen Sätze eines Basilius und Chrysostomus, daß Gott allein den Willigen leite und gute Werke unter dem Vorangehen der göttlichen Gnade und dem Mitfolgen des menschlichen Wollens geschähen, werden solenn rezipiert[63].

2. Ineinandergreifen von göttlicher Gnade und menschlicher Freiheit

1. Jenes Zusammenspiel zwischen den drei Ursachen einer rechten Tat schildert Melanchthon durchaus feinfühlig. Hierbei scheint er freilich das Gottes-

---

sich in der »Enarratio Symboli Niceni«, CR 23,273–290; weitere Texte sind BSLK 911 f., Anm. 1 genannt.

57. StA II,1,245,19–21.

58. Vgl. CR 23,280–284.

59. CA XIX; Apol. XIX; CR 21,371; StA II,1,224,34–225,12.

60. StA II,1,245,36–246,8; II,2,601,17–602,14.

61. StA II,1,237,1: Nec miscenda est disputatio de determinatione divina quaestioni de libero arbitrio.

62. StA III,183,11–13; 350,1–5; StA II,1,236,29–37.

63. Die Zitate aus Basilius (PG 32,379) und Chrysostomus (vgl. PG 59,73.254.258.283) finden sich bereits 1535 (CR 23,376; vgl. S. 436); sie sind erneuert StA II,1,244,1–11; sie werden zurückgewiesen in der Konkordienformel (SD II,86 f.); zur kirchlichen Tradition siehe *Harry J. McSorley:* Luthers Lehre vom unfreien Willen, BÖT I, München 1967, S. 60–206.

wort, den Gottesgeist und den menschlichen Willen als einander gleichwertige Kräfte zu behandeln. So entsteht der negative Eindruck, als müßte Gottes Retterwille kapitulieren vor dem Widerstand des Menschen[64].
2. Die spätere Diskussion[65] engte den Blick ein auf den Überschritt von der Sündenverlorenheit zum Christusgehorsam. Auch Melanchthon schien sich hierauf zu konzentrieren, greift er doch die traditionelle These auf, die Willensfreiheit sei die Fähigkeit, sich der Gnade anzugleichen[66], und interpretiert er dies doch dahingehend: der Mensch, der auf die Verheißung höre, suche ihr beizupflichten und die Sünden, die gegen das Gewissen stehen, abzulegen[67]. Seine recht allgemein gehaltenen Formulierungen und die angeführten Beispiele greifen jedoch weiter und weisen auf eine Gemeinsamkeit hin, die Ungläubige und Glaubende betrifft.
3. Bereits der Nichtchrist besitzt ja das Vermögen, das kraft des göttlichen Urgebotes ins Gewissen Eingegrabene zu erkennen, es in verantwortlichen Willensentscheidungen auf konkrete Situationen auszurichten und widerstreitende Begierden niederzuringen. Hierbei ahnt auch der Heide etwas von einer übernatürlichen Gnadenhilfe. Wie sich bei Homer der Mensch »noch nicht als Urheber seiner eigenen Entscheidungen« sieht[68], so weiß auch noch Cicero, daß ohne göttlichen Anhauch keine wahre Tugend möglich ist[69], und deshalb führt Melanchthon jene spontanen Herzensregungen unmittelbar auf ein Eingreifen Gottes zurück[70].
4. Nach Jesu Sendungsbefehl Lk 24,47 soll sich ein jeder unverdrossen dem Angriff des Gesetzes sowie dem Freispruch des Evangeliums aussetzen. Zu einem innerlichen Bezwungenwerden sowohl vom Hammer des Gesetzes als auch vom Trost des Evangeliums ist jedoch die Gnadenhilfe des Heiligen Geistes erforderlich. Dies beschränkt sich aber nicht auf den ersten Durchbruch zu einem lebendigen Glauben, es bleibt über dem gesamten Christenwandel bis in die letzte Stunde hinein. Deshalb hatte schon Augustin die Gabe des Beharrens (donum perseverantiae) als freies Gottesgeschenk anzusehen gelehrt. Wie Melanchthon am Widerstand Josephs gegen die Verführungskün-

64. Vgl. StA II,1,246,1–3; II,2,596,12–25.
65. *Meisner* (Disp. 21,76): Hominem quod spectat, possumus de illo disserere partim Philosophice, respectu actionum moralium, partim Theologice, respectu diversorum statuum; vgl. *B. Hägglund:* De homine, S. 214–233.
66. StA II,1,245,29ff.; die Formel findet sich 1543 noch nicht; sie wird in der Konkordienformel (SD II,86f.) inkriminiert.
67. StA II,245,29–33.
68. Nach *Bruno Snell:* Die Entdeckung des Geistes. Studien zur Entstehung des europäischen Denkens bei den Griechen, Hamburg 1955[3], S. 51.
69. De natura Deorum II,167; zit. StA III,339,34ff.
70. StA III,190,14: Heroici motus sunt proprie dona Dei, et immediate a Deo proficiscuntur.

ste der Gattin Potiphars aufzeigt[71], gilt dies nicht weniger für den täglichen Gehorsam. Zeichen für die bleibende Ohnmacht mitten im angespannten Ringen ist das beharrliche Flehen um den Beistand des Gottesgeistes.

3. Drei unterschiedliche Betrachtungsweisen der Willensfreiheit

Die Aporie, in die Melanchthon bei seiner psychologischen Beschreibung menschlichen Mitwirkens mit Gott hineingerät, läßt sich bis in die naturwissenschaftlich orientierten Modelle der gegenwärtigen Psychoanalyse hinein aufweisen[72]. Drei Betrachtungsweisen gehen bei Melanchthon ineinander über, ohne daß die Übergänge präzise markiert sind. Das von Luther angerührte Problem, daß unterschiedliche Wissensgebiete auch ihre eigenständigen Fragerichtungen und Begriffsfelder ausprägen, die nicht einfach ineinandergemengt werden dürfen, wird erneut greifbar.

1. In der systematischen Zusammenschau der drei Ursachen tritt der menschliche Wille als eine einheitliche, in sich selber jedoch eigenartig unstrukturierte dritte Größe neben das Wort und den Geist. Im Unterschied zum Willen der Dämonen vermag er sich der Gottesgnade anzupassen[73]. Fügte man dies ein in die triadische Struktur des Menschen, so erschiene der Wille als inhaltlich leeres, »formal dynamisches Vermögen«, in die Mitte gestellt zwischen der vernünftigen Einsicht und den sinnlichen Begierden. Indem man nur auf das abstrakte Schema blickt, kann man dann einen »formalpsychologischen Synergismus« von einem »physisch-meritorischen« oder einem »ethisch-religiösen Synergismus« abheben[74].

2. In der physiologischen Betrachtungsweise des Buches über die Seele stoßen wir auf eine befremdliche »Alchemie« göttlicher Gnadenhilfen oder dämonischer Einflüsse. Wenn der Mensch auch über die Tiere hinaus spiegelartig reflektiert, so dient die Analogie der Sonneneinstrahlung dazu, um die Erleuchtung des Menschengeistes durch das Gotteswort einsichtig zu machen. Das Entflammen des Herzens als unseres Willenszentrums durch den Gottesgeist wird wie ein Feuerhauch beschrieben, der mit den satanischen Dämpfen kämpft. Der Dampf wird durch die Herztätigkeit aus dem Blut gekocht und zu einem Flämmchen entzündet. Als »Spiritus animalis« wird er dem Gehirn weitergeleitet und paßt sich dort dessen Bedingungen an; als »Spiritus vitalis« durchdringt er vom Herzen aus die Blutbahnen des ganzen

---

71. StA II,1,246,9–27 und StA III,354,4–30.

72. Für Freud ist dies aufgezeigt bes. bei *Paul Rocœur:* Die Interpretation. Ein Versuch über Freud, stw 76, Frankfurt 1974.

73. StA III,344,10f.; 351,24–29; StA II,1,245,30–35.

74. Nach *E. Fr. Fischer:* Melanchthons Lehre von der Bekehrung, S. 126–149 und *M. Greschat:* Melanchthon neben Luther, S. 157f.; vgl. *B. Hägglund:* De homine, S. 199–214.

Menschen und treibt die Glieder zu leibhaften Gehorsamstaten an[75]. Die siderischen Einflüsse sowie die unterschiedlichen Gallensäfte, welche die Temperamente vorprägen, verstärken den Determinismus jener Sichtweise[76]. Ein bestürzend fremdes Verständnis des Menschseins tritt uns entgegen, das tief in die Antike auf Galen zurückweist und zugleich in die Moderne vorausdeutet.

3. Schildert Melanchthon hingegen jenes Ringen um eine unerschütterliche Glaubenszuversicht sowie um den neuen Leibesgehorsam aus einer sprachhaften Innenschau heraus, so rührt er an den Widerstreit des Menschen mit sich selber. Hierbei zeigt sich, daß Einsicht und Wille wesensmäßig miteinander identisch sind, wenn wir ihre Aktionen auch voneinander trennen müssen[77]. Der Verweis auf das mutwillige Ignorieren oder Unterdrücken einer Glaubenseinsicht läßt erkennen, daß schon in der Glaubenserkenntnis der Wille, sich das nicht gesagt sein zu lassen und so die eigene Person dem Sich-Aufdrängenden zu entziehen, sein Unwesen treibt. Der Verweis auf die Sünde gegen das vom Gottesgesetz überführte Gewissen bestätigt, daß auch in unseren sittlichen Entscheidungen ein analoger Kampf zwischen demjenigen, was uns verlockt, und demjenigen, was uns innerlich überführt, zu toben beginnt[78].

4. Jene drei Betrachtungsweisen, die formal psychologische, die nahezu alchemistisch physiologische und die deskriptiv phänomenologische, fließen unreflektiert ineinander. Sie sind auseinandergetreten im Ringen zwischen Matthias Flacius und Victorin Strigel in der Weimarer Disputation (1560)[79]. Hierbei wurden zugleich die beiden tragenden geistlichen Anliegen scharf herausgearbeitet und schroff einander konfrontiert, die in Melanchthons Anthropologie noch mühsam miteinander verkoppelt sind. Einerseits insistiert Strigel in seiner rationalistisch psychologisierenden Analyse auf der frei verantwortlichen Einheit der vor Gottes Gericht gerufenen und von Gott mit Namen genannten Person. Andererseits drängt Flacius unter psychologisch oft absurden Übertreibungen auf das Wunder der Gnade, die unseren widerstrebenden alten Adam immer neu überwältigt. Der Gottesruf zur verantwortli-

75. Siehe hierzu *J. Rump:* Melanchthons Psychologie, S. 26–29. Nach Galen sind ihm der Spiritus vitalis und animalis Träger der zentralen menschlichen Funktionen, der Lebenserhaltung, Ernährung und Zeugung, der Bewegung und Empfindung, der Affekte und des Denkens; als Werkzeuge der Seele machen sie faktisch deren Wesen aus.

76. Zu den roten, schwarzen und gelben Gallensäften und ihrem Einfluß auf die Temperamente vgl. *J. Rump:* Melanchthons Psychologie, S. 19–25.

77. StA III,364,33: Suntque reipsa una substantia, intellectus et voluntas. Sed genera actionum diversa sunt.

78. StA II,1,277,25f.; II,2,473,8f.23f.; StA II,1,273,3–6; II,2,468,1; 470,5.

79. Hierzu die Analyse bei *B. Hägglund:* De homine, S. 233–252.

chen Freiheit des Menschen hat Melanchthon am Humanismus festhalten lassen. Die Einsicht in die abgründige Ohnmacht mitten in der geschöpflichen Freiheit[80] hat ihn auf der reformatorischen Botschaft der Rechtfertigung allein aus Gnaden beharren lassen.

d) Kritische Würdigung

1. Melanchthons Anthropologie sucht die von Luther vorgezeichneten Konturen zu wahren, dessen paradoxe Einsichten in schulmäßig tradierbare Formeln zu gießen und mit der psychologischen sowie physiologischen Tradition der Antike (Aristoteles – Galen) in deren zeitgenössischer Rezeption (Andreas Vesalius, Leonhard Fuchs, Jakob Milich) zu vermitteln. Hierbei bleibt eine gewisse Spannung zwischen der knappen Skizze menschlicher Seelenvermögen und philosophischer Termini sowie biblischer Chiffren, die er in den Loci von 1521 seinen theologischen Ausführungen zu Sünde, Gesetz und Gnade vorangestellt hatte und die ohne wesentliche Veränderungen noch in deren Letztfassung von 1559 erhalten blieb, und der ausführlichen Darstellung im »Liber de anima«, der ersten Anthropologie in Deutschland seit Albert dem Großen. Jenes klassische Schulbuch untermauert die Skizze der Loci nicht allein von unten her durch eine sorgfältige Anatomie des Körperbaus und eine genaue Physiologie der äußeren und inneren Sinne, es überwölbt sie zugleich von oben her durch ihre Lehre von der zur Unsterblichkeit gebildeten Imago Dei[81] und entfaltet zudem unter Verweis auf Röm 2,14f. die stoische These von eingestifteten geometrischen, naturwissenschaftlichen und moralischen Prinzipien[82].

2. Zu dieser Spannung zwischen den Loci und dem Liber de anima tritt die unterschiedliche Akzentuierung innerhalb der Loci hinzu. In seinen frühen Loci suchte Melanchthon Luthers These von der abgründigen Verderbnis des Menschenherzen durch eine Psychologie affektiver Versklavung des Wollens gleichsam empirisch zu verifizieren. Dies führte zu einer verengten Sicht sowohl der menschlichen Vernunftfähigkeit als auch des uns zugewiesenen Handlungsspielraums. Dem widersprach bereits die breite Rezeption antiker Naturrechtstraditionen, die faktisch eine weitgespannte Verantwortung implizierten. Durch die Wittenberger Unruhen aufgeschreckt, drang er immer stärker auf die Pflege der Humaniora. Dies führte ihn zur umstrittenen These von den drei Ursachen einer jeden rechten Handlung, in der unsere menschliche Entscheidungsfreiheit scheinbar ebenbürtig neben die auswendige Weisung Gottes und das inwendige Wirken seines Geistes trat. So verlagerte sich in den anthropologischen Skizzen der Loci der Akzent von der affektiven Willensversklavung zur vernunfthaften Weltverantwortung.

3. Die Struktur des anthropologischen Ansatzes der Reformation blieb bei allem Wandel

---

80. Die abgründige Passivität unseres ringenden Wollens ist bei Melanchthon freilich kaum reflektiert; vgl. die Belege bei *E. Fr. Fischer:* Melanchthons Lehre von der Bekehrung, S. 136f.

81. Siehe hierzu StA III,361,33–372,7.

82. Nach StA III,333,19–334,26.

gewahrt; dies bekräftigen Melanchthons Ausführungen zur Imago Dei, deren Verderbnis und Erneuerung. Der »Homo theologicus« auf seinem eschatologischen Weg von der Schöpfung über den Sündenfall und die Christuserneuerung hin zur Totenauferweckung übergreift den »Homo mortalis huius vitae« in seiner freien Weltverantwortung. Doch das Ur- und Zielbild Jesus Christus büßt seine prägende Kraft ein; es tritt durchgehend zurück hinter dem inwendigen Wirken des Gottesgeistes. Die nach dem Fall verbliebenen Imago-Reste gewinnen an Eigenständigkeit. Unter Rückgriff auf Cicero, eklektisch ergänzt durch Anleihen bei Platon und Aristoteles, bei den Stoikern und christlichen Autoren, wird der Herrschaftsbereich des Lumen naturale erneut ausgestaltet und damit die Umrisse dessen markiert, was sich seit dem 17. Jahrhundert als natürliches System der Welt-, Menschen- und Gotteserkenntnis aus der übergreifenden christlichen Sicht herauslöst[83].

4. Im Unterschied zu Luther, der etwa seit 1523 aus Gen 2,7 und 1,26f. heraus eine eigenständige biblische Anthropologie zu entwerfen beginnt, kehrt Melanchthon zur antik philosophischen Tradition zurück. Wie sich dies schon in den frühen Loci anbahnt, bleibt bei ihm die philosophische Nomenklatur weithin unverbunden neben den biblischen Chiffren stehen. Positiv dürfte freilich zu werten sein, daß er das Problem anpackt, was Luther nur bezeichnet hat; er versucht, die unterschiedlichen anthropologischen Verstehensentwürfe in einem Buch darzustellen. Hierbei gerät er jedoch auf den ebenfalls von Luther schon markierten Irrweg, daß er eine mehr formalpsychologische, eine nahezu alchemistisch physiologische sowie die theologisch orientierte phänomenologische Sichtweise ineinanderfließen läßt, ohne die Eigenständigkeit der jeweiligen Betrachtungsweisen herauszuarbeiten und die Übergänge anzuzeigen. Die Aporie, daß jene formalpsychologischen oder auch rein physiologischen Interpretationsmodelle den konkreten Menschen in seiner Bedürftigkeit und Bedrängnis zwangsläufig ausblenden, mußte die reformatorische Anthropologie in die späteren Schulzwiste hineintreiben und in schier unlösbare Kontroversen verstricken.

5. In Melanchthons Analyse des Willensvorganges bricht eine noch tiefere Aporie auf; Luthers geniale Wortprägungen hatten sie oft mehr verdeckt als enthüllt. Das anthropologische Geheimnis, das Luther in seinen Schilderungen menschlicher Existenz fasziniert umkreiste, die abgründige Ohnmacht mitten in jedem Erkenntnisakt oder Willensvollzug, dies Unheimliche ist bereits nachsinnender Innenschau zugänglich; hierzu bedarf es keineswegs des biblischen Zeugnisses[84]. Dies bestätigt die uralte Weisheit der Völker, die Israel auf die Jahwefurcht hinorientierte. Jenes anthropologische Grundphänomen gewinnt seine geistliche Tiefe wie unausweichliche Schärfe jedoch erst dadurch, daß die Reformatoren es auf Jesus Christus hin ausgerichtet sein lassen und es hiermit ins grelle Feuer des radikalen Gesetzesgerichts, aber auch in den strahlenden Lichtglanz der Rechtfertigungsbotschaft rücken.

---

83. Vgl. *Wilhelm Dilthey:* Melanchthon und die erste Ausbildung des natürlichen Systems in Deutschland, Ges. Schriften, Bd. II, S. 162–201.

84. Hierauf insistiert etwa *Wilhelm Kamlah:* Philosophische Anthropologie, BI – Hochschultaschenbücher Nr. 238, bes. S. 150–175.

III. Jean Calvin

Literatur: Gerd Babelotzky: Platonische Bilder und Gedankengänge in Calvins Lehre vom Menschen, VIEG 83, Wiesbaden 1977. – *Roy W. Battenhouse:* The Doctrine of Man in Calvin and in Renaissance Platonism, JHI 9 (1948), S. 447–471. – *André Biéler:* L'humanisme social de Calvin, Genève 1961. – *Gerd Bockwoldt:* Das Menschenbild Calvins, NZSTh 10 (1968), S. 170–189. – *Josef Bohatec:* Budé und Calvin. Studien zur Gedankenwelt des französischen Frühhumanismus, Breslau 1937. – *Jean Boisset:* Sagesse et Sainteté dans la pensée de Jean Calvin, Paris 1959. – *Carla Clavetti:* La filosofia di Giovanni Calvino, Milano 1955. – *Gerhard Ebeling:* Cognitio Dei et hominis, in: Lutherstudien, Bd. I, Tübingen 1971, S. 221–272. – *Hans Engelland:* Gott und Mensch bei Calvin, München 1934. – *Günter Gloede:* Theologia naturalis bei Calvin, TSSTh 5, Stuttgart 1935. – *Wilhelm-Albert Hauck:* Zur Frage der Gott-Mensch- und Mensch-Gott-Beziehung ... bei Calvin, Heidelberg 1938. – *Werner Krusche:* Das Wirken des Heiligen Geistes nach Calvin, FKDG 7, Göttingen 1957. – *Martin Schulze:* Meditatio futurae vitae. Ihr Begriff und ihre herrschende Stellung im System Calvins, SGTK VI, 4, Leipzig 1901, Neudruck Aalen 1971. – *T. F. Torrance:* Calvins Lehre vom Menschen, Zürich 1951 (Calvin's Doctrine of Man, London 1949). – *Roland S. Wallace:* Calvin's Doctrine of the Christian Life, Edinburgh 1959. – *François Wendel:* Calvin et l'humanisme, Paris 1976.

a) Der Mensch als Bild Gottes (Imago Dei)

1. Anthropologie unter dem Richtpunkt der Imago Dei

1. Calvin rückt seine »Institutio Christianae religionis« unter die Leitfrage nach dem rechten Verhältnis zwischen Gottes- und Selbsterkenntnis[1]. Hierin verknüpft er antike Philosophie in platonischer Ausprägung mit dem biblischen Zeugnis[2]. Weil menschliches Dasein nach Apg 17,28[3] darin gründet, daß wir unseren Selbststand (subsistentia) im ewigen Gott und Schöpfer haben, deshalb vermögen wir uns allein in Gott als unserem Ursprung in unverstellter Wahrheit zu erkennen. Insofern geht die Theologie grundsätzlich der Anthropologie vorher[4]; sie will sich jedoch in jener bewähren[5].

1. Calvin greift hierbei wohl zurück auf Zwinglis »Commentarius de vera et falsa religione« von 1525; vgl. *G. Ebeling:* Lutherstudien I, S. 221–255.
2. Hierzu die Darstellungen von Babelotzky, Battenhouse, Schulze und Wendel.
3. Zu Apg 17,28f. CR 48,416–419 (Die Calvin-Texte aus dem CR sind angeführt nach der Bandzahl der Calvini Opera, zur absoluten Durchzählung ist jeweils eine 28 hinzuzufügen).
4. Inst. I,1,3; OS III,34,1–3.
5. Inst. I,15,1; OS III,173,30: Non potest liquido et solide cognosci Deus a nobis nisi accedat mutua nostri cognitio; vgl. die vier Relationen von cognitio Dei et nostri bei *G. Ebeling:* Lutherstudien I, S. 254.

2. Stärker als Luther und Melanchthon konzentriert Calvin seine Anthropologie in der Chiffre der Imago Dei. Hierbei knüpft er einerseits an Platon an. Wie dieser sieht er »Gottes Ebenbild in Erkenntnis, Gerechtigkeit und Heiligkeit verwirklicht, d. h. also in einer Seele, die zur Erkenntnis Gottes gelangt und als Folge dieser Verbindung mit Gott die Ordnung und Gesundheit all ihrer Fähigkeiten erfährt. Daß sich diese göttliche Ordnung nicht nur auf den inneren Menschen beschränken kann, sondern sich auch im ganzen äußeren Leben und Handeln, also auch in Gesellschaft und Politik widerspiegeln muß, ist eine selbstverständliche Folge dieser Einsicht. Sie hat ein Vorbild in der ganzen Schöpfung, die ihrerseits als Wirkbereich Gottes den Stempel seiner ordnenden Hand trägt.«[6]
3. In Augustins Nachfolge arbeitet er andererseits mit den anderen Reformatoren heraus, daß jene Imago Dei angemessen allein erfaßt wird, indem man die dynamische Bewegung aus dem ursprunghaften Geschaffensein zum bleibenden Gesprächspartner Gottes über den Verlust des Ebenbildes und dessen Erneuerung in Jesus Christus bis hin zur endgültigen Neuwerdung in der Auferweckung der Leiber voll ausschreitet. In diesen Horizont von der Schöpfung bis zur Vollendung sind in Calvins Institutio alle anthropologischen Aussagen bewußter eingezeichnet als in Melanchthons Loci.
4. Freilich gelingt es auch Calvin nicht, den Hiat zwischen der platonischen Sicht des Menschseins als Selbstentfremdung der unsterblichen Seele und der erdnäheren biblischen Anthropologie zu schließen. Ähnlich wie Melanchthon geriet auch Calvin in den breiten Strom der Platon-Renaissance, der von der Übersetzung des Marsi(g)lio Ficino herfließend ihn wohl vor allem durch Erasmus und Budé erreichte[7]. Mit ihm, aber auch mit Augustin akzentuiert er die unsterbliche Seele als den Sitz der Gottebenbildlichkeit. Ein stärkeres Schwanken verbleibt hinsichtlich der Frage: Hat der Mensch durch den Fall die ursprüngliche Imago Dei völlig eingebüßt, oder zeigen sich auch in den Heiden noch gewisse Überreste des Gottesbildes? Trotz dieser Unsicherheit sind Calvins anthropologische Kernthesen in sich erstaunlich kohärent; sie strahlen tief hinein sowohl in die Christologie und in die Gotteslehre als auch in die Pneumatologie und Eschatologie. Die Konzentration auf ein geisthaftes Innen sowie die relative Abwertung des weltbezogenen Außen prägt alle Aussagen.

2. Exegetische Verankerung und anthropologische Entfaltung der Imago Dei

1. In seiner Sicht der ursprunghaften Imago Dei verknüpft auch Calvin die bei-

---

6. *G. Babelotzky:* Platonische Bilder ..., S. 263; vgl. die Zusammenfassung, S. 261 ff.
7. Siehe den Überblick bei *G. Babelotzky:* Platonische Bilder ..., S. 5–52, ferner: *Walter Mönch:* Die italienische Platonrenaissance und ihre Bedeutung für Frankreichs Kultur- und Geistesgeschichte, Berlin 1936.

den klassischen Worte der Schöpfungsberichte Gen 1,26f. und 2,7 dergestalt miteinander, daß er die Formel der Priesterschrift über die Schilderung des Jahwisten darüberblendet. Somit wird der Mensch gleichsam in drei Akten erschaffen[8]: a) Gott formt den unbelebten Leib aus der Ackererde. Dies will uns ständig daran gemahnen, woher wir genommen sind. In sich selber ist der Mensch nichts als Erde und Staub; hierbei schwingt für Calvin über die Ohnmacht hinaus das Schmutzige und Ekelerregende mit[9]. b) Gott bläst jenem leblosen Leib den Lebenshauch ein. Calvin möchte hierbei mit den meisten alten Auslegern an die nápäš denken, an die mehr vegetativen Seelenkräfte, die den Körper durchpulsen und uns mit den Tieren verbinden[10]. c) Die Einprägung des Gottesbildes werde in Gen 2,7 übersprungen, da sie schon in Gen 1,26f. präzise expliziert sei. Was Mose (der Jahwist) in seinem zweiten Bericht gleichsam von unten, von der Erde her in kindlichen Worten schildere, das habe er zuvor (in der Priesterschrift) von oben her, aus Gottes innerster Selbstberatung heraus entfaltet[11]. Die Formulierung »in seinem Bilde, zur Ähnlichkeit« (in imagine sua, ad simulitudinem) wolle nicht zwischen Imago und Similitudo unterscheiden, vielmehr wiederhole und verdeutliche »nach hebräischer Weise« der zweite Ausdruck den ersten[12].

2. Indem er gegen andere Deutungsversuche ausdrücklich polemisiert, bezieht Calvin die Imago Dei streng auf die unsterbliche Seele[13]. In ihr habe das Gottesbild seinen Sitz, ihr sei es eingeprägt oder eingegraben. Damit ist abgelehnt: Das Bild bezieht sich keineswegs, wie Chrysostomus[14] wollte, unmittelbar auf die Herrschaft über die Kreatur, auch nicht auf die Relation zwischen Mann und Frau; Karl Barth wird hier im vorherein zurückgewiesen; am wenigsten darf es mit dem Leib identifiziert werden; selbst Osianders bemerkenswerte These, die gegenwärtig allgemein rezipiert ist, der ganze Mensch nach Seele und Leib sei als Sitz der Imago zu betrachten, wird als »fixe Idee«, welche töricht Himmel und Erde ineinandermengt, abqualifiziert[15]. Mag auch das Gottesbild hineinstrahlen in die Leibesgestalt des Menschen und somit dessen Weltherrschaft ermöglichen, so ist der Sitz der Imago für Calvin doch ausschließlich die unsterbliche Seele.

3. In dieser These verknüpft Calvin die antik philosophischen Einsichten eines

---

8. Nach Inst. I,15,3 und CR 23,25f.
9. Hierzu die Texte bei *G. Babelotzky:* Platonische Bilder ..., S. 93ff.
10. Vgl. CR 23,35.
11. Nach Inst. I,15,3 und CR 23,25f.
12. CR 23,26: Scimus etiam tritum esse Hebraeis, idem diversis verbis repetere.
13. Vgl. CR 5,180 und CR 23,26.
14. Chrysostomos, In Genesin Hom. VIII,3; vgl. Inst. I,15,4 und CR 23,26; eine ähnliche Sicht der Pelagianer erwähnt Augustin, De grat. et lib. arb. 13,25, PL 44,896.
15. Gegen Osiander Inst. I,15,3, OS III,177,8–11; 178,16–20.

Platon, daß die Ähnlichkeit mit dem Göttlichen der Seele höchstes Gut sei[16], sowie eines Cicero, daß in alle Menschenherzen ein Ahnen um die Gottheit als Keim zu jeglicher Religion eingestiftet sei[17], mit dem biblischen Zeugnis: Alle Menschen sind dazu geboren, Gott zu erkennen, ihr ganzes Vertrauen in ihn zu setzen und ihm mit ungespaltenem Herzen zu dienen[18].

3. Antik philosophisches und biblisch theologisches Verständnis der Seele

1. Anthropologisch gesehen schlägt sich jener Ansatz ähnlich wie schon bei Melanchthon nieder in der Konzentration auf die beiden entscheidenden »Seelenbestandteile« Einsicht und Wille (intellectus – voluntas). Indem er Platon, Aristoteles und Cicero bemüht, referiert auch Calvin zunächst die philosophischen Distinktionen, sodann rafft er sie vereinfachend zusammen in den beiden Kräften der Erkenntnis und des Wollens. Das sinnliche Erfassen ordnet er dem Verstand unter, die emotionalen Affekte, die er in Auseinandersetzung mit dem stoischen Apathie-Ideal positiv wertet, subsumiert er unter den Willen. »Sitz des Verstandes (intellectus, intelligentia, ratio) ist das Gemüt (mens), Sitz des Willens das Herz (cor) ... Dabei ist der Primat des Verstandes vor dem Willen deutlich ausgesprochen.«[19] Die Fähigkeit des Intellekts schließt die Aufgabe ein, dergestalt unter den Gegenständen eine Wahl zu treffen, daß man sie einem sittlichen Urteil unterstellt. Dem Willen liegt es ob, die Emotionen unter das so Angestrebte zu zwingen und den leiblichen Menschen auf das Rechte hinzulenken[20]. Trotz des dichotomischen Einsatzes bei Einsicht und Wille hält Calvin also fest an der trichotomischen Struktur der platonischen Seelenpyramide, nach der das muthafte Strebevermögen die tausendköpfigen Begierden unter das Hegemonikon herrscherlichen Einsicht zu beugen hat[21].

2. Ähnlich wie bei Melanchthon reibt sich auch bei ihm diese primär antik philosophische Vorstellungs- und Begriffswelt mit den alttestamentlich biblischen Chiffren. Der Hiat bricht auf im Wortgebrauch von cor, anima, spiritus. Dort, wo Calvin die philosophische Leitunterscheidung zwischen Erkenntnisfähigkeit und Willensdynamik anvisiert, treten folgende Begriffspaare auf: mens – cor, spiritus – cor, spiritus – anima. Dort, wo er das gesamte Seelen-

16. Platon, Phaidon 107 C; Theaetet 176 B; Inst. I,3,3; Calvins Zitate aus Platon hat *G. Babelotzky:* Platonische Bilder ..., S. 54–76, zusammengestellt.
17. Cicero, De natura Deorum I,16,43; Inst. I,3,1 und 15,6.
18. Genfer Katechismus, Fr. 1–7 und Inst. I,3,3.
19. *W. Krusche:* Das Wirken des Hl. Geistes nach Calvin, S. 43. CR 52,62 (Comm. Phil 4,7): mens intelligentiam significat, cor autem omnes affectus: aut voluntates. Ergo haec duo nomina totam animam comprehendunt.
20. Inst. I,15,7, unter Berufung auf Platon: Phaidros 253 D.
21. Hierzu siehe *G. Babelotzky:* Platonische Bilder ..., S. 105–108.242–249.

vermögen im Blick hat, kann gemäß des alttestamentlichen Wortgebrauchs[22] das Herz mit dem ihm zugeordneten Gewissen auch die vernunftgeleiteten Erwägungen einschließen[23]. Im Gegensatz hierzu greift mens (Sinn, Gemüt) nicht auf den Bereich des Wollens aus, dies obere Zentrum bleibt im Sinne Platons der göttlichen Einstrahlung aus der Höhe herab zugeordnet[24].

3. Freilich ist die Seele für Calvin, hierin grenzt er sich mit Augustin gegen die Manichäer, aber auch gegen Servet sowie manche Libertiner ab[25], nicht mehr ein Ausfluß oder Sproß aus der göttlichen Substanz[26]. Auf der anderen Seite ist sie jedoch für ihn streng abgehoben von unserer leiblichen Herkunft aus den Eltern und durch einen unmittelbaren göttlichen Eingriff aus dem Nichts geschaffen. Hierin folgt Calvin dem üblichen Kreatianismus abendländischer Tradition und unterscheidet sich von Luthers Traduzianismus. Der durch die Zweitursachen menschlicher Vereinigung und Zeugung entstandene Embryo wird, wenn die Zeit herangekommen ist, durch einen direkten Eingriff des Schöpfers mit einer unsterblichen Seele ausgestattet[27].

4. Der Leib als Kerker der Seele

1. In ihrer gottunmittelbaren Unsterblichkeit ist die Seele wesenhaft »spirituell«, sie ist wie die Engel ein echtes Geistwesen[28]. Vor dem Fall durchwaltete die innige Ausrichtung der Seele auf Gott auch den Leib des Menschen. Jene atmete frei in ihm gleichsam als ein lieber Gast in einer freundlichen Herberge. Aufgrund des Falls verkehrte sich jene Harmonie in einen furchtbaren Streit. Jetzt belastet und beschmutzt der Körper die Seele, sie erfährt sich als in ihn eingeschlossen wie in einen dunklen Kerker[29]. Platons Sicht wirkt ein-

---

22. *Hans Walter Wolff:* Anthropologie des Alten Testaments, § 5: lēb(āb) – Der vernünftige Mensch, S. 68–95.
23. CR 24,243 (Comm. Dtn 29,4): Nomen cordis hoc loco non pro sede affectuum capitur, sed pro mente ipsa, quae est intellectiva animae facultas; vgl. CR 40,458 und CR 49,38.
24. CR 52,417 (Comm. Tit 1,15): mens intellectum significat, conscientia magis ad cordis affectus pertinet; weitere Belege bei *G. Babelotzky:* Platonische Bilder ..., S. 164ff.
25. Hierzu die Belege in OS III,181, Anm. 2.
26. Inst. I,15,5; OS III,181,8: putarunt animam traducem esse substantiae Dei: quasi aliqua immensae divinitatis portio in hominem fluxisset.
27. In der Institutio (bes. Inst. II,1,7) ist der Kreatianismus nicht eindeutig ausgesprochen; der klarste Hinweis ist wohl CR 33,162 (Serm. Hiob 3,16); ferner CR 33,660 (Serm. Hiob 14,1 ff.); CR 23,62 (Comm. Gen 3,6); CR 25,222 (Comm. Num 16,22); CR 44,401 (Prael. Mal 1,5).
28. Inst. I,15,3; OS III,177,6: ... imaginem Dei ... spiritualem esse.
29. Carcer: Psych. 54; CR 50,62 (Comm. 2 Kor 5,4); Inst. III,3,20 (OS IV,78,7); Inst. III,6,5 (OS IV,150,23); Inst. III,9,4 (OS IV,174,12). Prison: CR 7,120f. (Briefve instruction); CR 33,144 (Serm. Hiob 3,3). Ergastulum: CR 50,62 (Comm. 2 Kor 5,4); CR 55,330 (Comm.

deutig nach. Für die im Christusglauben erneut zu Gott emporstrebende Seele erscheint der Fleischesleib stärker als ein »Knechts- und Sklavenhaus« (O. Weber), das sie in Zucht nehmen soll[30].

2. Die leibliche Dimension menschlichen Versklavtseins unter die sündige Entfremdung von Gott greift auch für Calvin hinein in den außermenschlichen Kosmos. Ähnlich wie der erste Anstoß zur Bewegung die Himmelskörper in seine Dynamik hineinzwang, so riß die Verfehlung des Menschen die gesamte Kreatur in den Abgrund[31]. Wie die übrigen Geschöpfe einbezogen sind in Gottes Strafgericht an dem Weltherrscher Mensch, so drängen sie mit der in ihrem Leibeskerker schmachtenden Seele dem Eschaton entgegen. »Da nämlich Adam durch seinen Fall die unversehrte Ordnung der Natur zerstört hat, so ist auch für die Kreaturen die Knechtschaft, der sie um der Sünde des Menschen willen unterworfen sind, beschwerlich und hart; nicht weil sie mit irgendwelchem Empfinden ausgestattet wären, sondern weil sie von Natur nach dem unversehrten Zustande streben, aus dem sie herausgefallen sind« (Inst. III,25,2; OS IV,434,4–8)[32].

3. Die anthropologische Struktur: eine unsichtbare und ewige Seele in einer erdenschweren »Lehmhütte« wirkt hinein in alle Bereiche der Theologie. a) In der Gotteslehre korrespondiert ihr die beharrliche Warnung, Gottes geisthaftes Wesen nicht mit seinen anthropomorphen Erscheinungsformen zu verwechseln. Weil Gott sein Bild nur in der geisthaften Seele findet, deshalb schließt das Bilderverbot jegliche körperliche Darstellung aus[33]. Die biblischen Berichte von gestalthaften Gottesoffenbarungen sind lediglich Akkomodationen an unsere sinnenverhaftete Schwachheit. b) In der Christologie entspricht jener anthropologischen Struktur die Formel: Der ewige Gottessohn, geoffenbart im Fleisch, bzw. der unsichtbare Sohn-Logos, sichtbar im Fleische erschienen[34]. Das sogenannte »Extra Calvinisticum« fixiert dies ins Weltbild hinein: Wie die menschliche Seele sich keineswegs restlos in ihren Leibeskerker einschließen läßt, sondern sich durch die kosmi-

---

1 Joh 3,2); Inst. I,15,2 (OS III,175,5); Inst. II,13,4 (OS III,458,7). Moles: Inst. II,7,5 (OS III,331,1); Inst. III,3,14 (OS IV,70,31).

30. Vgl. *G. Babelotzky:* Platonische Bilder ..., S. 120f.

31. CR 23,72f. (Comm. Gen 3,17): Sicut enim primum mobile coelestes omnes sphaeras secum volvit: sic hominis ruina praecipites egit omnes creaturas, quae propter ipsum conditae illique subiectae fuerant; vgl. CR 23,75 (Gen 3,19); 96 (Gen 4,14); 118f. (Gen 6,7).

32. Vgl. CR 49,151–154, zu Röm 8,19–22.

33. CR 48,418 (Comm. Apg 17,29): Anima ..., in qua proprie insculpta est imago Dei, pingi non potest. Tanto igitur absurdius est velle Deum pingere.

34. Inst. II,14,5; OS III,465,11: Dei Filius ... manifestatus in carne; Inst. II,14,7; OS III,469,1: Deus est in carne manifestatus; OS III,469,17: ... invisibilem fatetur fuisse Dei Filium, qui postea visibilis apparuit.

schen Räume hindurch zum Ewigen emporschwingt, so ist auch der Gottessohn vom Himmel herabgestiegen und in einen Menschenleib eingegangen und hat dabei den Himmel doch niemals verlassen[35]. c) In der Pneumatologie und Ekklesiologie schlägt sich jenes relative Abheben eines geisthaften Innen vom leibgebundenen Außen nieder in der These, daß die Kommunikation mit dem jetzt über alle Himmel erhabenen Christus allein kraft des inwendigen Geisteswirkens erfolge und daß deshalb sakramentale Vollzüge lediglich hierauf hinweisen können[36]. Solange wir noch im Zuchthaus unseres Fleischesleibes schmachten, haben wir uns an jene äußerlichen Zeichen zu halten, doch soll unser inwendiger Geistesmensch keineswegs an ihnen haften bleiben, sondern sich ins Geistig-Ewige emporweisen lassen[37].

4. Calvins beharrliches Insistieren auf dem Unsichtbar-Geisthaften gegenüber jeglichem Leibhaft-Sichtbaren greift aus sowohl in die Eschatologie als auch in die Protologie. a) Im Blick auf den ersten Adam verwirft er ausdrücklich Osianders »Spekulation«, die Thesen Barths vorwegnimmt: Als Gott Adam zu seinem Bilde schuf, erfolgte dies nicht lediglich im ewigen Sohn-Logos, sondern schon im Vorausschauen auf den Menschen Jesus[38]. Jener christozentrisch inkarnatorischen Sicht der Imago Dei stellt Calvin die Antithese entgegen: Selbst wenn der Fall nicht eingetreten wäre und »Gottes Sohn deshalb nie Fleisch angenommen hätte, so hätte dennoch aus Adam nach Leib und Seele stets Gottes Ebenbild hervorgeleuchtet« (Inst. II,12,7; OS III,445,26). Der ewige Gottessohn hätte dann »ohne die Annahme des menschlichen Fleisches Engel und Menschen zur Teilhabe an seiner Herrlichkeit versammelt«; als ihr ewiges Haupt hätte er seine Glieder »mit der verborgenen Kraft seines Geistes« durchpulsen und sie so bis zu ihrer Aufnahme in die Vollendung erhalten können (Inst. II,12,7; OS III,446,12–16).

b) Jener protologischen Hypothese über das, was geschehen wäre, wenn Adam nicht gesündigt hätte, entspricht die eschatologische These zu 1 Kor 15,28: Wenn Christus die Herrschaft an den Vater zurückgeben wird, dann steht Jesu Menschsein nicht mehr zwischen uns und Gott. Wir sind endgültig aus der menschlichen Leibesgestalt zur göttlichen Herrlichkeit durchgedrungen und schauen jene unverhüllt[39]. Für Calvin ist also unser leibhaftiges

---

35. Nach Inst. II,13,4; OS III,458,9–13.

36. Consensus Tigurinus, Art. 12; OS II,249,32: Sacramenta per se nihil efficiunt. Soli Deo omnis actio salutis tribuenda; Art. 17; OS II,250,30: Sacramenta non conferunt gratiam.

37. Cons. Tigur., Art. 11; OS II,249,26: In elementis non obstupescendum.

38. Inst. II,12,6f. Osiander beruft sich für seine These auf Alexander von Hales, Duns Scotus und Pico della Mirandola, vgl. OS III,443, Anm. 2.

39. Nach CR 49,549: vgl *Heinrich Quistorp:* Die letzten Dinge im Zeugnis Calvins, Gütersloh 1941, S. 166–175.

Menschsein von seiner Herkunft und von seiner Zukunft her eingegrenzt und als eine Art »Zwischenfall« gesehen, der überwunden werden muß.

5. Christologische Fundierung und eschatologische Orientierung der Imago Dei

1. Innerhalb jener Grenzen behält freilich auch für Calvin unser leibgebundenes Erdenleben ein eigenständiges Gewicht. Dies zeigt seine dynamische Schau der Imago, die vor allem T. F. Torrance nachgezeichnet hat[40]. Ähnlich wie Luther und Melanchthon wendet sich auch Calvin in seiner Deutung von Gen 1,26f. schnell den neutestamentlichen Stellen zur Herrlichkeit des wiedergeborenen Menschen zu. Was wir als Inhalt der Ursprungsimago zu bezeugen haben, das möchte er weder durch eine Art Subtraktion aus der gegenwärtigen grausamen Entstellung heraus aufzeigen, noch schildert er es lediglich anhand der biblischen Berichte von Schöpfung und Fall, vielmehr läßt auch er sich dies sagen durch das Bekenntnis zu Jesus Christus.

2. Nach Kol 3,10 sind wir in ihm erneuert zur Erkenntnis Gottes, nach Eph 4,24 zur wahrhaftigen Gerechtigkeit und Heiligkeit[41]. Calvin projiziert diese biblischen Chiffren hinein in die beiden zentralen Seelenvermögen und gewinnt hieraus seine Definition der Imago Dei: Erleuchtung des Geistes, Aufrichtigkeit des Herzens und Vollkommenheit des ganzen Menschen[42]. In jener triadisch erweiterten Umschreibung tritt ähnlich wie bei Luther und stärker als bei Melanchthon die endzeitliche Orientierung der Imago auf die bleibende Gottespartnerschaft heraus. In der erneut angestrebten Harmonie der zentralen Seelenkräfte geht es letztlich um deren Offensein für Gott.

3. Dabei wird auch für Calvin das Endziel den Urstand weit übertreffen. Hierzu verweist er auf 1 Kor 15,45[43] und formuliert: »Der Zustand, in den Christus uns versetzt, ist bei weitem herrlicher als der Stand des ersten Menschen; denn Adam erhielt im Blick auf sich selber und auf seine Nachkommen eine lebendige Seele, Christus jedoch erwarb uns den Geist, der das Leben selber ist« (CR 49,558).

4. Dort, wo Calvin auf das neuschöpferische Wirken des Christusgeistes in den Erwählten blickt, gewinnt auch der Leib als Tempel des Geistes einen po-

---

40. *T. F. Torrance:* Calvins Lehre vom Menschen, S. 36–120.

41. Zu Kol 3,10 siehe CR 52,121; zu Eph 4,24 CR 51,208f. 605–630.

42. Inst. I,15,4; OS III,179,24: Priore loco (Paulus) agnitionem ponit, altero autem synceram iustitiam, et sanctitatem; unde colligimus imaginem Dei initio in luce mentis, in cordis rectitudine, partiumque omnium sanitate conspicuam fuisse Dei imaginem; vgl. CR 50,47 zu 2 Kor 3,18.

43. CR 49,398 (Comm. 1 Kor 6,15): Nota unitatem spiritualem, quae nobis cum Christo est, non animae tantum esse, sed pertinere etiam ad corpus ... Alioqui infirma esset spes resurrectionis, nisi esset nostra coniunctio, hoc est, plena et solida; vgl. Inst. III,25,6.

sitiven Sinn. So tritt gerade im Ausschauhalten der Glaubenden nach ihrer eschatologischen Vollendung zur Unsterblichkeit der Seele die Auferweckung des Leibes hinzu. Gottes Ruhm und Ehre wird sich erst ganz durchsetzen, wenn die abgeschiedenen Seelen mit ihren erneuerten Leibern vereinigt sind; dem harren noch die im Herrn Entschlafenen entgegen[44]. Calvin scheut selbst vor einem Verweis auf den Lohn nicht zurück: »Was würde es helfen, unsere Füße, Hände, Augen und Zungen in den Gehorsam Gottes zu begeben, wenn diese nicht auch an der Frucht und dem Lohn teilhätten?« (Inst. III,25,8; OS IV,448,18). Um diese Teilhabe zu gewährleisten, wird die Substanz der Leiber erhalten bleiben; ihre Qualität jedoch wird sich radikal wandeln, um in die eschatologische Herrlichkeit einzugehen[45]. Wie sich schon hier auf Erden die Fülle der Gnadengaben im Christusleib der Kirche ausprägt, so wird der Herr jene wundersame Harmonie im Eschaton zur Vollendung bringen und den Kosmos in sie einbeziehen[46].

5. Indem sich Calvin an Jesu Christi Gehorsams- und Auferstehungsleib orientiert und sich unter das biblische wie altkirchliche Zeugnis von der Fleischesauferweckung beugt, erlangt auch für ihn der Menschenleib eigenständige Bedeutung. Die diesbezüglichen Worte reiben sich jedoch mit der platonischen Abwertung des Leibes als Kerkers der Seele, zugleich bleiben sie umgriffen von jener sonderbaren protologischen und eschatologischen Klammer. »Insofern bei der Gottebenbildlichkeit im Urbeginn an Gott und dessen spiritualis essentia gedacht war, konnte die Leiblichkeit des Menschen nicht in den Blick kommen; insofern jedoch die Gottebenbildlichkeit des neuen Menschen als Christusebenbildlichkeit verstanden wird, wird der Leib auf einmal wichtig.«[47].

b) Totaler Verlust und zugleich bleibende Reste der Imago Dei

1. Imago Dei als Seelensubstanz oder Gottesrelation

1. Wenn man bedenkt, daß auch Calvin in seinen Thesen zur Imago Dei die Texte der Urgeschichte, die von deren Verlust nichts wissen, mit den paulinischen Aussagen, die ihre Erneuerung in Christus bezeugen, vereinen muß, ist es verständlich, daß auch er einerseits den radikalen Verlust der Imago lehrt und andererseits von verbleibenden Überresten derselben spricht. Seine Intention läßt sich nur inadäquat in Bildern aussagen, die irgendwie die Imago

---

44. Vgl. *M. Schulze:* Meditatio futurae vitae, S. 70–75.86–89; *H. Quistorp:* Die letzten Dinge im Zeugnis Calvins, S. 85–91.

45. Inst. III,25,8; OS IV,449,34: nos in eadem quam gestamus carne resurrecturos quoad substantiam: sed qualitatem aliam fore.

46. Inst. III,25,10; OS IV, 454,2–4.20–23.

47. *W. Krusche:* Das Wirken des Hl. Geistes nach Calvin, S. 45.

als substanzartige Beschaffenheit der Seele anzusehen scheinen. Deshalb verwendet Calvin neben der Vorstellung vom Eingemeißeltsein des Bildes in der Seele[48] Anschauungen aus der platonischen Lichtmetaphysik, wie sie von Augustin aufgegriffen und von Ficino erneuert wurden[49], vor allem die Chiffre vom Zurückspiegeln der göttlichen Herrlichkeit[50].

2. Diese uralten Metaphern lassen sich höchst modern interpretieren. Wirkt die Vorstellung des eingemeißelten Bildes auch zu substanzhaft, so könnte man den Vorgang des Spiegelns auf die Relation hin ausziehen. Deshalb hat T. F. Torrance diese Chiffre aufgegriffen und Calvins Andeutungen dahingehend (über)interpretiert, als wolle sich Gott selber anschauen im reinen Spiegel der zum Ebenbild gestalteten Menschenseele. Dies ermöglicht es ihm, die These aufzustellen: Calvin habe die Imago bereits wesenhaft relational und aktualistisch verstanden als Chiffre für die höchst dynamische, unumkehrbare Beziehungsstruktur zwischen Gott und Mensch. »Der objektive Grund der Imago Dei« sei folglich »in der göttlichen Gnadenabsicht zu suchen«; subjektiv hingegen realisiere sie sich in der menschlichen Antwort dankbarer Entsprechung und spontaner Hingabe an Gott, undankbare Selbstbehauptung hingegen mache sie zuschanden[51]. Werner Krusche weist diese modernisierende Verfremdung Calvins zurück; er läßt das Akthafte im Seinshaften eingegründet sein: »Nicht insofern der Mensch die gloria Dei widerspiegelt ist er Gottes Ebenbild, sondern insofern er Gottes Ebenbild ist, spiegelt er die gloria Dei wider.«[52]

2. Verlust der Imago Dei in der Gottesdimension – Verbleiben von Resten im Welthorizont

1. Mit seiner Deutung weist Krusche in eine andere Richtung; Calvin zeigt sie selber dort an, wo er 2 Kor 3,18 mit 1 Kor 11,7 auszugleichen sucht[53]. Entspre-

48. CR 23,36 (Comm. Gen 2,7): Huic animae Deus imaginem suam insculpsit; Inst. I,15,5; OS III,181,26: Animae, quanvis illis insculpta sit imago Dei ...; vgl. CR 7,112; CR 33,482.489,143; CR 48,418.
49. Nach *G. Babelotzky:* Platonische Bilder ..., S. 199–224.
50. Inst. II,12,6; OS III,444,16: Ad imaginem ergo Dei conditus est homo, in quo suam gloriam creator ipsi conspici quasi in speculo voluit. CR 52,121 (Comm. Kol 3,10): ... ut homo sapientiam Dei, iustitiam et bonitatem quasi speculum repraesentet. CR 31,88 (Comm. Ps 8,2): hoc (genus humanum) est maxime illustre speculum in quo perspicere licet eius gloriam.
51. *T. F. Torrance:* Calvins Lehre vom Menschen, S. 23f. 36f. 41f. 47. 60f. 65. 67. 90f.
52. *W. Krusche:* Das Wirken des Hl. Geistes nach Calvin, S. 49; unter Verweis darauf, daß nach Calvin Gott in diesem Spiegel (von uns) erschaut werden will (conspici), sich jedoch nicht selber darin anschauen wolle (conspicari).
53. Inst. I,15,4 und CR 23,27 erwähnt Calvin nur 1 Kor 11,7, nicht Jak 3,9. CR 49,476

chend der reformatorischen Lehre von Gottes zwiefachem Regiment müsse man unterscheiden zwischen dem ewigen Leben vor Gott und den bürgerlichen Ordnungen unter den Menschen[54]. Diese reformatorische Unterscheidung, die gemäß den beiden Seiten des Doppelgebotes der Gottes- und Nächstenliebe sowie den beiden Tafeln des Dekalogs die Gottesrelation vom Welthorizont abhebt, ist fraglos auch für Calvin entscheidend; die These von Christi Königsherrschaft darf nicht hiergegen ausgespielt werden[55]. So intensiv Calvin auch auf das zukünftige Leben blickt und dessen »Meditation« fordert[56], so wichtig ist ihm doch auch die Erkenntnis des Irdischen.

2. Im Welthorizont zeigen sich in den Handwerken, freien Künsten und Wissenschaften »gewisse übriggebliebene Kennzeichen des Ebenbildes Gottes, die das gesamte Menschengeschlecht von den anderen Kreaturen abheben« (Inst. II,2,17; OS III,260,24). Für Calvin konzentriert sich dies im Menschen als »animal natura sociale«, dem Gott selber den natürlichen Instinkt einpflanzte, das gesellschaftliche Gemeinwesen zu erhalten und zu pflegen[57]. Über diesem zwischenmenschlichen Lebensraum wacht Gott durch das Tötungsverbot, das nach der Schrift auf einem zwiefachen Rechtsgrund fuße: Einerseits sei der Mensch unser Fleisch und Blut, andererseits sei er Bild Gottes[58]. So finden sich wohl zum sakralen Rechtsspruch Gen 9,6 Calvins eindeutigste Aussagen zum Fortbestand der Imago Dei nach dem Fall: »Sollte jemand einwenden, das Ebenbild Gottes im Menschen sei doch ausgelöscht, so ist die Auflösung der Aporie leicht: Es ist bis jetzt etwas übrig geblieben, so daß der Mensch durch eine nicht geringe Würde hervorragt« (CR 23,147)[59].

3. Diesem weiten Bereich der Herrschaft über die außermenschliche Kreatur

---

(Comm. 1 Kor 11,7): Sed imago, de qua nunc loquitur, ad ordinem coniugalem refertur: ideoque pertinet ad praesentem vitam, non autem in conscientia sita est.

54. Inst. I,15,4; OS III,180,9: ad ordinem politicum restringi ex contextu patet.

55. Hierzu *Joachim Staedtke:* Die Lehre von der Königsherrschaft Christi und den zwei Reichen bei Calvin, KuD 18 (1972), S. 202–214. Die These Barths aus einem Brief (4. Dez. 1961) an Otto Weber, daß sich die Unterscheidung der beiden Reiche nicht einmal in Inst. III,19,15 und IV, 20,1–3 finde, sowie die hierdurch hervorgerufene Retraktation Webers, in jenen Abschnitten übernehme Calvin zwar jene Lehre, doch seien dies »Relikte aus der Erstfassung der Institutio von 1536, die in der Endfassung wie Fremdkörper wirkten«, übersehen, wie tief jenes zwieschichtige Verständnis des Menschen in seiner Gottesrelation und in seinem Welthorizont Calvins Anthropologie prägt; hier ließe sich formulieren: nicht lediglich »anima germanica naturaliter lutherana«, sondern auch »anima Calvini gratialiter lutherana« (zu Brief Nr. 17, Karl Barths Briefe 1961–1968, Zürich 1975, S. 32 ff.).

56. Inst. III,9; vgl. *M. Schulze:* Meditatio futurae vitae.

57. Nach Inst. II,2,13; OS III,256,32–36.

58. Inst. II,8,39 f.; OS III,380,24.30 f.

59. Zu Gen 5,3 und 5 ist der Verlust stärker akzentuiert, CR 23,106.

sowie der zwischenmenschlichen Verantwortung steht freilich die Ausrichtung auf Gottes Oberhoheit gegenüber. In dieser alles entscheidenden Dimension menschlicher Existenz vor Gott (coram Deo) ist von der »geistlichen Einsicht« ein Dreifaches gefordert: »Gott zu erkennen, seine väterliche Huld gegen uns, in der unsere Errettung gründet«, anzunehmen, »und unser Leben gemäß der Richtschnur des Gesetzes zu gestalten« (Inst. II,2,18; OS III,260,27–31). In der zentralen Gottesrelation ist die menschliche Vernunft völlig unfähig und der Wille restlos verdorben. Mit dieser strengen Unterscheidung zwischen dem »coram Deo« und dem »coram hominibus« rezipiert Calvin präziser als Melanchthon die beiden Sichtweisen in Luthers »Disputatio de homine«, die Gottesrelation des »Homo theologicus« sowie den Welthorizont des »Homo mortalis huius vitae«.

4. Zugleich sucht Calvin die reformatorische Sicht zu vereinen mit der traditionellen Sentenz, die sich bei Augustin anbahnt, jedoch erst beim Lombarden fixiert ist[60]: Die natürlichen Gaben im Menschen seien durch die Sünde verderbt, die übernatürlichen seien ganz und gar ausgetilgt. Hierbei versteht er unter den übernatürlichen Gaben das Licht des Glaubens und die zum himmlischen Leben erforderte Gerechtigkeit, unter den natürlichen Gaben die Gesundheit des Geistes (sanitas mentis) und die Aufrichtigkeit des Herzens (rectitudo cordis). Das übernatürliche Licht sei völlig erloschen, von den natürlichen Gaben seien »verunstaltete Brüchstücke« (deformes ruinae) verblieben[61].

5. Mit seiner These vom totalen Verlust der übernatürlichen Gaben orientiert sich Calvin streng theologisch am Sündenfall sowie vor allem an der Christus-Erneuerung der Imago. In seiner These von noch verbliebenen Bruchstücken natürlicher Gaben blickt er anthropologisch auf den tiefgreifenden Unterschied zwischen Mensch und Tier. Der Mensch ist mit einer verantwortlichen Einsicht ausgestattet und zur Unsterblichkeit berufen. Negativ wertet er freilich auch im Welthorizont die erschreckende Realität, daß sich das Licht der Erkenntnis verfinstert hat und der Wille sich selber unter die herumvagierenden Leidenschaften versklavte. Gottes Bild, das zum Tempel des Geistes bestimmt war, verkehrte sich hierdurch in die Kloake Satans[62].

6. Indem Calvin die traditionelle Unterscheidung zwischen der Einbuße der übernatürlichen- und der Verderbnis naturhafter Fähigkeiten aufgreift, kann er also zugestehen, daß der gefallene Mensch »semivivus«, also noch halb le-

---

60. *Augustin:* De natura et gratia 3,3; 19,21; 20,22; *Petrus Lombardus,* Sent. II, dist. 25, c.8, PL 192,707; vgl. *L. Hödl,* in: Der Mensch als Bild Gottes, S. 193–205.

61. Inst. II,2,12; 2,4; 2,16; 5,19.

62. CR 45,698 (Comm. Lk 22,3): Homines ad imaginem Dei conditos, et spiritui sancto in templa destinatos, non modo in foetida stabula vel cloacas converti, sed fieri maledicta Satanae domicilia.

bendig ist; er hat »noch einen der Einsicht fähigen Geist, obwohl er in die himmlische, geistliche Weisheit nicht einzudringen vermag; er hat noch ein gewisses Urteil über das Ehrenhafte; er hat ein Gespür für das Göttliche, obwohl er nicht zur wahren Gotteserkenntnis gelangt« (Inst. II,5,19; OS III,319,23–27).

3. Charismatische Geistwirkungen in Gottes weltlichem Regiment

1. Diese Zugeständnisse verändern freilich die einfache Unterscheidung: im Blick auf Gott totaler Verlust der Imago, im Blick auf die Tiere eine gewisse Unauslöschlichkeit der Imago. Diese Doppelthese wird noch einmal übergriffen von Calvins augustinischer Intention, Gott das Ganze zuzuerkennen und deshalb das Menschenleben unter Gottes Alleinwirksamkeit zu stellen[63]. Hierin greift er zugleich die Einsicht Platons auf, daß die Menschenseelen herkommen von der vorgeburtlichen Schau des Göttlichen und diesem durch ihre Einkerkerungen in die Erdenleiber hindurch wieder entgegenstreben[64]. Zunächst schildert er noch umfassender als Melanchthon und auch reflektierter als Luther, daß bereits die normalen Funktionen unseres Erkennens sowie diejenigen Kräfte, die uns am Leben erhalten, Wirkungen des Gottesgeistes in dessen welterhaltendem Schöpferregiment sind. Sodann lenkt er das Augenmerk auf diejenigen »Talente«, die einem jeden einzelnen verliehen wurden und zur Erfüllung seiner Berufsaufgaben befähigen sollen; in ihnen erweist sich der Heilige Geist gleichsam als das »Prinzip menschlicher Individuation«[65]. In jenen Kräften und Fähigkeiten sind nicht lediglich Wirkungen der menschlichen Natur zu sehen, sondern »besondere Gnadengaben Gottes, die er in mannigfaltiger Weise und nach bestimmter Ordnung auch ungläubigen Menschen zuteilwerden läßt« (Inst. II,3,4; OS III,276,12).

2. Indem Calvin auf das biblische Zeugnis vom charismatischen Überwältigtwerden der alttestamentlichen Gottesmänner verweist, aber auch die Odyssee heranzieht, stößt er zu der These vor: Unser Menschengeist steht in jedem einzelnen Augenblick in Gottes Hand und Willen[66]. Im Horizont des weltlichen Regimentes Gottes ist kein Menschenkind seiner selbst mächtig; wir alle werden sowohl in unserer leiblichen Existenz als auch in unseren geisthaften

---

63. Vgl. hierzu den instruktiven Abschnitt zu den Geistesgaben zur Erhaltung der menschlichen Sozietät bei *W. Krusche:* Das Wirken des Hl. Geistes nach Calvin, S. 95–125; dieser Aspekt der Anthropologie Calvins ist aufgegriffen bei *H. Kuiper* (Calvin on common grace (Diss. V.U.), 1928) und *H. Bavinck* (Calvin and common grace, London–Edinburgh 1909).

64. Vgl. *G. Babelotzky:* Platonische Bilder ..., S. 242–249. 66–70. 73f.

65. *W. Krusche:* Das Wirken des Hl. Geistes nach Calvin, S. 97, unter Verweis auf CR 35,22 (Serm. Hiob 32,8) und CR 33,577 (Serm. Hiob 12,7ff.).

66. Inst. II,2,17; vgl. auch Inst. I,5,8f.

Einsichten und willentlichen Entscheidungen vom Gottesgeist geleitet und im Menschsein erhalten. Im Unterschied zu Erasmus und Zwingli ist für Calvin das Ergriffenwerden auch der Nichtchristen vom lebendigen Geist nicht Anzeichen göttlicher Gnadenwahl; für ihn steht »dem sanctissimus Plato, dem magnus theologus Seneca und anderen frommen Heiden« nicht einfach die Himmelstür offen[67]. Er unterscheidet mit Luther zwischen Geistesgaben des Erhalters und dem allein errettenden Christuszeugnis[68].

4. Spuren der Imago Dei in der unsterblichen Seele

1. Läßt Calvin somit die im weltlichen Regiment verbliebenen Anzeichen der Imago Dei umgriffen sein von Gottes Schöpfertreue zu der von ihm abgefallenen Kreatur, so läßt er zugleich die Seele auch des sündigen Menschen auf den heiligen Gott ausgerichtet bleiben. Neben den brennenden Fackeln, die im Weltgebäude zu Gottes Verherrlichung leuchten und in ihrer erkennbaren Harmonie auf die unsichtbare Gottheit verweisen, bildet der »Mikrokosmos« Mensch vor allem in der unsterblichen Seele einen nicht minder kostbaren Spiegel göttlicher Schöpferweisheit[69]. Die auch nach dem Fall verbliebenen Spuren jener gottgewirkten Unsterblichkeit zeigen sich nach Calvin etwa in der Gewissensentscheidung zwischen gut und böse mit ihrem auf Gottes Gericht verweisenden Stachel, im Fragenmüssen nach dem überweltlichen Gott als dem Urquell allen Lebens, im Hinausgreifenkönnen in die Weiten des Raumes und in die Fernen der Zeit, im traumartigen Erschauen nie gesehener Dinge sowie im dunklen Erahnen des noch Zukünftigen, im Erspüren körperloser Wesenheiten wie der Engel und im Angerührtwerden vom göttlichen Geist[70].

2. Im Unterschied zu den von ihm herangezogenen heidnischen Schriftstellern streift Calvin diese indirekten Gotteshinweise nur kurz[71]; dasjenige, was hierbei zur Sprache kommt, ist für ihn aber durchaus auch nach Adams Fall eine ernstzunehmende Realität; es bleibt für ihn freilich eine Wirklichkeit, die aus sich heraus nicht zur ewigen Errettung führt, sondern einen jeden Menschen unausweichlich schuldig werden läßt. Dennoch läßt sich eigentlich auch im Horizont des »coram Deo« nicht streng behaupten, daß die Imago

---

67. *W. Krusche:* Das Wirken des Hl. Geistes nach Calvin, S. 101; Belege aus Zwingli und Erasmus ebd. Anm. 397.

68. Auch Luther hat, wenn auch nur in den Tischreden, einen Privatheiligen; es ist Cicero. Von ihm und seinesgleichen hofft er, daß Gott ihnen gnädig sei; doch sei es nicht unser Amt, hierüber etwas zu definieren, wir sollen beim geoffenbarten Gotteswort bleiben (Tr. Nr. 3925, WA.TR IV,14).

69. Nach Inst. I,5,14 und I,5,3.

70. Nach Inst. I,15,2; vgl. Inst. I,5,5 und III,25,1 f.

71. Vgl. Inst. I,15,2; OS III,175,37 ff.

restlos verloren sei. Jene bruchstückhaften Einsichten, die bei heidnischen Philosophen und Schriftstellern aufleuchten, vergleicht Calvin mit dem plötzlichen Schein eines nächtlichen Blitzes, der dem verirrten Wanderer die Umgebung ein wenig erhellt, ihn aber nicht auf den rechten Weg zurückzubringen vermag[72].

3. So ergibt sich im Horizont menschlicher Existenz vor Gott eine analoge, nun freilich korrelative Doppelaussage wie im Bereich menschlicher Weltverantwortung. Interpretiert man die Imago Dei gemäß den »übernatürlichen Gnadengaben« als vollkommene Erkenntnis des göttlichen Liebeswillens sowie als ungespaltene Hingabe an Gottes Gesetz, dann hat sich das Bild Gottes total verkehrt in die Fratze Satans[73]; lenkt man jedoch sein Augenmerk auf die bleibende Ausrichtung des Menschengeistes über sich selbst und über diese Erdenwelt hinaus, so erweist gerade unser unermüdliches Fabrizieren von Götzenbildern[74], daß die menschliche Seele von dem in sie eingemeißelten Bild nicht loskommt.

4. Ganz ähnlich wie bei Melanchthon und letztlich auch bei Luther verbleibt bei Calvin ein Hiat zwischen der Intention der Aussage und ihrer formalen Gestalt. Auf der einen Seite will er einprägen: Der gütige Schöpfer hält quer durch seinen eigenen Gerichtsfluch über den von ihm abgefallenen Menschen hindurch fest an seiner verantwortlichen Kreatur. Dies manifestiert sich – selbst noch für Nichtchristen erfahrbar und deshalb auch aus deren Worten belegbar – nicht allein in der menschlichen Herrschaft über die Natur oder in Akten zwischenmenschlicher Humanität, sondern auch und gerade in der beharrlichen Welt- und Selbstüberschreitung des Menschen, in den unausweichlichen Fragen nach dem Woher, Wohin und Wozu seiner Existenz im Kosmos. Auf der anderen Seite hält Calvin mit Luther und Melanchthon, gegen Erasmus und Zwingli daran fest, daß jenes ständige Sich-Erweisen Gottes in Natur und Menschengeschick den Menschen nicht zu einer heilsamen Gotteserkenntnis geführt hat; dies vermochte allein die in Jesus Christus kulminierende Gottesoffenbarung.

c) Gebundenheit und Befreiung des menschlichen Willens

1. Fleisch und Geist in theologischer Sicht

1. Indem Calvin auf die Mittlerfunktion des Willens zwischen der regierenden Vernunft und den widerstreitenden Begierden hindeutet, scheint er dem tri-

---

72. Inst. II,2,18; OS III,261,4–8.

73. CR 47,315 (Comm. Joh 13,27): Dominus spiritu suo omni rationis luce adeoque humano sensu nudatos Satanae mancipat.

74. Inst. I,11,8 nennt Calvin das Ingenium hominis eine »perpetua fabrica idolorum« (OS III,96,29).

chotomischen Schema der durch Origenes und Augustin verchristlichten platonischen Tradition verhaftet zu bleiben[75]. Jedoch vertieft auch er jene Trias zur paulinischen Konfrontation von Fleisch und Geist[76].

2. Theologisch gewertet, ist das Fleisch auch für ihn nicht lediglich der Sitz sinnlicher Begehrungen; jene Chiffre umspannt vielmehr »alles, was im Menschen ist, von der Vernunft bis zum Willen, von der Seele bis zum Leibe, sofern es von jener Begehrlichkeit befleckt und erfüllt ist« (Inst. II,1,8; OS III,238,11ff.). Fleisch ist somit die gesamte »Natur«[77], die wir durch den Urfall vom Mutterleibe her an uns tragen, in ihrer Ausrichtung auf das Irdisch-Sinnenhafte. – Analog bezeichnet auch Geist im paulinischen Wortsinne nicht lediglich die menschlichen Geisteskräfte und Vernunftfähigkeiten, sondern primär die spezifische Gnadengabe der inwendigen Herzenserneuerung selber[78] und von dorther dann freilich auch sekundär jenen »Seelenteil, den Gottes Geist vom Bösen gereinigt und hierdurch neugebildet hat, so daß in ihm wieder Gottes Bild aufleuchtet« (CR 49,132).

3. Diese streng theologische Sicht verknüpft Calvin insofern mit der philosophischen, als er stärker als Luther mit dem Apostel das Fleisch dem Leibhaft-Auswendigen und den Geist dem Geisthaft-Inwendigen zugeordnet bleiben läßt[79]. Doch hält auch er mit dem Augustin der Retraktationen[80] sowie mit Luther daran fest, daß der wahre Kampf zwischen Geist und Fleisch, wie ihn der Apostel in Römer 7 und Galater 5 schildert, nicht eher im Menschen anhebt, als bis der Gottesgeist ihn ergriffen hat, daß dieses Ringen deshalb allein in den Wiedergeborenen aufbricht[81]. Damit ist erkannt, daß hinter der willentlichen Selbstpreisgabe an die Begierden noch die Selbstversklavung im eigenen Ichwillen steckt, die als die Wurzelsünde bloßgelegt werden muß[82].

2. Wille und Verstand in der Entfremdung des Menschen

1. In seiner Analyse des Falls, der die bleibende Not der Menschheit enthüllt,

---

75. Inst. I,15,7f. und II,2,2f.
76. CR 49,132 (Comm. Röm 7,18): Nomine carnis semper comprehendit omnes humanae naturae dotes, ac omnino quidquid in homine est, excepto spiritus sanctificatione.
77. Zu diesem Verständnis der »Natur« vgl. Inst. II,1,11; CR 23,114 (Comm. Gen 6,3) sowie CR 49,128.133.348.
78. Inst. II,2,27; OS III,270,14: Porro Spiritus non a natura est, sed a regeneratione.
79. CR 49,133f. (Comm. Röm 7,22): Interior igitur homo non anima simpliciter dicitur, sed spiritualis eius pars, quae a Deo regenerata est: membrorum vocabulum residuam alteram partem significat; vgl. Inst. III,9,1f.
80. *Augustin:* Rectract. I,23; II,1; PL 32,620f. 629f.
81. Inst. II,2,27 und CR 49,129 (Comm. Röm 7,15).
82. CR 50,253 (Comm. Gal 5,16ff.): Carnalibus enim nihil est pugnae cum pravis cupiditatibus: nullum rectum desiderium quo adspirent ad Dei iustitiam.

deckt Calvin jene Tiefendimension menschlicher Entfremdung auf[83]. Die traditionelle Auffassung, die mit der Lüsternheit des Gaumens das sinnliche Begehren in den Mittelpunkt rücke, sei überaus »kindisch«. Tiefer stoße schon Augustin vor, wenn er im Hochmut den Ursprung allen Übels sehen wolle. Doch nach dem Bericht der Genesis sowie nach dessen Bekräftigung durch Paulus (Röm 5,19) habe die Urnot begonnen mit dem Glaubensabfall und dem Ungehorsam gegenüber dem Befehl Gottes[84]; stärker als Luther, der den Zweifel unterstreicht, hebt Calvin das Abweichen vom Gottesgebot hervor.

2. Dementsprechend müsse auch die Erneuerung ansetzen bei der inwendigen Erleuchtung unseres Verstandes durch den Gottesgeist und beim tiefen Einwurzeln der Gnadenzusage Gottes in unseren Herzen. Wenn Calvin auch in Platons Nachfolge hierbei die Erleuchtung der Vernunft breit ausmalt, so liegt doch auch für ihn mit Luther der Akzent auf der Gewißheit des Herzens[85]. Weil die Vertrauenslosigkeit im Herzen größer ist als die Blindheit im Geist, deshalb ist es schwerer, dem Innern Gewißheit zu schenken, als den Verstand mit Erkenntnis zu erfüllen. So ficht Calvin nicht so sehr gegen eine Überschätzung der menschlichen Vernunft als gegen die These von der ungebrochenen Willenskraft des gefallenen Menschen[86]. Wie der Mensch seine Einsichtskraft dazu mißbraucht, den von Gott in seine Vernunft gepflanzten Samen zur Religion in böswilliger Unwissenheit niederzuhalten oder in eine Fülle von Götzenbildern auswuchern zu lassen, so verkehrt er Gottes verschwiegenen Anruf im Gewissen zur Lüge von der freien Selbstmächtigkeit seines Wollens[87].

3. Schroff wendet Calvin sich gegen die These der Philosophen: Von den Göttern solle man sein Geschick erflehen, weisheitsvolle Tugend suche man in sich selber[88]. Ebenso weist er die Versuche der altkirchlichen Theologen, vor allem des sonst hochverehrten Chrysostomus, zurück, in kurzschlüssiger Abwehr eines stoizistischen Fatalismus die philosophische Lehre von der menschlichen Selbstmächtigkeit in der Schrift wiederfinden zu wollen[89]. Er

---

83. Vgl. Inst. II,1,4 und CR 23,60f.

84. CR 23,60: Quare initium ruinae, qua labefactatum est humanum genus, fuit defectio ab imperio Dei; S. 60f.: Proinde infidelitas radix defectionis fuit: sicuti sola fides nos Deo coniungit.

85. Inst. III,2,36; OS IV,46,37–47,3.

86. Dies expliziert die gegen A. Pighe gerichtete und Melanchthon gewidmete »Defensio sanae et orthodoxae doctrinae de servitute et liberatione humani arbitrii«, 1543, CR 6,229–404.

87. Vgl. *Peter Brunner:* Vom Glauben bei Calvin, Tübingen 1925, S. 7–28.

88. *Cicero:* De natura Deorum III,36,86ff.; zurückgewiesen Inst. II,2,3.

89. Vgl. die in Inst. II,2,4 angeführten Texte aus Chrysostomus sowie aus Klemens Alexandrinus, Origenes und Gregor von Nazianz.

schließt sich dagegen Augustin an[90] und wirft sein ganzes Vertrauen auf Gott; sei es doch letztlich die Intention aller rechten Kirchenlehrer gewesen, »den Menschen ganz und gar vom Vertrauen auf seine eigene Kraft abzubringen und ihn zu lehren, daß alle seine Stärke allein in Gott liege« (Inst. II,2,9; OS III,252,15ff.).

3. Willensversklavung und Herzenserneuerung des Menschen

1. In seiner anthropologischen Analyse der Willenskräfte unterscheidet Calvin zwischen einem naturhaften Trieb, es sich wohlsein zu lassen, der uns mit den Tieren gemeinsam ist, und einer vernunftgeleiteten Willensentscheidung, die der Würde unserer unsterblichen Geistnatur entspricht[91]. Dieser Geistnatur würde es gemäß sein, daß der Mensch in ungetrübter Vernunfteinsicht und ungespaltener Willenshingabe das wahrhaft Gute, nämlich das Gottes Gebot und Heilsratschluß Entsprechende, erwählt. Dies vermag der gefallene Mensch jedoch gerade nicht. Insofern besitzt er durchaus noch ein gewisses Entscheidungsvermögen[92], doch hiermit stürzt er sich beharrlich auf das Böse und verschmäht das Gottgewollte. So vermag er seit dem Fall nichts anderes, als fortwährend zu sündigen. Dies vollzieht er freilich keineswegs aus einem von außen kommenden Zwang heraus, sondern gemäß innerer Nötigung. Calvin rezipiert Luthers Unterscheidung zwischen »coactio« und »necessitas«[93]. Der Mensch versklavt sich ständig selber, er ist »Sklave aus freiem Willen«[94].

2. Mit Augustin und Bernhard von Clairvaux schreibt Calvin das Neuwerden des Wollens und das Ausharren im Gehorsam allein Gott zu[95]. Die von Melanchthon positiv aufgegriffenen Formulierungen des Chrysostomus, daß Gott allein den Willigen ziehe, weist er ähnlich wie Luther und die Konkordienformel energisch zurück[96]. Hingegen greift er das Bild Augustins und Luthers vom Menschen als einem Reittier, eingekeilt zwischen Gott und Widergott, auf[97]. Das Wollen ist dem Menschen als verantwortlicher und entscheidungsmächtiger Kreatur durchaus eigen, doch das Wollen des Rechten entspringt

90. Texte Augustins sind Inst. II,2,8f. zusammengetragen.
91. Nach Inst. II,2,26.
92. Inst. II,3,5; OS III,278,10–17.
93. Nach De servo arbitrio, WA 18,634,37–635,22.
94. Inst. II,2,7; OS III,249,14: εθελοδουλος.
95. Inst. II,3,5; OS III,277,14 (nach *Bernhard:* De grat. et lib. arb., c.6,16; PL 182,1040): Ideo simpliciter velle, hominis: male velle, corruptae naturae: bene velle, gratiae.
96. Inst. II,3,10; OS III,285,12: Illud ergo toties a Chrysostomo repetitum repudiari necesse est, Quem trahit, volentem trahit; vgl. CR 6,287f.291.336.391.395f.
97. Inst. II,4,1; vgl. *G. Bockwoldt,* NZSTh 10 (1968), S. 176ff.; *A. Adam,* ZKG 69 (1958), S. 1–25.

allein der göttlichen Gnade[98]. Durch seinen Geist muß Gott nicht lediglich den Willen restituieren, er muß das Herz neu schaffen. Unter Verweis auf Phil 2,12f. formuliert Calvin: Die Gläubigen sind sozusagen passiv tätig, wird ihnen doch das Vermögen zum Wirken vom Himmel herab eingesenkt, auf daß sie sich selber nichts anmaßen[99].

3. In oft inadäquaten Bildern und Vergleichen, die dem menschlichen Umgang mit der Dingwelt entnommen sind, rührt Calvin wie schon Augustin und die anderen Reformatoren an das Geheimnis von Selbstversklavung oder Gottoffenheit im Menschenherzen, an den tiefgreifenden Unterschied zwischen dem selbstzentrierten Eigenwillen und dem spontan für Gottes Anruf und die Not der Mitgeschöpfe erschlossenen »freien Willen«[100]. Auf der einen Seite sind es unsere Einsicht, unser Wünschen und Begehren, die durch Gottes guten Geist auf das Rechte hingelenkt werden; auf der anderen Seite sollen wir dasjenige, was hieraus an Sinnträchtigem entsteht, nicht uns selber zuschreiben, sondern Gott im Dank zurückgeben. So geht die Anthropologie von der Theologie aus und mündet stets neu ein in die Rechtfertigung des Gottlosen. Das Kennzeichen dafür, daß ein Mensch mitten in der durchaus geforderten Anspannung aller Geistes- und Gemütskräfte sich nicht selber sucht, sondern sich freigibt an den erwählenden Gnadenwillen Gottes des Vaters, an das Urbild des ewigen Gottessohnes in seiner inkarnatorischen Gestalt, an die mächtige Dynamis des in uns wirkenden Geistes, dieses Siegel rechter Menschenexistenz ist das Gebet[101]. Mit Augustin sagt auch Calvin: »Gott befiehlt, was wir nicht können, damit wir erkennen, was wir von ihm erbitten sollen.«[102] In einem weithin noch durch Thomas von Aquin vorgeprägten Denkhorizont erneuert Calvin Augustins Einsichten, zugleich greift er weithin unter Melanchthons Formulierungen Luthers Akzentsetzungen auf. Doch bleibt die gesamte Anthropologie eingehüllt in die Lichtmetaphysik der Platon-Renaissance in Frankreich. Mit den letzten Sätzen sind wir bereits zu einem zusammenraffenden Urteil übergegangen.

d) Kritische Würdigung

1. Calvin ordnet die Selbsterkenntnis betont der Gotteserkenntnis unter und sieht in ihr sowohl deren sachnotwendige Konsequenz als auch deren verantwortliche Bewäh-

---

98. Inst. II,5,14; OS III,315,5: ... ut velle sit a natura, bene autem velle a gratia; vgl. Anm. 95.
99. Inst. II,5,11; OS III,310,39: quo diserte exprimit, passive (ut ita loquar) agere fideles, quatenus e caelo suggeritur facultas, ut nihil sibi prorsus arrogent; vgl. CR 6,353.395 und CR 52,30ff.
100. Nach CR 6,391, zu Hypognosticon III,11,20, PL 45,1632.
101. Hierzu das umfangreiche Kap. XX des III. Buches der Institutio, OS IV, S. 296–368.
102. De grat. et lib. arb., c.16,32, PL 44,900; zit. Inst. II,5,7; OS III,305,20ff.

rung. Innerhalb jenes übergreifenden Horizontes des Miteinanders von Gott und Mensch skizziert er seine Anthropologie unter der Chiffre der Imago Dei. Hierbei schreitet auch er den weiten Bogen von der Schöpfung über den Fall und die Christusgnade zur Auferweckung hin aus. Indem er sich auf Rechtfertigung und Heiligung konzentriert, arbeitet er die Versklavung des entfremdeten Menschen, aber auch die Befreiung durch den Heiligen Geist eindrucksvoll heraus. In diesen anthropologischen Kernthesen knüpft er eindeutiger als der spätere Melanchthon an Luthers reformatorische Intentionen an, hierzu beruft er sich vor allem auf den Augustin des Kampfes mit Pelagius.

2. Betonter als Luther bringt er aber auch die antike Tradition ins Spiel, wie jene durch Platon inauguriert, durch Cicero eklektisch zusammengerafft wurde, von Origenes und Augustin ins Christliche transponiert, durch Marsi(g)lio Ficino und Pico della Mirandola erneuert und ihm vor allem durch Erasmus und Guillaume Budé nahegebracht worden war. Im Unterschied zu Melanchthon verharrt er hierbei im Bereich weisheitlicher Philosophie, die Ansätze zu einer wissenschaftlichen Anthropologie greift er nicht auf. Die Kernsätze antiker Einsicht, daß die Ähnlichkeit mit der Gottheit der Seele kostbarstes Gut sei (Platon) und daß allen Menschenherzen ein Ahnen um das Göttliche als Same zur Religion eingestiftet sei (Cicero), möchte er möglichst bruchlos vermitteln mit der biblisch-kirchlichen Grundthese, daß jeder Mensch erschaffen sei, um Gott zu erkennen, ihm zu vertrauen und ihm an den Kreaturen zu dienen. Hierzu resümiert er knapp jene indirekten Gotteshinweise, die heidnische Schriftsteller aus der geisthaften Welt- und Selbsttranszendierung der Menschenseele erhoben hatten.

3. In seiner speziellen Anthropologie sucht er – ähnlich wie schon Melanchthon – die philosophische Doppelung der Seelenkräfte in Erkennen und Wollen mit dem biblischen Drängen auf das Neuwerden von Herz und Gewissen ineinszuschauen. Auch ihm gelingt dies nicht bruchlos. Wohl schließt gemäß dem biblischen Sprachgebrauch das Herz (cor) unser planendes Überlegen und willentliches Entscheiden ein, nicht jedoch umgreift entsprechend der antiken Tradition das einsichtsvolle Gemüt (mens) auch die emotionale Willenssphäre. Auch bei ihm reibt sich der triadische Duktus platonischer Tradition, nach dem die herrscherliche Vernunft mit Hilfe des willentlichen Mutes die unersättlichen Begierden auf das Gottheitlich-Einende ausrichten soll, mit dem biblisch-reformatorischen Insistieren auf der Herzenszuversicht und Glaubensgewißheit.

4. Im Unterschied zu Luther und doch auch zu Melanchthon hat er die pythagoräische Sicht vom Eingekerkertsein der Geist-Seele in das Zuchthaus des Leibes, die durch Platon und Origenes der Christenheit übermittelt wurde, rezipiert. Die unsterbliche Seele wird unmittelbar von Gott dem schon herangebildeten Leibessamen eingeschaffen; hierin lehrt er im Gegensatz zu Luther kreatianisch. Diese anthropologische Struktur strahlt in alle Loci der Theologie hinein von der Gotteslehre über die Christologie und Pneumatologie zur Sakramentenlehre. Von der Protologie und Eschatologie aus wird sie übergriffen in den spekulativen Thesen: Wäre Adam nicht gefallen, der ewige Gott-Logos hätte die gottferne Leibeshütte nicht angenommen. Wenn der Sohn dereinst dem Vater die Herrschaft zurückgeben wird, dann steht Jesu Leibeshülle nicht mehr zwischen unseren geisthaften Seelen und Gottes ewiger Geistigkeit. Wie für Platon so ist auch für ihn Menschsein letztlich die leibgebundene Entfremdung der Geist-Seele, ein zu überwindender »Zwischenfall«.

5. Jene einseitige spiritualisierende Existenz der »Meditatio futurae vitae« wird freilich teilweise aufgefangen durch Calvins Drängen auf eine leibhaftige Heiligung aus der in Jesus Christus erneuerten Imago Dei heraus, ja die pneumatische Heiligung ist erstaunlich gesetzlich fixiert bis in Einzelheiten einer »geisthaften« Gottesdienstform, kirchlicher Gemeindezucht sowie bürgerlicher Ordnung hinein[103]. Hierin wird auch Calvin von jener Gegenbewegung ergriffen, die sich schon bei Platon andeutet etwa im Ausharren des Sokrates auf dem ihm von den Göttern zugewiesenen Wachtposten des Selbst- und Menschenprüfers[104] oder im Zurückgehen der königlichen Philosophen aus dem Lichtglanz der Wahrheitsschau in die dunkle Höhle des Dienstes an der Polis[105]. Jener inkarnatorische Zug präzisiert sich in Augustins Einsicht, daß allein der demutsvolle Leidensweg des ewigen Gottessohnes uns Menschen zur heilsamen Gottesschau führt, daß insofern nach Joh 14,6 der Mensch Jesus aus Nazareth unser Weg wissenschaftlicher Erkenntnis ist (scientia), auf dem und durch die wir zum ewigen Logos als unserer Wahrheit und Weisheit (veritas – sapientia) gelangen[106]. Jene Gegenbewegung kulminiert in Luthers dialektischem Einbeziehen des Menschen in die Theologia crucis: Weil es die Ehre des Christengottes ist, daß er sich um des Menschen willen »auf aller tiefest erunter gibt, ins Fleisch, ins (Abendmahls)Brot, in unsern Mund, Hertz und Schoß« (WA 23,157,30), bis hin zum (möglichen) Mißbrauch am Kreuzesholz und auf dem Abendmahlstisch, deshalb gilt zugleich die pneumatologische Konsequenz, »daß der Geist bei uns nicht sein kann anders denn in leiblichen Dingen als im Wort, Wasser und Christus Leib und in seinen Heiligen auf Erden« (WA 23,193,31). Calvin rezipiert das biblische Zeugnis, daß Gott uns durch seinen Geist hineinziehen will in die Hingabe des ewigen Sohnes an unser leibverhaftetes Menschsein, doch wird diese inkarnatorische Bewegung bei ihm ständig durchkreuzt durch ein weltbildlich fixiertes »Sursum corda«.

6. Der Drang des Gottesgeistes, sich leibhaft zu konkretisieren, bricht bei Calvin an einer anderen Stelle durch, dort, wo er die weisheitlichen Einsichten der Völker über die charismatische Dimension in Kunst und Wissenschaft aufgreift. Umfassender als Melanchthon und rationaler als Luther expliziert er, daß es ohne ein ständiges Eingreifen des Schöpfergeistes überhaupt kein Menschsein gibt. Hierbei lenkt er das Augenmerk auf jene spezifischen Talente, in denen sich die Eigenheit eines jeden Menschen ausprägen will. Der »Spiritus gratiarum« wird gleichsam zum Prinzip menschlicher Individuation.

Die diesbezüglichen Einsichten Calvins sollten nicht einfach wegen ihrer humanistischen Sichtweise zurückgewiesen, sondern in ihrem Zusammenhang mit der menschheitlichen Weisheitstradition, die auch in die Bibel eingegangen ist, neu zur Sprache

---

103. Hierzu bes. *Alexandre Ganoczy:* Ecclesia ministrans. Dienende Kirche und kirchlicher Dienst bei Calvin, Freiburg 1968.

104. Etwa Apol. 28 E; 38,C ff.; Phaidon 99 A; vgl. Inst. III,9,4; OS IV,174,22; Inst. III,10,6; OS IV,181,5; Verweis auf *Cicero:* De senectute 73.

105. Politeia, VII,520 A.

106. Nach *Gottlieb Söhngen:* Die Weisheit der Theologie durch den Weg der Wissenschaft, in: Mysterium Salutis, hg. von J. Feiner und M. Löhrer, Bd. I, Einsiedeln 1965, S. 907–980, bes. S. 966.

gebracht werden[107]. Im Horizont des weltlichen Regimentes Gottes wird hierin die Anthropologie fest in die Pneumatologie eingegründet.

---

107. Hierzu bes. *Claus Westermann:* Der Segen in der Bibel und im Handeln der Kirche, München 1968; *Wolfgang Schenk:* Der Segen im Neuen Testament, Berlin 1967; *Helmut Echternach:* Segnende Kirche, Hamburg 1968[3].

B. Anthropologie in den Systematiken der Vätergeneration

Vorbemerkung zur Spannung in Ansatz und Denkgestalt

1. Die systematischen Entwürfe von Paul Tillich und Karl Barth, von Werner Elert und Paul Althaus suchen in recht unterschiedlicher Weise die biblische Anthropologie in ihrer reformatorischen Ausprägung mit dem Fragehorizont der Moderne ins Gespräch zu bringen. Die Anthropologie der Neuzeit, die entweder mit Kant und Lessing, mit Herder und Humboldt den Menschen als »ersten Freigelassenen der Schöpfung«[1] auf dem gefährlichen Weg zur wahren Humanität gestellt sieht, oder ihn mit den sensualistischen Materialisten des 18. und den Darwinisten des 19. Jahrhunderts durch ein »der Mensch ist nichts weiter als ...« in die kosmische Evolution einzuordnen sucht[2], etablierte sich erst zwischen den beiden Weltkriegen als in sich eigenständige Wissenschaft.

2. Max Scheler, den man gerne als »Vater der modernen Anthropologie« apostrophiert, der seine weitausgreifenden Forschungen jedoch nicht mehr in dem geplanten Werk aufgipfeln lassen konnte, markiert in seinem Büchlein: »Die Stellung des Menschen im Kosmos«[3] die Aufgabe, um die sich mehr oder weniger auch die anthropologischen Partien der zu besprechenden Dogmatiken bemühen. Es gilt die drei »fast immer ... unter sich ganz unvereinbaren Ideenkreise«, die beim Stichwort Mensch im gebildeten Europäer anklingen, miteinander ins Gespräch zu bringen: a) die jüdisch-christliche Tradition von Schöpfung und Fall, b) den antiken Gedankenkreis, nach welchem sich der Mensch durch sein Teilhaben an der kosmischen Vernunft auszeichnet, c) die neuzeitliche Naturwissenschaft und genetische Psychologie, nach denen der Mensch »ein sehr spätes Endergebnis der Entwicklung des Erdplaneten« ist, ein Wesen, das »sich von seinen Vorformen in der Tierwelt nur in dem Komplikationsgrade der Mischungen von Energien und Fähigkeiten unterscheidet, die an sich auch in der untermenschlichen Natur vorkommen«. Weil diesen drei Ideenkreisen jede Einheit abgehe, deshalb besäßen wir lediglich jeweils eine »naturwissenschaftliche, eine philosophische und eine theologische Anthropologie«, jedoch keine »einheitliche Idee vom Menschen«[4].

3. Je auf ihre Weise suchen sich vor allem Paul Tillich und Karl Barth dieser Aporie zu stellen; hierin war ihnen Emil Brunner mit seinen anthropologischen Studien vorangegangen[5]. Sie setzen dabei jedoch an völlig konträren Punkten ein. Während sich Tillich eingefügt weiß in die Evolution des Lebens im Kosmos, blickt Barth beharrlich auf die

---

1. *J. G. Herder:* Ideen zur Philosophie der Geschichte der Menschheit; Sämtl. Werke, Ausg. von Suphan, Bd. XIII, S. 146.
2. Texte von J. O. de Lamettrie, Cl. A. Helvétius, D. von Holbach bei *Michael Landmann (Hg.):* De homine. Der Mensch im Spiegel seines Gedankens, Freiburg–München 1962, S. 237–264; aber auch *Sergio Moravia:* Beobachtende Vernunft. Philosophie und Anthropologie in der Aufklärung, München 1973.
3. Darmstadt 1928; vgl. *Helmuth Plessner:* Die Stufen des Organischen und der Mensch. Einleitung in die philosophische Anthropologie (1928), Sammlung Göschen 2200.
4. Die Stellung des Menschen im Kosmos, S. 13f.
5. Siehe den Überblick von *Hermann Fischer:* Tendenzen zur Verselbständigung der theologischen Anthropologie, in: Anthropologie als Thema der Theologie, Göttingen 1978, S. 9–19.

Gottesoffenbarung in Jesus Christus. Dieser grundlegende Unterschied im Ansatz verknüpft sich mit einem Wandel in den Kategorien. Tillich bevorzugt ontologische Termini; hierin folgt er der durch Schelling und Hegel ausgeprägten Begriffssprache. Barth arbeitet mit einem Gefüge von Relationen; hierin rezipiert er die Sichtweise der Ich-Du-Philosophie freilich in einer platonisierenden Zuordnung des in sich nichtigen Unten zum lichtspendenden Oben. Im Unterschied zu Tillich hat Barth die relationale Sichtweise nicht selbstkritisch reflektiert. Hingegen hat Emil Brunner dies in seinem Buch »Wahrheit als Begegnung« unter der Chiffre einer »responsorischen Aktualität« anvisiert[6]. Das ursprunghafte Hersein des Menschen aus Gott lasse sich nicht adäquat in ontologisch-substantialen Kategorien fixieren, sondern allein in relational-personalen fassen.

4. Indem sich somit der jeweilige Ansatz in einer spezifischen Sprachgestalt artikuliert und hierzu die entsprechenden Denkformen ausbildet, schält sich eine doppelte Konfrontation heraus. a) Auf der einen Seite weiß man sich dem neuzeitlichen Wahrheitsgewissen verpflichtet und skizziert seine Anthropologie im Horizont der Evolution des Lebens als wechselseitige Durchdringung von Natur und Vernunft, Leben und Geist; das Christusgeschehen erscheint dann als irreversibler Gipfelpunkt jener Dynamik. – Auf der anderen Seite weiß man sich zuerst an das biblische Zeugnis gebunden und sieht die »ontologische Bestimmung des Menschen« darin begründet, »daß in der Mitte aller übrigen Menschen Einer der Mensch Jesus ist« (KD III,2,158); allein von diesem Zentrum aus sucht man den einzelnen Menschen, die Menschheitsgeschichte und den menschlichen Standort im Kosmos zu bestimmen. b) Diese Alternative im (theologischen) Ansatz schlägt sich nieder in den unterschiedlichen (philosophischen) Denkmodellen. Einerseits ortet man die Menschenexistenz in primär neutrischen Kategorien mit Hilfe der Dimensionen des Seins. Andererseits bevorzugt man personale Kategorien, die den Menschen aus dem Lebensstrom herausheben und ihn in seinem responsorischen Gewiesensein an ein personhaftes Du zu sehen suchen. Diese doppelte Alternative zwischen einer seinshaft allgemeinen und einer relational christozentrischen Orientierung sowie zwischen einer dynamisch ontologischen und einer existential personalen Perspektive ist in den Dogmatiken nur ansatzweise durchreflektiert. Wir suchen sie in unserer Darstellung nicht aus dem Blick zu verlieren.

---

6. Wahrheit als Begegnung, Zürich–Stuttgart 1963[2], S. 35ff. und: Der Mensch im Widerspruch, Zürich–Stuttgart 1965[4], S. 99ff.; vgl. *Roman Roessler:* Person und Glaube. Der Personalismus der Gottesbeziehung bei Emil Brunner, München 1965.

I. Paul Tillich

Literatur: Fritz Buri: Zur Grundlegung einer Theologie der Existenz bei Paul Tillich, SThU 23 (1953), S. 40–57. – *R. Glöckner:* Der Mensch zwischen Ontologie und Personalismus in der philosophischen und theologischen Darstellung Paul Tillichs, Jena 1962. – *Gert Hummel:* Theologische Anthropologie und die Wirklichkeit der Psyche, Darmstadt 1972, S. 131–188. – *Ch. W. Kegley und R. W. Bretall (Hg.):* The Theology of Paul Tillich, The Library of Living Theology 1, New York 1964[2]. – *R. Lindner:* Grundlegung einer Theologie der Gesellschaft. Dargestellt an der Theologie Paul Tillichs, Hamburg 1960. – *Klaus-Dieter Nörenberg:* Analogia imaginis. Der Symbolbegriff in der Theologie Paul Tillichs, Gütersloh 1966. – *Christoph Rhein:* Paul Tillich. Philosoph und Theologe. Eine Einführung in sein Denken, Stuttgart 1957. – *Robert P. Scharlemann:* Reflection and Doubt in the Thought of Paul Tillich, New Haven and London 1969. – *Josef Schmitz:* Die apologetische Theologie Paul Tillichs, Mainz 1966. – *Noriyoshi Tamaru:* Motive und Struktur der Theologie Paul Tillichs, NZSTh 3 (1961), S. 1–38. – *Joachim Track:* Der theologische Ansatz Paul Tillichs. Eine wissenschaftstheoretische Untersuchung seiner »Systematischen Theologie«, FSÖTh 31, Göttingen 1975. – *Thomas Ulrich:* Ontologie, Theologie, gesellschaftliche Praxis. Studien zum religiösen Sozialismus Paul Tillichs und Carl Mennickes, SDGSTh 31, Zürich 1971. – *Heinz-Dieter Wendland:* Die Kirche in der revolutionären Gesellschaft, Gütersloh 1967, S. 203–257. – Werk und Wirken Paul Tillichs. Ein Gedenkbuch, Stuttgart 1967. – *Th. Wernsdörfer:* Die entfremdete Welt. Eine Untersuchung zur Theologie Paul Tillichs, SDGSTh 21, Zürich 1968. – *Sturm Wittschier:* Paul Tillich. Seine Pneuma-Theologie. Ein Beitrag zum Problem Gott und Mensch, Nürnberg 1975.

a) Anthropologie innerhalb der Kulturtheologie

1. Der Ansatz bei einer umgreifenden Ontologie gegenseitiger Durchdringung von Vernunft und Natur, von Geist und Leben ist am eindrücklichsten bei Paul Tillich entwickelt. Das zugrundeliegende Erlebnis deutet er als Transposition reformatorischer Rechtfertigungsgewißheit aus dem Bereich des Vertrauens in den des Denkens. Nicht allein der Sünder, auch der Zweifler ist gehalten von der gottheitlichen Lebensmacht. »Wer letztlich beunruhigt ist über sein existentielles Entfremdetsein und dann die Frage nach der Wiedervereinigung mit dem Grund und Ziel seines Seins stellt, der ist bereits vom göttlichen Geist ergriffen« (ST III,257)[1]. In einem jeden Akt, in dem sich ein Mensch zweifelnd hoffend dem Leben stellt, ist bereits die Seinsmacht eines Göttlich-Heilshaften verhüllt anwesend. Dies ist die allwaltende Dynamik des Neuen Seins; sie durchherrscht alle Lebensbereiche, diese müssen deshalb für die

1. Vgl. GW VII,13–16 und VIII,85–100.

theonome Tiefendimension erschlossen werden, kann doch keine Lebenssphäre bestehen ohne jenen geheimnisvollen Rückbezug auf das Unbedingte. Das Religiöse ist deshalb diese Tiefendimension einer jeglichen Kultur; der »Theologe« hat dies anhand einer »Theologie der Kultur« aufzuweisen[2].

2. Mit diesem Einsatz greift Tillich die Intentionen von Schleiermachers philosophischer Ethik und Dialektik auf. Er stellt sie freilich hinein in den Horizont von Schellings Identitätsphilosophie, mit der er sich in seiner philosophischen und theologischen Dissertation bekanntgemacht hatte[3]. Zugleich verschmäht er für seine »neu-dialektische« Verhältnisbestimmung von Situation und Botschaft[4] auch Anleihen bei Hegel nicht[5]. Seine »apologetische Theologie«[6] möchte vermitteln »zwischen den letzten Fragen, zu denen die Philosophie (ebenso wie das vorphilosophische Denken) getrieben wird, und den Antworten, die in der christlichen Botschaft gegeben werden« (GW VII,25f.). Hierzu schreitet er in seiner »Systematischen Theologie« das Feld in fünf Untersuchungen aus, die jeweils ellipsenartig um einen doppelten Brennpunkt kreisen: Vernunft und Offenbarung, Sein und Gott, die Existenz und der Christus, das Leben und der Geist, die Geschichte und das Reich Gottes.

3. Die Anthropologie zieht sich quer durch alle diese Abschnitte hindurch. Weil unsere denkerische Besinnung radikal an der Situation und an den aus ihr entspringenden Nöten teilhaben soll, deshalb muß sie tief in deren wissenschaftliche und künstlerische, wirtschaftliche, politische und sittliche Dimensionen eindringen. Die Perspektiven der Anthropologie sind somit universal. Dies führt freilich dazu, daß sich der konkrete Mensch ständig verliert in eigenartig neutrischen Wendungen. Beim Durchdenken der Anthropologie Tillichs drängt sich die Einsicht auf, »wie neutrisch es hier im Grunde zugeht«[7].

---

2. Zur Theologie der Kultur bes. GW IX,13–119; *Jean-Claude Petit:* La philosophie de la religion de Paul Tillich. Genèse et évolution. La période allemande 1919–1933, Montréal 1974; *ders.:* Tillichs Religionsphilosophie und der Anspruch der neuen politischen Theologie, NZSTh 19 (1977), S. 150–171.

3. Die religionsgeschichtliche Konstruktion in Schellings positiver Philosophie, ihre Voraussetzungen und Prinzipien, Breslau 1910; Mystik und Schuldbewußtsein in Schellings philosophischer Entwicklung, Gütersloh 1912 = GW I,11–108; Schelling und die Anfänge des existentialistischen Protestes (1954), GW IV,133–144; sowie GW Erg. II,116–125; hierzu kritisch *Reinhold Mokrosch:* Theologische Freiheitsphilosophie. Metaphysik, Freiheit und Ethik in der phil. Entwicklung Schellings und in den Anfängen Tillichs, Frankfurt 1976.

4. Zur Methode der Korrelation siehe bes. die Analysen von J. Track und R. P. Scharlemann.

5. Zu Hegel vgl. bes. GW Erg. II,93–111.

6. Hierzu bes. die Arbeit von J. Schmitz.

7. *G. Hummel:* Theol. Anthropologie und die Wirklichkeit der Psyche, S. 174.

Ausgangspunkt für die Besinnung ist nicht das Geheimnis meines persönlichen Lebens, sind auch nicht die uns Menschen miteinander verbindenden Sorgen und Freuden, Anfechtungen und Durchhilfen; der denkerische Ansatz wird beim Sein selber genommen. Hierzu beruft sich Tillich auf Parmenides[8]. Indem das umgreifende Sein unser personhaftes Sein einschließt, wird der Mensch zum Ort, an dem das Sein seiner selbst ansichtig wird und nach derjenigen Macht fragt, die es vor dem Nichtenden bewahrt. Die Antwort auf diese Kernfrage, die im Sein selber beschlossen liegt und im Menschen als »metaphysischer Schock« möglichen Nichtseins aufbricht, ist Gott, Gott als das »Sein-Selbst«, das sich gerade dann als mächtig erweist, wenn alles, selbst der »theistische Gott«, als ein Seiendes unter anderem Seienden im Abgrund des Nichtenden versinkt[9].

4. Dieser eigenartig neutrische Charakter prägt auch die Christologie. Ist doch die »materiale Norm der systematischen Theologie« nicht die Person Jesu Christi in ihrem Werk, sondern »das Neue Sein in Jesus als dem Christus, ... als das, was uns unbedingt angeht« (ST I,62). Damit wird Jesus zur Manifestation, zur Offenbarung und Erscheinung des Sein-Selbst unter den Bedingungen existentieller Entfremdung[10].

5. Diese konsequente Orientierung am Seinsbegriff bewirkt also, daß mit Gott und Christus auch der Mensch vom Sein her gesehen und bestimmt wird. Dabei möchte Tillich jene Chiffre nicht zu dem »leersten aller Begriffe« verblassen lassen; er möchte vielmehr in diesem »erfülltesten und sinnvollsten« Begriff die Macht des Seins in allem, was Sein hat, ansprechen (ST II,17). Freilich bleibt das Sein als »jene Macht, die dem Übergang ins Nichtsein widersteht«, unerschöpflicher Inhalt, undurchdringliches Mysterium wie ewige Aporie unseres Denkens[11].

b) Der Mensch innerhalb der essentiellen Struktur von Vernunft und Natur

1. Somit wird die Anthropologie eingezeichnet in die übergreifende ontologische Struktur von Selbst und Welt, in der sich Geist (die subjektive Vernunft) und Wirklichkeit (die objektive Vernunft) wechselseitig durchdringen. Der Mensch ist das »voll entwickelte und völlig zentrierte Selbst« (ST I,201). In ihm sind alle Seinsschichten geeint und kraft der Selbstreflexivität für das Bewußtsein erschlossen. Der Mensch ist nicht mehr wie die Tiere vorbewußt ein-

---

8. Zu Parmenides ST I,91f.133.204f.219.289; ST II,17; ST III,254.
9. ST II,16–19; Der Mut zum Sein, GW XI,132–139.
10. Vgl. *O. Wolff:* Paul Tillichs Christologie des »Neuen Seins«, NZSTh 3 (1961), S. 129–140.
11. Nach ST II,17f.; Der Mut zum Sein, GW XI,133: »Das Nichtsein macht Gott zum lebendigen Gott.«

gebunden in sein Umfeld; weil er jegliche Situation in der Sprache zu überschreiten vermag, hat er seine Umgebung als ihm eröffnete Welt. Gerade in seinem Gewiesensein an Welt erfährt er sich als ein dieser gegenüberstehendes Selbst. Diese wechselseitige »Abhängigkeit zwischen Ich-Selbst und Welt ist die ontologische Grundstruktur und schließt alles andere ein« (ST I,202)[12]. In diese Kernstruktur ist auch die Subjekt-Objekt-Spannung unserer logischen Vernunft eingefügt.

2. In einem weiteren Gedankenkreis faltet Tillich diese Struktur aus; hierzu bedient er sich der polaren Elemente von Individuation und Partizipation, von Dynamik und Form, von Freiheit und Schicksal[13]. Jedes dieser drei Paare verweist mit seiner ersten Chiffre auf einen Aspekt der Selbstbezogenheit, mit seinem zweiten Symbol auf einen Aspekt der Weltabhängigkeit in allem Seienden, dies gipfelt im Menschen zur höchsten Intensität auf. a) Wo die Individualisation ihre vollkommene Ausprägung erreicht, sprechen wir von »wahrer Person«; wo die Partizipation voll gelungen ist, nennen wir dies eine echte Gemeinschaft. Beides gehört unlöslich zusammen. »Kein Individuum existiert ohne Partizipation, und kein personales Sein existiert ohne ein gemeinschaftliches Sein« (ST I,208). b) Ferner prägt sich alles Seiende in geformter Gestalt aus; jegliches Seiende ist hierin ein bestimmtes Etwas[14]. Was immer seine Gestalt verliert, büßt auch sein Sein ein. Zugleich ist Dynamik mächtig in jeglichem Seienden; in ihm drängt eine Potentialität des Seins aus dem Nichtsein heraus zur gestalthaften Form. Im Menschen verdichtet sich dies zur »polaren Struktur von Vitalität und Intentionalität« (ST I,212). c) Die dritte und wichtigste Seinseigenschaft ist die polare Spannung von Freiheit und Schicksal, erst sie ermöglicht Existenz. Schon das nichtmenschliche Seiende ist durchwaltet von Spontaneität und Gesetz. Wir Menschen erfahren jenen uns eröffneten Freiheitsraum in den Vollzügen von »Erwägung, Entscheidung und Verantwortung« (ST I,216). Auch das korrespondierende Schicksal verwandelt sich in einer derartigen Perspektive aus einer unheimlichen Übermacht zu einem Existential, das menschliches Sein mitkonstituiert. Jetzt muß gelten: »Mein Schicksal ist die Basis meiner Freiheit, meine Freiheit partizipiert an der Formung meines Schicksals. Nur wer Freiheit hat, hat Schicksal« (ST I,217).

3. Das Miteinander von Mensch und Welt, von subjektiver und objektiver Vernunft, das Eingreifen des Geistes in die Wirklichkeit beschreibt Tillich in An-

---

12. ST I,202: »Das Ich-Selbst ist dasjenige Selbst, das sprechen kann und durch das Sprechen die Grenzen jeder gegebenen Situation überschreitet.«

13. ST I,206–218.

14. ST I,210: »Die Form, die ein Ding zu dem macht, was es ist, ist sein Inhalt, seine essentia, seine bestimmte Seinsmächtigkeit. Die Form eines Baumes ist das, was ihn zum Baum macht ...«

lehnung an Schleiermachers philosophische Ethik im Bilde sich überkreuzender Ellipsen[15]. Die Pole werden hierbei gebildet auf der einen Ebene durch das ergreifende Empfangen und das gestaltende Umformen, auf der anderen Ebene durch die formalen und die emotionalen Vernunftelemente. Aus dem Zusammenspiel jener vier Pole im Kraftfeld von Geist und Natur lassen sich die Kulturbereiche konstruieren:

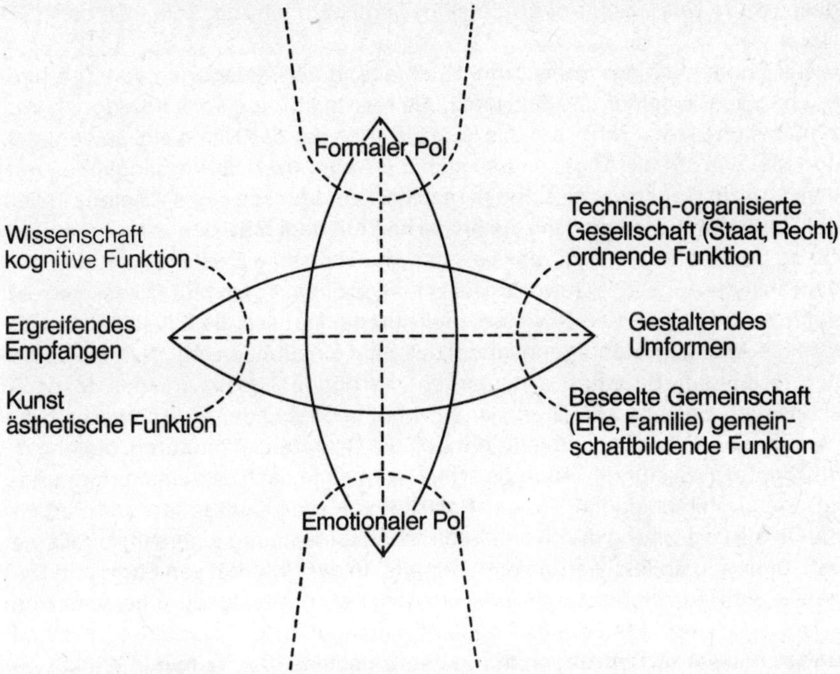

4. Jene ontologische Struktur von Selbst und Welt, von Geist und Wirklichkeit, von subjektiver und objektiver Vernunft ist freilich ausgespannt zwischen dem Sein und dem Nichts; doch auch dies sind keineswegs absolute Gegensätze, Sein und Nichts bleiben dialektisch aufeinander bezogen[16]. Alles Seiende ist ontologisch mit dem Nichtsein »gemischt«; hieraus resultiert seine

15. ST I,99–127; das Ellipsenkreuz der Kulturphilosophie Schleiermachers ist skizziert bei *Wolf-Dieter Marsch:* Institution im Übergang, Göttingen 1970, S. 33; vgl. *Hans-Joachim Birkner:* Schleiermachers Christliche Sittenlehre im Zusammenhang seines philosophisch-theologischen Systems, Berlin 1964.
16. ST I,220: »Ouk on ist das ›Nichts‹, das überhaupt keine Beziehung zum Sein hat; me on ist das Nichts, das eine dialektische Beziehung zum Sein hat.«

»Endlichkeit«[17]. Allein der Mensch muß die Macht jenes Nichtenden bewußt ausleiden; dies erfährt er in der Angst, in welcher sich die Endlichkeit selber gewahr wird. Zugleich hiermit erfährt er den Mut, sich selbst zu transzendieren und zwar radikal und grenzenlos. Hierin bewährt sich seine Unendlichkeit; sie ist nicht etwas Dinghaftes, sondern erscheint ihm als ein »Postulat«, dem er sich in radikaler Selbstüberschreitung entgegenreckt. »Die Macht der unendlichen Selbsttranszendenz ist ein Ausdruck dessen, daß der Mensch zu dem gehört, was jenseits des Nichtseins liegt, nämlich zum Sein – Selbst« (ST I,223).

5. Die Endlichkeit des Seins drückt sich aus in den Kategorien von Zeit und Raum, von Kausalität und Substanz. Als rechte ontologische Kategorien beziehen sich diese sowohl auf das Sein als auch auf das Nichtsein, sowohl auf den Mut wie auf die Angst. Indem sich die Angst vor dem Vergänglichen mit dem Mut zur Gegenwart verbindet, realisiert der Mensch seine Existenz in der Zeit. Indem sich die Angst um die Sicherheit mit dem Mut, den vorgefundenen Ort zu behaupten, vereint, realisiert der Mensch seine Existenz im Raum. Indem sich die Angst des Geworfenseins ins Dasein mit dem Mut, dieses getrost auf sich zu nehmen, verschwistert, realisiert der Mensch die Kausalität. Indem sich die Angst, im ständigen Wandel das Sein einzubüßen, mit dem Mut, sich der jeweiligen Situation hinzugeben, verbündet, realisiert der Mensch schließlich die Substanz. Durch jene vierfache Gestalt der Angst innerhalb jener Kategorien der Endlichkeit zieht sich die Grundangst hindurch, die Angst, ins Nichtsein zu stürzen. Auch sie artikuliert sich je nach den elementaren Polaritäten unterschiedlich, »in der Polarität von Individualisation und Partizipation als Bedrohung durch eine radikale Vereinsamung einerseits oder eine vollkommene Kollektivierung andererseits; in der Polarität von Form und Dynamik als Bedrohung durch eine chaotische Formlosigkeit einerseits und eine starre, verendgültigende Form andererseits; in der Polarität von Freiheit und Schicksal als Bedrohung durch den Umschlag der Freiheit in Willkür einerseits oder in eine verzweifelte Sinnlosigkeit andererseits«[18]. Diese ontologische Struktur erscheint in Tillichs Analysen als etwas Seinshaft-Vorgegebenes. Sie wird auf die wesenhafte Idealgestalt ihres ständig gefährdeten Gleichgewichts hin ausgelegt; hierbei ist die Gefahr eines Abgleitens oder Zerbrechens der labilen Spannung stets gegenwärtig. Der Standort des Betrachters verbleibt dabei gleichsam über dem gesamten Ellipsenkreuz der Mächte; gleichsam aus der Vogelschau heraus sieht er das Feld in dessen essentieller Vollkommenheit unter sich liegen.

---

17. ST I,222–235.

18. *G. Hummel:* Theol. Anthropologie und die Wirklichkeit der Psyche, S. 145.

c) Der Mensch in existentieller Entfremdung vom wahren Sein

1. Im zweiten Gedankenkreis zur Existenz und zum Christus (ST II) vollzieht Tillich den Wechsel des Standortes. Nun sieht er das im ersten Kreis entfaltete Spannungsfeld nicht mehr aus der Vogelschau der Essenz heraus, sondern von unten her, aus dem Hineingeworfensein in die entfremdete Existenz heraus. In diesem Überschritt des Betrachters sowie in der hierdurch bedingten neuen Perspektive der Darstellung spiegelt sich der »Sprung von der essentiellen Natur des Menschen zu seiner existentiellen Verzerrung« (ST II,10) wider. Mit diesem Wandel der Betrachtungsweise möchte Tillich den Impuls jener »existentialistischen Revolution«, welche vor allem gegen Hegels einseitigen Essentialismus aufbegehrte, aufgreifen. »Existenz ist Entfremdung und nicht Versöhnung« (ST II,31). Der Existentialismus habe sich rigoros der Analyse unserer entfremdeten Existenz zugewandt, er beschreibe äußerst engagiert den »alten Äon« und erweise sich hierin als »natürlicher Bundesgenosse des Christentums« und als »Glücksfall der christlichen Theologie« (ST II,33). Existentialismus und Theologie sollten sich deshalb miteinander verbünden, um »die durch die Bewußtseinsphilosophie unterdrückten Elemente der menschlichen Natur wieder ans Licht zu bringen« (ST II,34).

2. In dieses Aufbegehren existentiellen Leidens an der Entfremdung gegen essentielle Pseudoharmonie fügt Tillich die beiden geistigen Bewegungen ein, denen er sich zutiefst verpflichtet wußte, und die er zeitlebens voranzutreiben suchte, einerseits den marxistischen Sozialismus und andererseits die Freudsche Tiefenpsychologie. In der Krise des ersten Weltkrieges, in der ihm die bürgerliche Gesellschaftsform zerbrach, wurde ihm das Proletariat zum Opfer, aber auch zum Träger der gesellschaftlichen Umwälzung. Der Sozialismus sollte als profane Prophetie eine Art messianische Sendung an der Gesellschaft durchführen und zugleich die verbürgerlichte Kirche zur Umkehr rufen. Tillich greift hierzu die Thesen von Karl Marx auf und wendet sie ins Universale. Die Entfremdung, das Dämonische, der Kairos, die Avantgarde werden ihm zu Schlüsselworten. Mit ihrer Hilfe sucht er den prophetischen Protest des protestantischen Prinzips zu formulieren[19].

3. Wohl am frühesten und zugleich am reflektiertesten unter den zu behandelnden Theologen hat sich Tillich den Einsichten der Psychiatrie und Tiefenpsychologie gestellt[20]. Zunächst verknüpfte er sie mit der Dichtung und arbeitete die gemeinsamen Einsichten in die Dämonien des Lebens heraus. Dann rückt er Freud neben Marx und erklärt beide zu »providentiellen Verbündeten der christlichen Theologie« (GW Erg. II,204). Beide haben ver-

---

19. Hierzu die Arbeiten von R. Lindner, Th. Ulrich, Th. Wernsdörfer und die Aufsätze von H.-D. Wendland.
20. Freuds Name fällt 1926 in der Schrift zur religiösen Lage der Gegenwart, GW X,23f.

schleiernde Ideologien entlarvt und die fundamentale Entfremdung des Menschen bloßgelegt. Hierin werden sie ihm zu echten Nachfolgern der Propheten und zu unbewußten Verfechtern des protestantischen Prinzips. Vor allem die Tiefenpsychologie richtet er aus auf »die Lehre von der göttlichen Annahme des entfremdeten Menschen« und sieht in ihrer Arbeitsweise eine die Theologen beschämende Analogie zur Kernerfahrung des Protestantismus[21]. Freilich sieht er Sozialismus und Tiefenpsychologie nicht isoliert, er stellt beide neben die Ich-Du-Philosophie und die »dialektische Theologie der Krise« und fügt sie auf dem Hintergrund der für ihn selber entscheidenden Lebensphilosophie ein in den breiten Strom des Existentialismus. Vom Ringen eines Duns Scotus gegen das geschlossene System eines Thomas, von Luthers Absage an den harmonisierenden Humanismus eines Erasmus, von den anthropologischen Visionen eines Paracelsus und den kosmologischen Schauungen eines Jakob Böhme, von Pascals Aufbegehren des Herzens gegen die sittliche Geometrie eines Descartes herfließend, gewinnt er ständig an Gewalt und schwillt in Hamann und Herder, in Schelling und Schopenhauer, in Kierkegaard und Nietzsche mächtig an.

4. So sehr sich auch Tillich von ihm ergriffen weiß, sucht er zugleich ihm gegenüber Distanz zu gewinnen. An Marx und Freud kritisiert er nicht nur die unzureichende pseudo-historische und pseudo-naturwissenschaftliche Begriffswelt, er wirft zugleich beiden vor, sie hätten keine klare Einsicht in die wahre Essenz als das Gegenbild zur entfremdeten Existenz besessen, deshalb hätten sie auch deren Überwindung nur in glücklicher Inkonsequenz anvisieren können. Entsprechend sucht er an Heidegger und Sartre aufzuweisen, »daß selbst der radikalste Existentialist nicht ohne essentialistische Begriffe auskommt, wenn er überhaupt etwas sagen will« (GW VIII,312). Damit ordnet er den Marxismus und die Psychoanalyse mit dem gesamten Strom existentieller Bemühungen in sein allgewaltiges Schema von Existenz und Essenz, von Struktur und Tiefe der Vernunft ein. Systematisch geurteilt bildeten die existentiellen Elemente lediglich die eine Seite des menschlichen Daseins, nämlich dessen nichtige Entfremdung vom Seinsursprung; dem korrespondiere notwendig die in Hegels Essentialismus anvisierte andere Seite, nämlich die überall wirksamen Kräfte des Neuen Seins. Für Tillich hat das »protestantische Prinzip« sein Recht nur an der »katholischen Substanz« und der prophetische Protest will der priesterlichen Gestalt der Gnade dienen[22], bleiben doch die existentiellen Elemente immer mit essentiellen »gemischt«, sonst könnten sie nicht existieren. Deshalb formuliert Tillich im Hinblick auf

21. GW VIII,304–335; hierzu *Peter Homans:* Freud und Tillich als Marksteine auf dem Wege zu einer Religionspsychologie, in: Psychoanalyse und Religion, hg. von E. Nase und J. Scharfenberg, WdF CCLXXV, Darmstadt 1977, S. 311–342.
22. GW VII,54–69.124–132.

seine eigene Stellung: »Man hat mich häufig gefragt, ob ich als Theologe ein Existentialist sei, und meine Antwort war immer einfach: halb bin ich es und halb nicht. Das heißt, daß für mich Existentialismus und Essentialismus zusammengehören ... Die Theologie muß beide Seiten sehen: die essentielle Natur des Menschen, die in der Geschichte vom Paradies symbolisch zum Ausdruck kommt, und die existentielle Situation des Menschen, die ihn Sünde, Schuld und Tod unterwirft« (GW Erg. II,204f.).

5. Der »Sprung« von der Essenz zur Existenz wird angesprochen im religiösen Symbol des Urfalls[23]. Im Anschluß an Auslegungen der deutschen Romantik löst Tillich Genesis 1 bis 3 aus dem mythisch-protologischen Horizont heraus und identifiziert den »Fall« axiologisch mit dem verantwortlichen Selbstvollzug menschlicher Existenz. In einer ontologischen Ausdeutung des Textes erhebt er die Voraussetzungen und Beweggründe, das Ergebnis und die Folgen des Falls.

Die erste Voraussetzung für den ständigen Überschritt vom essentiellen zum existentiellen Sein liegt in der wesenhaften Freiheit, in der wir Menschen unser Hineingebanntsein in welthafte Situationen radikal transzendieren, also in unserer inneren Unendlichkeit. Die zweite Voraussetzung gründet hingegen in der unausweichlichen Begrenztheit jener Freiheit durch ein übergreifendes Schicksal. So ist die Freiheit zur Sünde des Menschen Größe und Schwäche in eins. »Es ist das Ebenbild Gottes im Menschen, das die Möglichkeit des Falls schafft. Nur das Wesen, das Ebenbild Gottes ist, hat die Macht, sich von Gott zu trennen. Die Größe und die Schwäche des Menschen haben ein und dieselbe Wurzel. Selbst Gott kann die eine nicht ohne die andere aufheben« (ST II,39).

6. Durch diesen Ansatz sind zugleich die »Beweggründe« für den Fall impliziert und somit dieser selber andeutungsweise umschrieben. Die menschliche Freiheit ruht essentiell noch harmonisch im Umgreifenden des Schicksals und drängt doch bereits aus ihrer »unentschiedenen Potentialität (ST II,41) zur zugreifenden Aktualität. Das göttliche Gebot, nicht vom Baum der Erkenntnis zu essen, wird zum Symbol für die menschliche Intention, die ursprunghafte »träumende Unschuld« zu bewahren[24]. So flacht Tillich das Aufbegehren gegen jenes Verbot ab zum Wunsch, die hierdurch erregte Freiheit zu bewähren. Durch eine doppelgesichtige Angst hindurch, durch die Angst, sich entweder durch Nichtverwirklichung oder auch sich durch Selbstver-

---

23. ST II,35: »Die Theologie muß klar und unzweideutig den ›Fall‹ als Symbol für die universale menschliche Situation darstellen, nicht als Titel einer Geschichte, die sich einmal ereignet haben soll.«

24. ST II,40: »›Träumende Unschuld‹ hat Potentialität, aber keine Aktualität. Sie hat keinen Ort, sie ist ou topos (utopia). Sie hat keine Zeit, sie geht der Zeitlichkeit voraus, sie ist übergeschichtlich.«

wirklichung zu verlieren[25], erfolgt der Überschritt aus der Essenz zur Existenz. Dieser Kernvollzug ist nach Tillich nicht ein zeithaftes Geschehen innerhalb welthafter Wirklichkeit, sondern ein Ursprunghaftes, das jegliches Menschsein auf dieser Erde qualifiziert. »›Adam vor dem Fall‹ und ›die Natur vor dem Fluch‹ sind Potentialitäten. Sie sind keine aktuellen Zustände« (ST II,48). Insofern »koinzidieren« Schöpfung und Sündenfall; eine Schöpfung vor dem Fall bleibt rein potentiell und utopisch[26]. »Verwirklichte Schöpfung und entfremdete Existenz sind materialiter identisch« (ST II,52). Das Ergebnis des Falls, den von und in uns stets schon vorgefundenen Zustand, umschreibt Tillich im Anschluß an Hegel und die von ihm geprägte Tradition mit der Chiffre »Entfremdung«[27]. Die Entfremdung läßt sich jedoch weder erfahren noch aussagen ohne eine bleibende Zugehörigkeit zum Sein-Selbst. »Der Mensch als ein Existierender ist nicht, was er essentiell ist und darum sein sollte. Er ist von seinem wahren Sein entfremdet. Die Tiefe des Begriffs ›Entfremdung‹ liegt darin, daß man essentiell zu dem gehört, wovon man entfremdet ist. Der Mensch ist seinem wahren Sein nicht fremd« (ST II,53).

7. Jene sündige Entfremdung entfaltet Tillich nach ihren drei Richtungen hin als Abkehr von Gott im Unglauben, als radikale Eingründung in sich selbst in der Hybris sowie als Hineinschlingen der Welt in sich selber in der Konkupiszenz[28]. a) Der Unglaube zerreißt die zugrundeliegende Bindung an den tragenden Urgrund des Seins. In seinem Drang, sich selber existentiell zu realisieren, wendet sich der Mensch dem eigenen Ich in dessen welthaften Bezügen zu und büßt hierin »seine essentielle Einheit mit dem Grunde von Selbst und Welt« ein (ST II,55). b) In der Hybris verabsolutiert der Mensch seine strukturelle Selbst-Zentriertheit. Indem er sich selber zum Zentrum der Welt setzen möchte, verdrängt er seine Endlichkeit und erhebt sich in die »Sphäre des Göttlichen« (ST II,58). c) In der Konkupiszenz verfällt er der »unbegrenzten Sehnsucht, das Ganze der Wirklichkeit dem eigenen Selbst einzuverleiben« (ST II,60). Als »grenzenlose ... Begierde nach Erkenntnis, Sexualität und Macht« (ST II,61) durchherrscht jener Drang nicht allein das Leibliche, sondern auch die Seele und den Geist.

8. Die Folge des Falls zeigt sich in der Destruktion der essentiellen und seinsmächtigen Zuordnung von Selbst und Welt; die negative Macht zur Destruktion hat jedoch in sich selber »kein unabhängiges Sein«, sondern ist »von einer Struktur abhängig ..., innerhalb derer sie wirkt« (ST II,69). Diese

25. ST II,40f. wird als Analogie das Erwachen des Kindes zu sexueller Bewußtheit herangezogen; hierbei fußt Tillich auf *S. Kierkegaard:* Der Begriff Angst, Düsseldorf 1958, S. 39–44.

26. Nach ST II,51.

27. Hierzu ST II,52–68 und die Arbeit von Th. Wernsdörfer.

28. ST II,55–64.

dämonisierte »Struktur der Destruktion« korrumpiert das ontisch-essentielle Verhältnis von Freiheit und Schicksal, von Dynamik und Form, von Individuation und Partizipation. Indem Freiheit in Willkür umschlägt, verkehrt sich Schicksal in mechanistische Notwendigkeit. Echte Dynamik entleert sich zu bloßer Vitalität, und lebendige Form erstarrt zu toter Gesetzlichkeit. Das isolierte Individuum wird vom Kollektiv aufgesogen, und das allverschlingende Kollektiv läßt das Individuum noch einsamer werden. In diesem Dreifachen erweist sich die Herrschaft der Endlichkeit als die eigentliche Folge des Falls. Die Sünde läßt den Tod Macht gewinnen, treibt in die Einsamkeit und Sinnlosigkeit. Alle diese Elemente des »Übels« gipfeln auf in der Verzweiflung als dem »Gefühl, daß man für den Verlust des Sinnes der eigenen Existenz selbst verantwortlich ist und doch unfähig, ihn wiederzugewinnen« (ST II,84).
9. Tillich schließt diese Analyse der Entfremdung ab mit den beiden Symbolen des »Zornes Gottes« und der »Verdammnis des Menschen«[29]. Im Anschluß an Schleiermacher und Ritschl drängt er Gottes Eiferheiligkeit zurück[30], zugleich blendet er unser personales Verantwortlichsein vor Gott aus und schaut alles hinein in die übergreifende Spannung zwischen essentiellem Verwurzeltsein und existentieller Entfremdung. »Der Mensch ist niemals vom Grund seines Seins abgeschnitten, nicht einmal im Zustand der Verdammnis« (ST II,87).

d) Der Mensch unter dem Dreitakt des Lebens

1. Die Analyse jener grundlegenden Selbst-Welt-Struktur in ihrem Ausgespanntsein zwischen Essenz und Existenz wird im vierten und fünften Gedankenkreis der Systematischen Theologie einerseits nach der Dynamik alles Lebendigen und andererseits nach der Geschichte des Menschengeschlechtes hin ausgezogen. Könnte man doch, »symbolisch ausgedrückt«, formulieren: »Als Gott das Atom schuf, da schuf er potentiell den Menschen – und mit ihm alle anderen Dimensionen des Lebens« (ST III,27).
2. Diese Dimensionen des Lebens skizziert Tillich in ihrer aufsteigenden Stufenfolge vom Anorganischen über das Organische und Psychische bis hin zum Geistigen und Geschichtlichen. Sie alle aktualisieren sich im menschlichen Leben, indem sie im Geisthaften wie in der Geschichte ein neues Zentrum finden. In Tillichs Sicht tritt der Geist nicht dem Leben entgegen, er wird vielmehr vom Leben her verstanden als eine, wenn auch ausgezeichnete, Dimension desselben. Er ist sowohl »die Kraft des Lebens« als auch »das Leben im Sinn« (ST III,34). Insofern umspannt er mehr als unsere Vernunft; »er um-

---

29. ST II,86f.; vgl. ST I,325–328; ST III,460f.
30. Siehe hierzu *H.-W. Schütte:* Die Ausscheidung der Lehre vom Zorn Gottes in der Theologie Schleiermachers und Ritschls, NZSTh 10 (1968), S. 387–397.

faßt *eros,* Leidenschaft, Gefühl, aber ohne Vernunftstruktur wäre er nicht fähig, irgend etwas zu schaffen« (ST III,35). Kognitive und ethische Vollzüge menschlicher Geist-Freiheit erfahren sich als unter die Dynamik alles Lebendigen gebeugt; hierin erweist sich menschliches Leben als Wagnis in Zwiegesichtigkeit (ambiguity).

3. Leben aktualisiert sich ständig in drei Schritten; zunächst ist es ein »Gleichbleiben-mit-sich-selbst«, sodann ein veränderndes »Herausgehen-aus-sich-selbst« und schließlich eine »Rückkehr-zu-sich-selbst«; dies ist der trinitarische Dreitakt von »Selbst-Identität«, »Selbst-Veränderung« und »Rückkehr-zu-sich-selbst« (ST III,42). a) Dieses Geheimnis ordnet Tillich als »Selbst-Integration« der Polarität von Individuation und Partizipation zu, stellt es unter das Prinzip der Zentriertheit und konfrontiert es mit der Desintegration. b) Als »Sich-Schaffen« fügt er es den Polen von Dynamik und Form ein, rückt es unter das Prinzip des Wachstums und stellt es der Zerstörung entgegen. c) Als »Selbst-Transzendierung« ordnet er es den Polen von Freiheit und Schicksal zu, beugt es unter das Prinzip des Heiligen und läßt es sowohl der Profanisierung als auch der Dämonisierung die Stirn bieten (ST III,43f.). In ähnlich spielerischer Manier werden auch die Moralität, die Kultur und die Religion jener Trias zugeordnet[31].

4. Primäres Subjekt aller einzelnen Aussagen ist hierbei immer das Leben selber in seiner »selbst-schöpferischen Funktion« (ST III,43).[32]. Weil sich in seinem unendlichen Prozeß beharrlich essentielle und existentielle Elemente miteinander mischen, muß es notwendig zweideutig bleiben. Erst in der Dimension des Geistes wird es sich jener Zweideutigkeiten bewußt und sucht nach »unzweideutigem Leben«[33]. Der »göttliche Geist« treibt in dieser Gesamtevolution das Leben über sich selber hinaus; hierbei vernichtet er keineswegs dessen rationale Struktur, vielmehr vereinigt er es in transzendierender »Ekstase«[34] mit dem Urgrund. Dies realisiert sich im schöpferischen Einbruch der Tiefe in die Struktur der Vernunft[35]. Glaube und Liebe erscheinen hierin als Ergriffenwerden und »Hineingenommensein in die transzendente Einheit unzweideutigen Lebens durch den göttlichen Geist« (ST III,160).

---

31. ST III,51–130.
32. Freilich wird die auch in uns wirksame schöpferische Lebenskraft als ein Relatives auf den ständig vorausgesetzten absoluten schöpferischen Grund bezogen.
33. ST III,130–133.
34. ST III,134–144; vgl. ST I,135–142.
35. Siehe *R. P. Scharlemann:* Seinsstruktur und Seinstiefe in der Tillichschen Methode der Korrelation, KuD 11 (1965), S. 245–255.

e) Die Menschengemeinschaften in der teleologischen Dynamik der Geschichte

1. Im V. Teil seiner Systematischen Theologie analysiert Tillich die Geschichtsdimension menschlichen Lebens. Auch die Geschichte kennzeichnet zunächst alles Leben, im Menschen bricht dieses Geheimnis jedoch ein ins Bewußtsein und in die Verantwortung. Im Miteinander objektiv vorgängiger und subjektiv bewußter Elemente wird Geschichte nicht allein echt erfahrbar, sondern auch erst voll aktualisiert, ist dies doch erst möglich in der Dimension des Geistes als Moralität, Kultur und Religion. Die »vier Grundzüge der menschlichen Geschichte« sind deshalb »mit Zweck verbunden zu sein, durch Freiheit beeinflußt zu sein, sinnbezogenes Neues zu schaffen und Bezug zu haben auf universalen, auf partikularen und auf teleologischen Sinn« (ST III,349).

2. Ging es im Abschnitt über das Leben und den Geist um die Einzelperson als ein vom Geist durchpulstes Lebewesen, so rückt Tillich nun Menschengruppen ins Zentrum. Überall dort, wo sie in sich zentriert, mit politischer Macht ausgestattet, von festen Rechtsprinzipien bestimmt und von einem Sendungsbewußtsein getragen sind, werden sie zu »Trägern der Geschichte«[36]. Die Menschheit als Ganzes kann nicht eigentlich geschichtstragend sein; mit ihrem totalen Einswerden würde die Geschichte aufhören. »Solange es Geschichte gibt, ist die ›geeinte Menschheit‹ der Rahmen für die ›uneinige Menschheit‹« (ST III,356). Die Zeit verdichtet sich somit zu einem zielstrebigen Wandern in unumkehrbarer Richtung auf immer umfassenderes Einswerden zu, und der Raum wird zum umgrenzten Ort, an dem dies sich vollzieht. Kraft der Kausalität erschließt sich schöpferische Freiheit, hierdurch erhält die Substanz die Züge einer echten »geschichtlichen Situation« (ST III,371). Selbst-Integration, Sich-Schaffen und Selbst-Transzendierung konzentrieren sich zu einem offenen Zugehen auf ein endgültiges Ziel jeglicher Geschichte.

3. Jene letztgültige Überwindung aller Zweideutigkeiten ist anvisiert in den christlichen Symbolen des »Reiches Gottes« und des »ewigen Lebens«[37]. Erneut weist Tillich in seiner Ausdeutung dieser Chiffren jegliche bleibende Negativität zurück, das Abscheiden des Negativen aus dem Prozeß der Evolution bleibt für ihn umgriffen von einer universalen »Essentifikation«. »Die Idee der Essentifikation des Einzelnen in Einheit mit allem Seienden macht den Begriff der stellvertretenden Erfüllung verständlich und gibt dem Begriff der Geistgemeinschaft einen neuen Inhalt« (ST III,462f.)[38].

---

36. ST III,353–358.
37. ST III,407–477.
38. Vgl. *Ingeborg C. Henel:* Paul Tillichs Begriff der Essentifikation und seine Bedeutung für die Ethik, NZSTh 10 (1968), S. 1–17.

f) Kritische Würdigung (Vergleich mit Karl Rahner)

1. Diese universale Schau ist bezwingend, zugleich kann sie einem Furcht einflößen. Sie gründet in der Spannung zwischen der Struktur der Vernunft, der sich unser beherrschendes Erfassen zuordnet, und der Tiefe der Vernunft, die sich allein einem liebend einenden Erkennen ahnungsweise erschließt. Alles wird freilich übergriffen von einer vorgängigen Entsprechung, von einer »proportionellen Analogie« zwischen Sein, Leben und Denken, zwischen der Selbst-Welt-Polarität und der Subjekt-Objekt-Struktur[39].

2. Der nachsinnende Denker bezieht trotz und auch gerade wegen des ständigen Sprechens von der Grenze und dem Leben auf ihr seinen geistigen Standort im Übergreifenden jenes Ringens zwischen dem Sein und dem Nichts. Hier reagiert nicht mehr der angefochtene Mensch auf die ihn bedrängende Wirklichkeit; hier schwingt sich gleichsam der Denker empor zu dem »Ort«, an dem das Sein selber im Geist zum Bewußtsein durchbricht und sich seiner Struktur sowie seiner Tiefe vergewissert[40]. »Der Mensch ist der seins-bewußte Fall des Seins und als solcher Ort des Seins.«[41]. Die Macht des Seins selber durchwaltet ihn und trägt ihn dem Sein-Selbst entgegen. Die Erhebung des Seins zum regierenden Subjekt jeglicher Aussage saugt gleichsam alles in sich hinein, den Menschen als selbstreflexes Sein in der Spannung zwischen heilsmächtiger Essenz und entfremdeter Existenz, Jesus Christus als Symbol für die Macht des Neuen Seins mitten in der Entfremdung und Gott als das Sein-Selbst.

3. Dieses allgegenwärtige Sein wird zugleich in seine Schichten oder Dimensionen aufgegliedert. Das Zusammenspiel jener Dimensionen in ihren polaren Spannungselementen läßt den konkreten Menschen in seiner Welt zu einer Konstruktion gerinnen. Sich-Verantworten vor Gott, Hören auf dessen Zuspruch und Anspruch, Betroffensein von der Anrede eines mitmenschlichen Du, dieses alles wird ständig hineingeschaut in die dreigesichtige Dynamik des Lebens. Ethos, Kultur und Religion erscheinen lediglich als Funktionen des Lebens, in ihnen überschreitet es sich selber und konstituiert den Bereich des Geistes. Unser konkretes Existieren wird unermüdlich transzendiert auf jene universale »Essentifikation« hin.

4. In diesen Sog geraten auch die von Tillich durchaus angesprochenen Dimensionen des Anorganischen, des Organischen und des Psychischen hinein. Sie werden angerissen, doch dann schnell überstiegen auf unser menschliches Eingebundensein in die Spannung zwischen Schicksal und Freiheit[42]. Die »niedrigeren Dimensionen« erscheinen nur unter dem Blickwinkel der Selbst-Aktualisierung des Lebens; sie werden nicht als eigenständige Sichtweisen des gesamten Menschseins exponiert. So finden sich keine hilfreichen Erörterungen zur Leibesgestalt des Menschen[43]; trotz der wichtigen

---

39. Hierzu die Darstellungen von Kl.-D. Nörenberg, Chr. Rhein, R. P. Scharlemann und J. Track.
40. Hierzu auch *Falk Wagner:* Absolute Positivität. Das Grundthema der Theologie Paul Tillichs, NZSTh 15 (1973), S. 172–191.
41. *G. Hummel:* Theol. Anthropologie und die Wirklichkeit der Psyche, S. 172; siehe die dort S. 172ff. zusammengestellten Belege.
42. Hierzu ST III,46ff. 66ff. 108ff.
43. Überlegungen finden sich nur zum geistlichen Leib, ST III,465–468.

Verweise auf Freud und Jung[44] wird die Dimension des Menschen als Seele nicht echt exponiert. Diese in sich nachdenkenswerten Gesamtsichten des Menschseins werden vorschnell transzendiert durch die strenge Ausrichtung auf das, was uns angeblich unbedingt angeht, was über Sein oder Nichtsein entscheidet.

5. Eine analoge Anthropologie unter der Chiffre der »reductio in mysterium« hat Karl Rahner vorgelegt[45]. Einerseits gewann er aus den Ignatianischen Exerzitien in deren Auslegung durch seine Lehrer und Freunde das Grunderlebnis menschlicher Verwiesenheit auf den stets größeren Gott. Andererseits sucht er jenes »Urerlebnis« denkerisch zu entfalten und die Gesamtheit menschlichen Lebens und Erkennens hierin zu integrieren.

Zunächst wollte er in lockerer Anknüpfung an Kants transzendentale Methode, aber auch in Anlehnung an Martin Heidegger und Erich Przywara, die christliche Theologie in einer religionsphilosophischen Anthropologie fundieren. In seinen nach dem zweiten Weltkrieg verfaßten Schriften sucht er den mißverständlichen Anschein jenes ersten Ansatzes zu überwinden, als wäre die transzendentale Anthropologie eine Art Vorbau zur Christusoffenbarung nach dem Schema: erst Natur – dann Gnade. Hierzu arbeitet er die radikale Vorgängigkeit gnadenhafter Selbsterschließung Gottes heraus und behauptet, daß jegliches Philosophieren im Geheimnis der letzten Selbstverborgenheit unseres Menschseins bereits auf das umgreifende Geheimnis göttlicher Gnade stößt. »Die Abgründigkeit des Menschen, die in tausend Weisen das Thema der Philosophie ist, ist schon der Abgrund, den Gottes Gnade eröffnet hat und der in die Abgründe Gottes selbst reicht.«[46] In den letzten Jahren überschreitet Rahner das Gespräch mit der Philosophie und sucht die unterschiedlichen Fragerichtungen und Einsichten der Humanwissenschaften in seinen anthropologischen Kerngedanken zu integrieren. Während sich die Philosophie in eine Vielzahl von Ansätzen und Methoden auflöst und dabei den Menschen zunehmend aus dem Blick verliert, bieten sich jene Wissenschaften in ihren philosophischen Aspekten unmittelbar der Theologie als Dialogpartner an. In dieser ständig aporetischer werdenden Situation konzentriert sich Rahner erneut auf seinen ursprünglichen Ansatz; er fragt nach einer lebendigen Spiritualität jener Rückführung ins Geheimnis, zugleich bedient er sich zunehmend der indirekten Mitteilung Kierkegaards.

6. Wissenschaftliche und erbauliche Schriften greifen ineinander und umkreisen gemeinsam das Geheimnis menschlicher Existenz. »Kein Mensch kann das Ganze seines Lebens, seiner Grundentscheidung voll zu einer expliziten, ausdrücklichen Aussage bringen. Er lebt immer aus mehr, als er sich selbst und anderen reflex machen kann.«[47] Mit diesem methodischen Ansatz führt Rahner »die transzendental-anthropologische Wende«, die »seit Descartes, Kant und über den deutschen Idealismus bis in die heutige Existenz(ial)philosophie« hinein das geistige Leben geprägt hat, in die katholische

---

44. Zu Freud und Jung ST I,156f.211; zu Freud ST II,62ff.85; ST III,72.121.157.244.
45. Sie ist dargestellt bei *Klaus P. Fischer:* Der Mensch als Geheimnis. Die Anthropologie Karl Rahners, Freiburg 1974; ferner *Josef Speck:* Karl Rahners theologische Anthropologie, München 1967.
46. Schriften zur Theologie, Bd. VI, S. 99; Philosophie und Theologie, S. 91–103.
47. Rahner im Nachwort zu *Kl. P. Fischer:* Der Mensch als Geheimnis, S. 404.

Theologie ein und will damit die »Auflösung der Neuscholastik« vollenden[48]. Hieraus resultiert eine doppelte Vorprägung, die mit seiner gesamten Theologie auch und besonders seine Anthropologie beherrscht. Die eine Orientierung ist ihm mit Tillich gemeinsam; in dem zweiten Punkt unterscheidet er sich von ihm. Gemeinsam ist ihnen die wechselseitige Erhellung von Anthropologie und Christologie mit dem faktischen Akzent auf der Anthropologie; sie unterscheiden sich voneinander darin, daß Tillich stärker in Schellings Nachfolge den Menschen einordnet in die übergreifenden Strukturen des Seins, während Rahner stärker mit Fichte den geisthaften Freiheitsakt personaler Selbsttranszendenz urgiert.

7. Zusammenfassend läßt sich festhalten: Paul Tillich und Karl Rahner haben am reflektiertesten eine Anthropologie aus der Selbsttranszendenz des Menschen heraus entworfen. Die Christologie markiert bei beiden das mögliche Leitbild radikaler Selbstüberschreitung auf den Grund wie den Abgrund des Sein-Selbst hin; nach dem Glauben der Kirche wurde dies in Jesus aus Nazareth realisiert. Zugleich ordnen beide jene Selbstüberschreitung ein in die Dynamik der Evolution alles Lebendigen im Kosmos; dies ist bei Tillich stärker kosmisch-seinshaft getönt, bei Rahner mehr personalexistential gefaßt. Dieser Ansatz, der etwa auch bei Wolfhart Pannenberg durchschlägt, entstammt in seiner denkerischen Struktur der Transzendentalphilosophie des deutschen Idealismus, mag er auch auf dem Hintergrund reformatorischer oder thomistischer Traditionen jeweils anders akzentuiert sein.

II. Karl Barth

Literatur: Christof Bäumler: Der Mensch in der Gesellschaft. Zum Verhältnis der theologischen Anthropologie Karl Barths zur Soziologie, in: Theologie zwischen Gestern und Morgen. Interpretationen und Anfragen zum Werk Karl Barths, hg. von W. Dantine und K. Lüthi, München 1968, S. 192–215. – *Emil Brunner:* Der neue Barth. Bemerkungen zu Karl Barths Lehre vom Menschen, ZThK 48 (1951), S. 89–100. – *Aat Dekker:* Homines bonae voluntatis. Das Phänomen der profanen Humanität in Karl Barths Kirchlicher Dogmatik, Zürich 1970. – *Albert Ebneter:* Der Mensch in der Theologie Karl Barths, Zürich o. J. – *Christofer Frey:* Zur theol. Anthropologie Karl Barths, in: Anthropologie als Thema der Theologie, hg. von H. Fischer, Göttingen 1978, S. 39–69 = NZSTh 19 (1977), S. 199–224. – *Edgar Herbert Friedmann:* Christologie und Anthropologie. Methode und

48. Grundsätzliche Überlegungen zur Anthropologie und Protologie im Rahmen der Theologie, in: Mysterium Salutis, Bd. II, S. 406–420, S. 414; vgl. auch Schriften zur Theologie, Bd. IX, S. 79–126: Überlegungen zur Methode der Theologie, bes. S. 95ff.

Bedeutung der Lehre vom Menschen in der Theologie Karl Barths (Münsterschw. Studien 19), Münsterschwarzach 1972. – *Wilfried Härle:* Sein und Gnade. Die Ontologie in Karl Barths Kirchlicher Dogmatik, TBT 27, Berlin–New York 1975, S. 70–171. – *Gert Hummel:* Theol. Anthropologie und die Wirklichkeit der Psyche, Darmstadt 1972, S. 5–39. – *Eberhard Jüngel:* Die Möglichkeit theol. Anthropologie auf dem Grunde der Analogie, EvTh 22 (1962), S. 535–557. – *Johann-Friedrich Konrad:* Abbild und Ziel der Schöpfung. Untersuchungen zur Exegese von Genesis 1 und 2 in Barths Kirchlicher Dogmatik III, 1, BGBH 5, Tübingen 1962. – *Hendrik van Oyen:* Bemerkungen zu Karl Barths Anthropologie, ZEE 7 (1963), S. 291–305. – *Regin Prenter:* Die Einheit von Schöpfung und Erlösung. Zur Schöpfungslehre Karl Barths, ThZ 2 (1946), S. 161–182; *ders.:* Die Lehre vom Menschen bei Karl Barth, ThZ 6 (1950), S. 211–222. – *Anno Quadt:* Gott und Mensch. Zur Theologie Karl Barths in Ökumenischer Sicht, APPR, NS 34, München 1976, S. 59–127. – *Mizumasa So:* Die christologische Anthropologie Karl Barths, Diss. Göttingen 1973. – *Johann Jakob Stamm:* Die Imago-Lehre von Karl Barth und die alttestamentliche Wissenschaft, in: Antwort. Festschrift f. K. Barth, Zürich 1956, S. 84–98 = Der Mensch als Bild Gottes, S. 49–68. – *Heinrich Vogel:* Ecce Homo. Die Anthropologie Karl Barths, VF 1949/50, Lfg. 1/2, S. 102–128. – *W. A. Whitehouse/J. B. Soucek:* The Christian View of Man. An Examination of Karl Barth's Doctrine, SJTh 2 (1949), S. 57–82. – *Georg Christoph Wiesenfeldt:* Der Begriff der Natur und das Problem des Natürlichen in der Theologie Karl Barths, Diss. Göttingen 1973, S. 131–278. – *Gustaf Wingren:* Gott und Mensch bei Karl Barth (Luthertum 2), Berlin 1951.

a) Anthropologie christozentrischer Gottesbeziehung (Emil Brunner)

1. Eine betont antiidealistische Anthropologie hat Emil Brunner in seinem Opus »Der Mensch im Widerspruch«[1] vorgelegt; Karl Barth hat diesen Ansatz in seiner Schöpfungslehre innerhalb der »Kirchlichen Dogmatik« christozentrisch radikalisiert, und Otto Weber hat ihn in seinen »Grundlagen der Dogmatik«[2] umsichtig rezipiert. Dieser Zugang zu einer theologischen Anthropologie ist von zwei Grundsätzen geprägt: a) Thema rechter theologischer Anthropologie ist der Mensch unter dem Zuspruch und Anspruch Gottes. Der wahre und somit letztlich auch wirkliche Mensch[3] wird erkannt allein und ausschließlich aus Gottes Offenbarung in Jesus Christus durch den Heiligen Geist, existiert er doch allein in Gottes Schöpfer-, Erretter- und Neuschöpferwirken. Dieser Ansatz bei Gottes »Menschlichkeit«[4], bei Gottes Kondeszen-

---

1. Der Mensch im Widerspruch (1937), Zürich–Stuttgart 1965[4]; vgl. Dogmatik, Bd. II, Zürich–Stuttgart 1960[2], S. 57–145.
2. Grundlagen der Dogmatik (GD) I, S. 582–695; vgl. auch *Dietrich Bonhoeffer:* Schöpfung und Fall (1933), München 1958.
3. Hierzu *W. Härle:* Sein und Gnade, S. 99–130; *E. H. Friedmann:* Christologie und Anthropologie, S. 245–322.
4. Die Menschlichkeit Gottes, ThSt 48, Zollikon–Zürich 1956.

denz im Sohn, wird jeglicher Selbstauslegung des Menschen, die angeblich aus dessen eigenmächtiger Selbstbeurteilung heraus erfolgt, schroff entgegengesetzt. Hieraus resultiert die strenge Alternative: entweder eine verderbliche Anthropologie aus einem hybrid ohnmächtigen Selbst- und Weltentwurf heraus, oder eine heilsame Anthropologie aus der Beugung unter Gottes Bundeshandeln in Zuspruch und Anspruch heraus. b) Diese theologische Alternative artikuliert sich zugleich mit Hilfe einer philosophischen Antithese. Man betont: Das wesenhafte Bezogensein des Menschen auf Gott läßt sich nicht adäquat in ontologisch substantialen Kategorien fixieren, es muß in relational personalen Aussagen umschrieben werden. Die Imago Dei ist nicht als etwas Substanzartiges und auch nicht als eine Art Seelenvermögen des Menschen zu fassen, sondern als durch Gottes Partnerschaft gesetzte Relation zu verstehen, als »responsorische Aktualität«[5]. Diese Transposition im Denken macht Einsichten des dialogischen Personalismus für die Theologie fruchtbar. Wie wir erst dadurch zur menschlichen Person werden, daß uns ein Du annimmt, anspricht und in die Menschengemeinschaft einweist, so gewinnen wir unser Personsein, unsere Selbsterkenntnis und Weltverantwortung in Wahrheit erst kraft der schöpferischen Liebeszuwendung sowie hoheitlichen Inanspruchnahme durch Gott. »Weil Gott Person ist, darum ist ›der‹ Mensch Person; das heißt: weil Gott aus sich heraustritt und redet, darum und darin ist der Mensch antwortfähiges und zur Antwort bestimmtes Wesen.«[6]
2. Noch betonter als Friedrich Gogarten und Rudolf Bultmann[7] hat Emil Brunner diesen relationalen und aktualen Ansatz exponiert. Hierzu beruft er sich u. a. auf Augustin, Pascal, Hamann, Kierkegaard, Ebner, Buber, Heidegger[8]; zugleich bleibt er freilich in seinen Denkmitteln dem Neukantianismus verhaftet. Unter der Chiffre »Wahrheit als Begegnung« entwirft er unser Personsein als »responsorische Aktualität«[9]. Wahrheit ist nicht in uns, sie wird uns geschichtlich vermittelt, dringt ein in unsere Ich-Einsamkeit und sprengt den Kerker des Selbst auf. Wahrheit erwächst unter kommunikativen Sprachakten. Im Wort teilt sich uns ein Du mit und erschließt uns hierdurch für die Wirklichkeit. Geschichtlichkeit, Sprachfähigkeit, Personhaftigkeit gründen somit in sich schenkender Liebe. Diese »sich selbst mitteilende Liebe« wird »als der Sinn des menschlichen Lebens erkennbar« und das »Sein in der Liebe« wird

5. Wahrheit als Begegnung, S. 35ff.; Der Mensch im Widerspruch, S. 99ff.
6. GD I,590f.
7. Hierzu die Überblicke bei *G. Hummel:* Theol. Anthropologie und die Wirklichkeit der Psyche, S. 80–131 (Gogarten), S. 39–80 (Bultmann), und *Ehrhard Kamlah:* Anthropologie als Thema der Theologie bei Rudolf Bultmann, in: Anthropologie als Thema der Theologie, S. 21–38.
8. Der Mensch im Widerspruch, S. 18 und 498; vgl. Wahrheit als Begegnung, S. 60ff.
9. Wahrheit als Begegnung, S. 35ff.

»zum entscheidenden Lebensakt«[10]. Erst auf dem Grunde dieser uns gewährten Liebe wagt sich unsere »responsorische Aktualität« hervor, und so erwächst im Herüber und Hinüber der Freiraum zum Leben. Insofern geht die uns zugewandte Liebe der Einweisung in Lebensbereiche der Verantwortung voraus, und auch unsere Antwort will erneut zur Liebe hinführen. »Der Mensch ist gerade soviel Mensch, als er in der Liebe ist.«[11]

3. Diese Thesen sind bei Emil Brunner freilich nicht als humanbiologische oder sozialpädagogische Erkenntnisse formuliert, sie geben sich vielmehr als streng theologische Sätze, zu denen menschliche Einsicht von sich aus nicht durchzustoßen vermag, weil sie von der Hybris gezeichnet bleibt. Für diese Sichtweise beruft sich Brunner über die Reformatoren hinaus auf Augustins Imago-Lehre in dessen XV Büchern »De trinitate Dei«; hierin sei »der Begriff der Liebe als das Urbild und Abbild Verbindende und die Beziehung der Liebe zur göttlichen Trinität einerseits, zur menschlichen Geiststruktur andrerseits ... in einer Weise entfaltet, wie – Luther nicht ausgenommen – nie mehr in der christlichen Theologie«[12]. Jene letzten Geheimnisse würden uns allein durch das Gotteswort eröffnet. Von sich selber aus müsse der Mensch diese Zusammenhänge immer wieder in die verzerrende Perspektive seines genialisch hybriden oder verzagt ichversklavten Geistes rücken. Doch der angeblich »freischöpferische Geist« des Idealismus »ist nur die Möglichkeit, nicht die Wirklichkeit des Menschlichen. Die Wirklichkeit aber ist: die Liebe. Nicht das schöpferische, sondern das verantwortliche Sein ist das wahrhaft menschliche. Dieses aber ist uns auf Golgatha, nicht auf der Akropolis enthüllt und geschenkt – dort, wo Gott seine und unsere Wahrheit enthüllt als die Liebe.«[13] Somit wird auch unsere aktualistische Responsorität, die Brunner selber durchgehend als Verantwortung auslegt, noch einmal umgriffen von Gottes vorgängiger Liebeszuwendung. »Diese Verantwortung ist – hier scheidet sich endgültig das biblische vom idealistischen Verständnis – nicht zuerst Aufgabe, sondern Gabe, nicht zuerst Forderung, sondern Leben, nicht Gesetz, sondern Gnade. Das Wort, das Antwort heischend den Menschen ruft, ist nicht ein ›Du sollst‹, sondern ein ›Du darfst sein‹. Das Urwort ist kein Imperativ, sondern der Indikativ der göttlichen Liebe ›Du bist mein‹.«[14]

4. Dieses relationale Verständnis menschlicher Existenz, zuerst als Gabe, sodann als Aufgabe, zuerst als Geborgensein in der Liebe, sodann als Aufgerufenwerden zur Verantwortung, muß nach Emil Brunner als der wahre Sinn bi-

---

10. Wahrheit als Begegnung, S. 32; vgl. *Roman Roessler:* Person und Glaube. Der Personalismus der Gottesbeziehung bei Emil Brunner, München 1965, S. 77ff.
11. Der Mensch im Widerspruch, S. 77.
12. A.a.O. S.494.
13. A.a.O. S. 70.
14. A.a.O. S. 100.

blisch kirchlicher Aussagen zur Imago Dei herausgearbeitet werden. Hierzu sei jegliches scheinbar Historische radikal zu »entmythologisieren«, dies betreffe sowohl Adams Stand vor dem Fall als auch die sogenannte Erbsünde. Diesbezügliche naive Vorstellungen seien mit dem »vorkopernikanischen Raumzeitbild« versunken, es verbleibe lediglich die transzendentale Unterscheidung zwischen Schöpfung und Sünde, die freilich streng christozentrisch ausgelegt werden müsse[15]. Erst eine radikale »Preisgabe der Adamshistorie« ermögliche eine »konsequente Durchführung des streng theologischen, weil streng aktualistisch-personalistischen Imagobegriffes«[16]. Diese Einsicht bahne sich an bei Alexander von Oettingen und Martin Kähler, sie sei jedoch erst präzise formuliert mit Hilfe des dialogischen Personalismus[17].

5. In einem kritischen Durchgang durch die kirchlichen Interpretationen der Imago Dei sowie ihres Verlustes und ihrer Überreste kommt er zu folgenden Thesen: Der Imago-Ursprung des Menschen sowie die verbleibende Humanität des Sünders müssen gemäß der Dialektik von Evangelium und Gesetz eingegründet werden in die sich durchhaltende Relation Gottes zum Menschen[18]. Gegen die katholische »Zweistockwerklehre« sei deshalb festzuhalten: Ohne zwischen Natur und Übernatur unterscheiden zu wollen, ist das Wesen des Menschen streng aus dem Gottesbezug heraus zu sehen. Gegen die reformatorische Rede von Resten der Imago Dei sei ebenfalls darauf zu insistieren, daß der Mensch als Ganzer, daß auch seine durch die Sündenschuld korrumpierte Humanität aus dem umgreifenden Gottesverhältnis heraus verstanden werden muß. Insofern dürfe der Imago-Rest nicht rein quantitativ gewertet, er müsse vielmehr »dialektisch« gesehen werden »als die zum Evangelium dialektisch sich verhaltende Gesetzlichkeitsstruktur des jetzigen Menschseins«[19]. Einerseits verbleibe der Mensch in seiner Gesamtheit Gottes zur Partnerschaft berufenes Geschöpf, andererseits existiere er in hybrid ohnmächtiger Abkehr von seinem göttlichen Ursprung.

6. Obwohl Emil Brunner auf den Terminus einer »formalen Imago«, den er in seinen frühen Schriften verwendet hatte, verzichtet, kommt er nicht umhin, zwischen einer formalen Struktur und einer materialen Füllung der Imago Dei zu unterscheiden[20]. Deren formale Struktur sei im alttestamentlichen Begriff

---

15. Hierzu: Der Mensch im Widerspruch, S. 88–91. 382–400; Dogmatik II, S. 59–63.
16. Der Mensch im Widerspruch, S. 114.
17. A.a.O. S. 497f.
18. Die Exkurse zur Imago-Lehre finden sich: Der Mensch im Widerspruch, S. 489–500; Dogmatik II, S. 89–99; vgl. O. Weber, GD I, 615–639.
19. Der Mensch im Widerspruch, S. 500.
20. Vor allem in der umstrittenen Schrift: Natur und Gnade, 1934; dies ist zurückgenommen in: Der Mensch im Widerspruch, S. 499; siehe *Christof Gestrich:* Neuzeitliches Denken und die Spaltung der dialektischen Theologie. Zur Frage nach der natürlichen Theologie, BHTh 52, Tübingen 1977, S. 172–206.

anvisiert; die alttestamentliche Chiffre bezeichne eben jene »responsorische Aktualität«, die das Wesen eines jeden Menschen ausmache, das bleibende Subjektsein, die Hör- und Sprachfähigkeit sowie die verantwortliche Freiheit, dies hebe uns aus der Tierwelt heraus. Die neutestamentlichen Verweise auf die in Jesus Christus erneuerte Imago setzten jene »strukturelle Gottebenbildlichkeit« bereits voraus, sie blickten auf die »materiale Füllung dieser Struktur« und drängten auf die Antwort ehrfürchtig dankbarer Liebe, welche Gottes eigener Liebeshingabe wahrhaft entspreche[21]. Im Aufblick zu Jesus Christus faßt Brunner seine Sicht in folgenden Sätzen zusammen: »In Jesus Christus erkennen wir uns als Geschöpfe Gottes, die im Unterschied zu seinen anderen Geschöpfen nicht nur durch das Wort, sondern für das Wort und im Wort geschaffen sind. Wir sind geschaffen als geistleibliche Personen, deren Personsein auf ihrer Verantwortlichkeit beruht, und deren Verantwortlichkeit im Ruf Gottes begründet ist. Dieser Ruf Gottes aber ist von Jesus Christus her zu verstehen nicht als ein bloßer kategorischer Imperativ oder als ein sittliches Gesetz, sondern (als) der Ruf Gottes zur Gemeinschaft mit ihm, dem Schöpfer, und durch ihn zur Gemeinschaft mit dem Menschen. Das in diesem Ruf Gottes begründete wahre Menschsein ist das Sein-in-der Liebe und wird empfangen im Glauben. Die Schöpfung Gottes, das wahre Menschsein ist ein Akt Gottes, der nur im antwortenden Akt des Menschen sich vollenden kann. Der Mensch ist so geschaffen, daß er antworten muß, ob er will oder nicht will, entsprechend oder widersprechend dem göttlichen Schöpferwillen.«[22]

b) Christozentrische Sicht wirklichen Menschseins gegen anthropozentrische Erkenntnis menschlicher Phänomene

1. Karl Barth läßt sich von Emil Brunner inspirieren und sucht ihn zugleich zu überbieten, noch christozentrischer sich zu orientieren und noch relationaler und aktualistischer zu argumentieren. Seine umstrittene Kernthese lautet: »Weil der Mensch – unter dem Himmel, auf der Erde – das Geschöpf ist, dessen Verhältnis zu Gott uns in Gottes Wort offenbar ist, darum ist er der Gegenstand der theologischen Lehre vom Geschöpf überhaupt. Indem der Mensch Jesus das offenbarende Wort Gottes ist, ist er die Quelle unserer Erkenntnis des von Gott geschaffenen menschlichen Wesens« (KD III/2,1, § 43).

2. Barth und Brunner haben sich bekanntlich getrennt über der Frage nach dem »Anknüpfungspunkt« und damit auch nach einer »formalen Imago Dei«[23]. In der »Kirchlichen Dogmatik« greift Barth die frühere Kontroverse auf

21. Nach Dogmatik II, S. 67–73.
22. Dogmatik II, S. 86.
23. Hierzu *Chr. Gestrich:* Neuzeitliches Denken und die Spaltung der dialektischen Theologie, S. 27–72. 172–206.

und wirft Brunner erneut vor: er stelle zwar die These auf, daß der Mensch »nicht aus sich selbst, sondern nur aus Gott zu erkennen« sei, doch sein Einsatz beim Gotteswort bleibe im Noetischen stecken[24]. Er mache eine Struktur menschlicher Existenz bewußt, die als ein gleichsam Neutrales bereits ontisch vorgegeben sei, nämlich jenes respondierende Sein in der personalen Begegnung. Diese Struktur werde dann rein formal als Personalität, Verantwortlichkeit, Geschichtlichkeit, Hörfähigkeit, Entscheidungsfähigkeit umschrieben[25]. Barth wirft Brunner damit einen doppelten, in sich widersprüchlichen Ansatz vor, einerseits beim Gotteswort, das erst rechtes Menschsein hervorrufe, andererseits bei einem scheinbar neutralen Vermögen des Menschen. »Beides zugleich und nebeneinander scheint mir nicht durchführbar und haltbar zu sein: der Begriff des durch das Wort Gottes konstituierten Menschen und der Begriff eines bloßen neutralen Könnens dieses Menschen« (KD III/2,156). Barth fürchtet: hier drohe die menschliche Theonomie schließlich doch von der Autonomie umklammert und eingegrenzt zu werden.

3. Durch diese Überlegungen rückt Barth Brunners Ansatz erneut auf die andere Seite oder zum mindesten als in sich zwiespältig auf beide Seiten der von Brunner herausgearbeiteten Alternative: Entweder entwerfen wir die Anthropologie aus unserer hybrid ohnmächtigen Selbst- und Weltbelehrung heraus, oder wir suchen uns zu verstehen im beharrlichen Hinblicken auf Gottes Selbsterschließung in Jesus Christus. Barth verknüpft hierbei unser geschöpfliches Geworfensein auf Gott ständig mit dem Christuszeugnis als der allein gültigen »Quelle unserer Erkenntnis des von Gott geschaffenen menschlichen Wesens«; beides zwingt uns, Gott und Mensch unermüdlich zusammenzudenken. Weil der Mensch nur mit Gott zusammen ist und nicht anders, deshalb kann ein »Gott gegenüber isolierter, Gott gegenüber selbständiger Mensch« niemals der wirkliche Mensch sein, sondern lediglich ein »Schattenmensch«; Emil Brunner sprach hier mit Heidegger vom »Menschengestell«[26].

4. Als weitere Beispiele derart vom Gottesbezug absehender Analysen oder Entwürfe schildert Barth unter dem Stichwort »Phänomene des Menschlichen« (KD III/2,82–157) zunächst die Anthropologien, die den Menschen in dessen Zuordnung zum Tier zu orten suchen. Hierbei wertet er Adolf Portmanns »Biologische Fragmente zu einer Lehre vom Menschen« (1944) erstaunlich positiv[27]. Sodann skizziert er den ethischen Ansatz bei unserer Per-

---

24. KD III/2,145–157; hierzu E. Brunner, ZThK 48 (1951), S. 89–100.
25. Nach KD III/2,153.150f.
26. KD III/2,146; Der Mensch im Widerspruch, S. 64.
27. KD III/2,99–102; hierzu kritisch *G. Chr. Wiesenfeldt:* Der Begriff der Natur und das Problem des Natürlichen ..., S. 221–278.

sonhaftigkeit anhand von Fichtes »Bestimmung des Menschen« (1800)[28]. Schließlich streitet er mit der Existenzphilosophie eines Karl Jaspers und befehdet dessen absolute Selbsttranszendenz in ständiger Schwebe unverstellter Möglichkeit[29]. Wie bereits Emil Brunner so sucht er auch jenen unterschiedlichen Ansätzen jedesmal die These entgegenzuhalten: Menschliche Selbsterkenntnis aus einem angeblich in sich selber einsichtigen Sein heraus bleibt verfangen in den Bannkreis der Scheinautonomie, sie vermag günstigenfalls »neutrale, relative, zweideutige Phänomene« des Menschlichen zu entdecken, eben jenen »Schattenmenschen«, unser wahres und wirkliches Menschsein entzieht sich derartig direkten Zugriffen[30]. Es ist faktisch in ihnen immer schon vorausgesetzt. Die Naturwissenschaften setzen den Menschen als Gottes Geschöpf im Kosmos voraus und analysieren dessen Potentialitäten oder Strukturen. Die idealistische Ethik setzt den Menschen als von Gott zur freien Antwort herausgerufenes Geschöpf voraus und entfaltet die hierin gründende Fähigkeit, sich selber verantwortlich zu entwerfen. Die Existenzphilosophie setzt den Menschen als von Gottes transzendenter Souveränität gesetztes und angegangenes Geschöpf voraus und entfaltet die korrespondierende Fähigkeit zur Selbst- und Welttranszendenz. Eine »theistische Anthropologie« geht schon radikaler aus vom Menschen als dem in Gottes Liebeshingabe gründenden Wesen, doch dann kehrt auch sie den Blick zurück auf die hierin mitgesetzten Potentialitäten, auf die formale Struktur responsorischer Aktualität.

5. Höchst energisch und geistvoll drängt Barth jene unterschiedlichen Zuwege zum Menschen ab in ein angeblich autonomes Selbstverständnis, auf die Ebene einer »allgemeinen Wissenschaft des sich selbst über sich selbst belehrenden Menschen«. Weil sie den allein in der Christusgnade atmenden wirklichen Menschen immer schon (unbewußt) voraussetzen und ihm hartnäckig den Rücken zuwenden, deshalb vermögen sie nicht zu einer wahren Erkenntnis anzuleiten. Eine derart »allgemeine Wissenschaft« kann höchstens den Komplex der von ihr erhobenen Einsichten »als den Inbegriff der Fähigkeit des wirklichen Menschen, sie kann die menschlichen Phänomene als die menschlichen Symptome verstehen und würdigen. Sie setzt dann voraus, daß der wirkliche Mensch im Lichte des Wortes und der Offenbarung Gottes erkennbar und erkannt ist« (KD III/2,241).

c) Der Mensch als Imago Dei kraft der Analogia relationis

1. Nach Barth gilt es also, den Blick um 180 Grad herumzuwenden und der

28. Zu Fichte KD III/2,113–128.
29. Zu Jaspers KD III/2,133–143.
30. KD III/2,88.143f. 236–241.

Eingründung unseres Menschseins in Gottes Liebeshingabe nachzusinnen. Hierdurch wird seine Anthropologie zur »ersten theologischen Anthropologie, die ... radikal und total – und zwar im ontologischen Sinne – den Menschen und seine Existenz wirklich in der Exegese des Menschen Jesus zu verstehen sucht«[31]. Die beharrliche Kehrtwendung: nicht »Analogia entis« als Selbstentwurf des Menschen in hybrid ohnmächtiger Selbsttranszendenz, sondern »Analogis fidei« als Nach-Zeichnen der in Gottes Bundeszuwendung in Jesus Christus sich erschließenden Relationen, läßt eine ganze Kaskade von Entsprechungen aufleuchten. Im Anschluß an Dietrich Bonhoeffer bezeichnet Barth dies als »Analogia relationis«. In dieser Chiffre sind folgende Zuordnungen zusammengerafft: a) »Die relatio ist nicht eine dem Menschen eigene Fähigkeit, Möglichkeit, eine Struktur seines Seins, sondern sie ist geschenkte, gesetzte Beziehung, justitia passiva! Und in dieser gesetzten Beziehung ist die Freiheit gesetzt.« b) Kraft jener Analogie hat der Mensch seine »Ähnlichkeit allein von dem Urbild ... Analogia relationis ist darum die von Gott selbst gesetzte Beziehung und nur in dieser von Gott gesetzten Beziehung analogia. Beziehung von Geschöpf zu Geschöpf ist gottgesetzte Beziehung, weil sie in Freiheit besteht und Freiheit von Gott her ist.«[32]

2. Damit greift auch Barth die im dialogischen Personalismus bereits durchreflektierte Transposition aus einem seinshaften Substanzdenken in aktualistisch gedeutete Relationen auf und unterstreicht mit Bonhoeffer die Unumkehrbarkeit jener Relationen. Hierdurch verschärft er den auch von Emil Brunner eingeschlagenen Weg. In die vor allem von Erich Przywara bereits expressionistisch-abstrahierend dynamisch skizzierten Relationen wird der personale Bezug eingeblendet und mit Luthers Auslegung des ersten Gebotes aufgedeckt, daß unser Herz in jeglichem Tun oder Lassen allein dem unsichtbaren Gott zugekehrt sein soll. Hierdurch gerät die formalisierte Analogia entis ins negative Licht heimlichen Aufbegehrens gegen Gott, sie verfestigt sich zur »Analogia in se entis«[33]. Gegen diese »Analogie des Insichseins« oder des Habens vom Menschen aus empor zu Gott stellt Barth die »Analogie des In-Beziehung-Seins« von Gott zum Menschen herab[34].

---

31. H. Vogel, VF 1949/50, Lfg. 1/2, S. 123.
32. *D. Bonhoeffer:* Schöpfung und Fall, S. 43f.
33. *Horst Georg Pöhlmann:* Analogia entis oder Analogia fidei?, FSÖTh 16, Göttingen 1965, S. 115f.
34. *Erich Przywara* sieht sich in der »Lieblings-Karnevals-Puppe« der Analogia entis völlig mißverstanden (Um die Analogia entis, in: In und Gegen, Nürnberg 1955, S. 278f.), sollte seine expressive Dynamik einer »je immer größeren Unähnlichkeit inmitten noch so großer Ähnlichkeit« doch gerade der reductio in mysterium dienen. Gegen eine derartige Dynamik, deren Stigma es sei, daß die erotisch getönte augustinische Unruhe zu Gott von der romantischen Nacht eines sich ständig entziehenden Gottes verschlungen

3. Mit virtuoser Spielfreude entfaltet er gleichsam den »römischen Brunnen« relationaler Analogien aus Gottes innertrinitarischem Liebesgespräch heraus; zugleich zentriert er jene Emanation platonisierender Relationen in Jesus Christus. Das Ursprungsgeheimnis jener Relationen ist das personale Gegenüber der drei Seinsweisen in Gott[35]. Das entscheidende Bindeglied ist Jesus Christus als »der erwählende Gott« (KD II/2,111) und als der »erwählte Mensch« (KD II/2,124). In jener Wahl der Gnade enthüllt sich Gott als in Freiheit Liebender und wird zugleich der Mensch offenbar als in Gehorsam Antwortender. In Jesus Christus ist der ewige Gnadenbund zwischen Gott und Mensch aufgerichtet. Hieraus emaniert oder um dieses Zentrum gruppiert sich die Fülle der Analogien.

4. Es ist der Sinn der »Divinität« Jesu, der Mensch für Gott zu sein. In ihm sind alle Menschen in eine unausweichliche Beziehung zu Gott gerückt; folglich ist der gottlose Mensch zugleich der unwirkliche Mensch. In Jesus ist Menschsein »mit Gott Zusammensein«[36], deshalb gilt notwendig: »Gottlosigkeit ist ... keine Möglichkeit, sondern die ontologische Unmöglichkeit des Menschseins« (KD III/2,162). In Jesus ist der Mensch bleibend Gott zur Verfügung gestellt, weil ursprunghaft von Gott erwählt. Als so in Gottes Gnadenwahl »miterwähltes oder hinzuerwähltes Geschöpf« (KD III/2,174) hat der Mensch sein Sein in dankbar hörender und verantwortlich gehorchender Selbsthingabe[37]; gerade hierin bewährt er seine Freiheit. Echte Freiheit, dies ist in Jesus Christus offenbar geworden, ist keineswegs eine abstrakte Wahl zwischen zwei angeblich offenstehenden Möglichkeiten, sondern sie ist freudiges Ergreifen des in Gottes Gnade gewährten geschöpflichen Seins[38].

5. Es ist der Sinn der »Humanität« Jesu, der Mensch für den Mitmenschen zu sein[39]. Diese seine Humanität ist kein Sein aus sich selbst heraus, sondern

---

werde, stellt E. Jüngel die Analogie des morgenfrischen Evangeliums: Weil Gott sich mit dem Gekreuzigten identifiziere und das Wort uns unter Menschenworten nahekomme, deshalb sei »die Differenz von Gott und Mensch, die das Wesen des christlichen Glaubens« konstituiere, »die Differenz einer inmitten noch so großer Unähnlichkeit immer noch größeren Ähnlichkeit zwischen Gott und Mensch« (Gott als Geheimnis der Welt, Tübingen 1977, S. 393; vgl. S. 383–408; zu Przywara *Bernhard Gertz:* Glaubenswelt als Analogie. Die theologische Analogielehre Erich Przywaras und ihr Ort in der Auseinandersetzung um die analogia fidei, Düsseldorf 1969).

35. KD I/1, § 9, S. 367–404.

36. KD III/2,161: »Was er (der Mensch) immer sonst ist und auch ist: er ist es auf Grund dessen, daß er mit Jesus zusammen und also mit Gott zusammen ist.« Hierzu die kritischen Anfragen bei H. van Oyen, ZEE 7 (1963), S. 300f.

37. Vgl. KD III/2,200–217.

38. Hierzu *Ulrich Hedinger:* Der Freiheitsbegriff in der Kirchlichen Dogmatik Karl Barths, SDGSTh 14, Zürich 1962.

39. KD III/2,248: »Wenn die Divinität des Menschen Jesus zusammenfassend zu be-

vom Du her. Sie ist nicht ein Sein für sich selbst, sondern zum Du hin. Gerade darin ist sie nicht ein verstümmeltes, sondern wahrhaft erfülltes Menschsein. Indem Jesus das Wesen rechter Humanität enthüllt, zeigt er uns: »Die Humanität jedes Menschen besteht in der Bestimmtheit seines Seins als Zusammensein mit dem anderen Menschen« (KD III/2,290). Wirklich bin ich allein in der Begegnung mit dem mitmenschlichen Du, indem wir uns in die Augen sehen, indem wir miteinander sprechen und aufeinander hören, indem wir einander beistehen[40]. Entscheidend ist nun freilich, daß dieses »gerne« geschieht, realisiert sich doch nur im spontanen Mit-Sein rechte Humanität[41]. »Der wirkliche natürliche Mensch ist ... der Mensch, der in der Freiheit seines Herzens mit seinem Mitmenschen zusammen ist« (KD III/2,337)[42]. Dieses »unangreifbare Kontinuum des menschlichen Daseins« (KD III/2,349) gewinnt seinen natürlichen Ort in der Zweiheit von Mann und Frau. Freilich ist jenes »Kontinuum« nicht als eine innerweltlich handhabbare Befindlichkeit in menschliche Verfügungsgewalt gegeben, vielmehr gründet es in Gottes Treue zu seinen Kreaturen. Hieraus gewinnt Barth die Kette der Analogien im Horizont der Mitmenschlichkeit: »Der Mensch Jesus ist der Mensch *für* den Mitmenschen ... Der Mensch ist der Mensch *mit* dem Mitmenschen, das Ich mit dem Du, der Mann mit der Frau« (KD III/2,382). Die fundamentale Ungleichheit in dieser Entsprechung wird durch die Präpositionen »Für« und »Mit« markiert. Wir Menschen sind miteinander, Jesus ist für uns.

6. Diese axiomatischen Analogien werden in der Analyse der biblischen Texte zur Gottebenbildlichkeit unter das Tertium der Bundesgemeinschaft gerückt und auf dem Hintergrund der Schöpfung entfaltet[43]. Das geheime »Urbild« (so deutet Barth säläm), in dem Gott uns Menschen ein offenbares Abbild schuf, sowie das geheime »Vorbild« (so interpretiert er demūt), nach dem er uns als ein offenbares Nachbild gestaltete[44], ist, wie dies jenes »Lasset uns« göttlicher Selbstberatung andeutet: »die Beziehung und Unterscheidung von Ich und Du in Gott selber. In der Entsprechung zu dieser Beziehung und Unterschei-

---

schreiben ist in dem Satz: er ist der Mensch für Gott, so kann und muß von seiner Humanität eben so einfach und bestimmt gesagt werden: er ist der Mensch für den Menschen ...«

40. Nach KD III/2,299–318.

41. Nach KD III/2,318–329.

42. Vgl. den Exkurs zur Humanität, S. 329–344 sowie: Humanismus, ThST 28, 1950; kritisch *A. Dekker:* Homines bonae voluntatis.

43. Barth beruft sich hierzu auf *Wilhelm Vischer:* Das Christuszeugnis des Alten Testaments, Bd. I, Zollikon–Zürich 1943[6] und auf D. Bonhoeffer: Schöpfung und Fall, KD III/1,218f.

44. KD III/1,204–231 und KD III/2,390f.; zu Barths Auslegung *J.-Fr. Konrad:* Abbild und Ziel der Schöpfung, S. 177–207.

dung in Gott selber ist der Mensch von Gott geschaffen: als von Gott anzuredendes Du, aber auch als Gott verantwortliches Ich, im Verhältnis von Mann und Frau, in welchem der Mensch des anderen Menschen Du und eben damit und in Verantwortung diesem Anspruch gegenüber selber Ich ist« (KD III/1,222).

7. Diese relationale Imago Dei ist kein Status, ist nicht etwas am oder im Menschen, deshalb konnte sie mit dem Fall auch nicht verloren gehen; hierin greift Barth die Einsichten der Exegeten auf und unterscheidet sich von der kirchlichen Tradition[45]. Die Imago Dei gründet allein in Gottes freier Liebeszuwendung, deshalb kann sie niemals zu einem verfügbaren Besitz des Menschen werden. Im Grunde greift Barth hier die reformatorische These von der Bestimmung des Menschen zum ewigen Gesprächspartner Gottes auf. Für ihn ist diese unsere Bestimmung zur Partnerschaft Gottes und folglich auch zur Partnerschaft untereinander erst erfüllt in Jesus Christus. In seiner »Freiheit für den Gehorsam« erhält Gottes freie Erwählung die allein entsprechende Antwort, somit offenbart sich das Geheimnis der Gott-Menschen-Gemeinschaft. In Christi Selbsthingabe an die »eine Frau« der Kirche vollendet sich nicht nur Gottes eiferheiliges Werben um Israel, sondern auch das eheliche Zusammensein von Mann und Frau[46].

d) Rezeption philosophischer Denkschemata eines dialogischen Personalismus

1. Diese gesamte Überlegung arbeitet faktisch mit derjenigen anthropologischen Struktur, die bereits Emil Brunner und Friedrich Gogarten aus dem dialogischen Personalismus rezipiert hatten, die dann Dietrich Bonhoeffer als »Analogia relationis« christozentrisch zu verorten suchte: Wir alle gewinnen personhaftes Menschsein erst dadurch, daß uns ein Du annimmt und in die Sprachgemeinschaft einführt. Diese Struktur wird aufgegriffen, zugleich jedoch geöffnet auf jene schlechthinnige Abhängigkeit von einer gottheitlichen Urmacht, welche alle bedingten zwischenmenschlichen wie kosmischen Ab-

45. Früher hatte er selber noch den Verlust der Imago gelehrt (KD I/1,251.254; KD I/2,336), fortan verneint er dies (KD III/1,224f.; KD III/2,391; KD IV/1,548f.), indem er sie als Verheißung Gottes deutet (KD III/1,224.239); vgl. O Weber, GD I,629f. und *W. Härle:* Sein und Gnade, S. 154–171.

46. KD III/1,361.229. Barths Identifikation der Imago mit der Zuordnung von Mann und Frau wird nicht nur aus exegetischen, sondern auch aus systematischen Gründen zurückgewiesen. Barth selber erkennt, daß uns die geschlechtliche Polarität ja mit den Tieren gemeinsam ist, deshalb konzentriert er faktisch mit den Reformatoren die Imago darauf, daß wir im Unterschied zu den Tieren »verhandlungs- und bündnisfähig« sind (KD III/1,207).

hängigkeiten durchstimmt und umgreift. In einem dritten Schritt wird diese transzendierende Struktur noch stärker als bei Gogarten und Brunner inhaltlich gefüllt mit dem Christuszeugnis, das auf dem Hintergrund des alttestamentlichen Geschehens als Bundesvollzug zwischen Gott und Mensch expliziert wird. Dabei bleibt nun freilich bei Barth nicht weniger als bei Brunner die Engführung eines dialogischen Personalismus erstaunlich resistent. Dies zeigt sich in drei Zusammenhängen, für die jeweils nur einige Hinweise gegeben werden können. a) Barth entwirft seine Anthropologie in einer unumkehrbaren Vor- und Nachordnung von Herrschaft und Dienst, Befehl und Gehorsam, Führung und Gefolgschaft, die jeweils in einem geheimnisvollen Dritten zusammengehalten werden. b) Barth sucht auch die übergreifenden Gemeinschaften auf diese irreversible Über- und Unterordnung zweier Größen zu reduzieren. Das hindert ihn, die institutionelle Verfaßtheit menschlicher Existenz anzuerkennen und die Eigenart von in sich strukturierten Gruppenbezügen zu sehen. c) Auf jene dualen Relationen grenzt er durchgehend auch unser Hineinverflochtensein in die Menschheitsgeschichte sowie in die Evolution des Lebens im Kosmos ein. Auch hier vermögen seine vagen Analogien die konkreten Zusammenhänge kaum zu erfassen; so liegt über dem angeblich »wirklichen Menschen« ein eigenartiger Schleier von Unwirklichkeit.

1. Der Mensch als Seele und Leib, gehalten vom Geist

1. Die grundlegende Figur: ein Vor- und ein Nachgeordnetes, die durch ein Drittes von oben und jenseits her gehalten und zusammengeschlossen werden, prägt die Sicht des Menschen als Seele und Leib; dies bestätigt der Leitsatz des Paragraphen 46: »Durch Gottes Geist ist der Mensch das Subjekt, die Gestalt und das Leben eines stofflichen Organismus, die Seele seines Leibes – beides ganz und zugleich: in unaufhebbarer Verschiedenheit, in untrennbarer Einheit, in unzerstörbarer Ordnung« (KD III/2,391). In einem Dreischritt wird diese These expliziert.

2. Die geheimnisvolle Macht, welche unser Menschsein konstituiert, ist der Geist; er macht uns erst zu einer leibhaften Seele und zu einem durchseelten Leib. Dieser Geist ist jedoch keineswegs uns Menschen derart zu eigen, daß wir über ihn verfügen könnten. Wir haben nur insofern Geist, als wir selber vom Geist »gehabt« werden[47]. Der Geist wird niemals zu einer Eigenschaft oder gar zu einem Bestandteil des Menschen; er bleibt Gottes freie Zuwendung zu uns, Gottes lebenspendende Bewegung auf uns Kreaturen zu; insofern ist Tod »gleichbedeutend mit Geistesabwesenheit« (KD III/2,426). Weil

47. KD III/2,414–439; vgl. *Martin Buber:* Das dialogische Prinzip, Heidelberg 1973[3], S. 41; zu Barth, S. 317ff. und *M. So:* Die christologische Anthropologie Karl Barths, S. 164–188.

also der Geist in Gottes gnädiger Schöpferhoheit verbleibt, deswegen ist das »trichotomische Schema«[48] als inadäquat zurückzuweisen. »Geist in seinem Sein ad extra, ist weder ein göttliches noch ein geschöpfliches Etwas, sondern ein Tun und Verhalten des Schöpfers seinem Geschöpf gegenüber. Geist ist nicht, sondern geschieht als göttliche Begründung jener Beziehung und Gemeinschaft. Geist ist geradezu der Inbegriff von Gottes Wirken seinem Geschöpf gegenüber. Geist ist also die allerdings streng und ausschließlich von Gott ausgehende Begegnung zwischen Schöpfer und Geschöpf« (KD III/2,428)[49]. Geist ist faktisch die Chiffre für unser Aufgenommensein in Gottes Gnadenbund, in das freilich die Gnade geschöpflicher Existenz eingeschlossen ist. Rahner visiert dies an in seiner Neufassung der scholastischen Begrifflichkeit von geschaffener und ungeschaffener Gnade[50].

3. Aus dieser ersten und grundlegenden These resultiert die zweite: »Geist haben heißt leben dürfen, heißt also: Seele sein dürfen und dann und daraufhin Seele seines Leibes sein dürfen« (KD III/2,435). Im Hinblick auf den Gottesbezug fungiert die Seele als Vermittlerin; durch sie hindurch erreicht der gottgewirkte Lebensstrom auch unsere weltorientierte Leibesexistenz und durchpulst diese mit seinem Lebenshauch. »Hier hat die Ordnung des Verhältnisses von Seele und Leib, hier hat die Superiorität der Seele gegenüber dem Leibe ihren Grund. Die Seele ist a priori das Element, in welchem die Zuwendung Gottes zum Menschen, des Menschen Zusammensein mit Gott so oder so Ereignis wird. Vom Leibe ist zwar dasselbe auch, aber doch nur a posteriori zu sagen. Es ist die Seele, als deren Prinzip der Geist das Prinzip des ganzen Menschen ist« (KD III/2,438).

4. Aus dieser unumkehrbaren Zuordnung von Seele und Leib zum Gottesgeist heraus schildert Barth schließlich das Verhältnis jener beiden zueinander nach dem Dreitakt: »unaufhebbare Verschiedenheit, untrennbare Einheit, unzerstörbare Über- und Unterordnung«[51]. Seele und Leib können weder miteinander identifiziert noch voneinander getrennt werden. Charakteristisch ist jedoch die unumkehrbare Über- und Unterordnung und somit der »Primat der Seele« (KD III/2,502). Vernunftwesen ist der Mensch freilich nicht nur im Hinblick auf seine Seele, sondern auch in bezug auf seinen Leib; indem er aber unter Gottes Anruf steht, soll die Seele vorgehen und herrschen, soll der Leib nachfolgen und dienen. Hierin verwirklicht sich die gottgewollte Eintracht zwischen beiden. »Der eine ganze Mensch ist also sowohl der durch

48. Siehe KD III/2,426f.

49. Vgl. *D. Bonhoeffer:* Schöpfung und Fall, S. 42f. und *E. Brunner:* Der Mensch im Widerspruch, S. 234–237.

50. Zum Vergleich mit Rahner *E. H. Friedmann:* Christologie und Anthropologie, S. 323–341.

51. KD III/2,440–473; vgl. Der Mensch im Widerspruch, S. 356–381.

sich selbst Wirkende wie der an sich selbst Leidende, aber immer so, daß er es zuerst als Seele (regierend, im Subjekt), dann als Leib (dienend, im Objekt) ist: immer in dieser inneren Ordnung, Rationalität und Logizität seiner ganzen Natur« (KD III/2,520). Das ist die Figur der anthropologischen Psychologie Barths: der Mensch als »regierende Seele seines Leibes« sowie als »dienender Leib seiner Seele« (KD III/2,510f.), konstituiert im schöpferischen »Geist« als Gottes liebender Bundeszuwendung zu ihm.

2. Der Mensch in seinen Lebensgemeinschaften und Institutionen

1. Aus jener Grundfigur heraus entfaltet Barth weitere Dyaden zwischen einem jeweils Vor- oder Übergeordneten und einem Nach- und Untergeordneten. Hierin spiegelt sich das Verhältnis von Gottes Erwählung und Beschlagnahmung, von Gottes Gnadenwahl und Gebot, von Gottes Zuspruch und Anspruch ab. Barth schüttet das Füllhorn seiner Analogien aus, Heilsordnung und Schöpfung greifen dazu ineinander: Gottheit und Menschheit, Christus und die Gemeinde, Bund und Schöpfung, Himmel und Erde, Evangelium und Gesetz, Rechtfertigung und Heiligung, Glaube und Werke, Predigt und Sakrament, Wort und Aktion, Kirche und Staat[52].

2. In diese Figur möchte er die Anthropologie und die Ethik einzeichnen. Dieses Schema vermag jedoch – ähnlich wie Bubers Schematisierung zwischen Ich-Du und Ich-Es – das übergreifende Bezugsgefüge einer Menschengruppe oder gar von zwischenmenschlichen Institutionen nicht adäquat zu fassen. So dürfte es nicht von ungefähr sein, daß Barth einen geplanten Paragraphen »Der Mensch und die Menschheit«, welcher »vom Einzelnen, von den Gemeinschaften und von der Gemeinschaft der Menschen« handeln sollte, nicht veröffentlichte; er war sich des »theologischen Zugangs« nicht gewiß[53].

3. In seiner Ethik unter dem Gebot des Schöpfers verwirft er – entsprechend seiner leidenschaftlichen Verurteilung jeglicher Anthropologie aus unserer menschlichen Selbstmächtigkeit heraus – »Schöpfungsordnungen«[54], die sich aus dem Anspruch des wirklichen Gottes an den wirklichen Menschen herausgelöst haben; er seinerseits möchte beharrlich der Geschichte Gottes mit dem Menschen nachgehen und die dem guten Gebot Gottes entsprechende menschliche Antwort herausarbeiten. Hierbei hebt er mit Hilfe der These: »Das Sein des Menschen ist eine Geschichte« (KD III/2,188) die Dyna-

52. Nach KD III/2,408ff.412f.442.

53. KD III/2, Vorwort S. VIII; hieraus hat Barth veröffentlicht: Christus und Adam nach Röm 5, ThSt 35 (1950).

54. Kritik an den Schöpfungsordnungen übt Barth in KD III/4,20–24.40f.345–349; in seinen Vorlesungen 1928/30 benutzte er das Wort noch positiver (Ethik I, Zürich 1973, S. 365ff.413f.); in KD IV/3,45f. nimmt er es im Lichte der Versöhnungsordnung erneut auf; vgl. auch *Chr. Gestrich:* Neuzeitliches Denken ..., S. 295–342.

mik menschlicher Existenz heraus aus einer relativen Statik der Natur. Zugleich jedoch expliziert er die Geschichte vom Christusereignis als ihrer »Urgeschichte« (KD III/2,193) her in platonisierenden Analogien. So taucht lediglich im Kontext des Christusheils und der Bundesgeschichte als der »eigentlichen Geschichte« (KD III/1,64) auch dieses Begriffsfeld auf, »ist« doch der Gott-Mensch bereits in sich selber machtvolle Geschichte, während wir Menschen allein in der Teilhabe an ihm Geschichte »haben« (KD III/2,189). Die konkrete Geschichte der Menschheit gewinnt keine plastischen Konturen, ihre Todeswirklichkeit bleibt ins helle Licht des Christussieges eingetaucht und ist somit eigenartig »unbewältigt«[55]. Zugleich verstellt sich Barth durch sein leidenschaftliches Nein zur Abtrennung des ersten vom zweiten Glaubensartikel den freien Blick auf die institutionelle Verfaßtheit unseres Menschenlebens. So wird aus dem »wirklichen Menschen« ein eigenartig unwirklicher Mensch.

4. In seiner Ethik konzentriert sich Barth entsprechend seiner Leitfigur auf drei Paarungen: Mann und Frau, Eltern und Kinder, die Nahen und die Fernen. Auf jede dieser Zuordnungen überträgt er das am Verhältnis zwischen Seele und Leib skizzierte Schema. Dem Dienstprimat des Mannes entspricht die Unterordnung der Frau, doch beides fügt sich ein in Gottes Anordnung[56]. Noch stärker sind die Eltern den Kinder übergeordnet, sind sie ihnen doch zu Repräsentanten Gottes gesetzt; dennoch beugt Gott alle gemeinsam unter seinen Willen[57].

Anders freilich strukturiert sich unser Verhältnis zu den Nahen und zu den Fernen. Hier markiert die Nähe zunächst den Ort, an dem uns Gottes Gebot trifft; dieses stellt uns sodann auf einen unumkehrbaren Weg, aus der Enge in die Weite, vom eigenen Volk hin zur Menschheit[58]. Auch diese unterschiedlichen Akzentsetzungen bezüglich jener dreifachen Paarung werden indirekt aus Gottes Heilswillen abgeleitet. Mann und Frau verweisen dabei über Christus und die Gemeinde sogar auf Gottes innertrinitarischen Liebesbund zurück[59]. Eltern und Kinder verweisen über das geistliche Meister- und Jüngerverhältnis zurück auf Gottes Vatersein[60]. Die Nahen und die Fernen verweisen

---

55. Nach *Wilhelm Dantine:* Der Welt-Bezug des Glaubens, in: Theologie zwischen Gestern und Morgen, S. 261–301, S. 289. O. Weber präzisiert dies als den ständigen Einbruch der eschatologischen Lebensgeschichte Christi in unsere verrechenbare Todesgeschichte (GD I,593.675.684 ff.; GD II,107 ff.115 ff.728 ff.755 ff.; hierzu kritisch A. Peters, LM 1 [1962], S. 18 f.).
56. KD III/4,187–202.
57. Bes. KD III/4,274 f.
58. KD III/4,349–366; vgl. Ethik I,413–417.
59. Nach KD III/4,127 f.
60. Bes. KD III/4,275.

uns auf die im Pfingstereignis aufgebrochene Bewegung der Heilsgeschichte bis an die Enden der Erde[61].

5. Diese rein analogisch begründete Dynamik zwischen zwei Polen vermag die institutionell verfaßte Struktur menschlichen Miteinanders nicht voll zu erfassen. Verständlich ist dabei noch, daß Barth in seinem leidenschaftlichen Nein zu jeglichem »Volksnomos«, in welchem er einen »Völkergott« (KD III/4,345) wittert, dekretiert: »Es gibt notorisch keine besondere Gestalt des Gebotes Gottes hinsichtlich der Existenz und des Verhältnisses der Völker« (KD III/4,343). Unsinnig wird es, wo er von der Beziehung zwischen Eltern und Kindern spricht und dabei die Familie ausdrücklich »mit Schweigen« übergeht (KD III/4,270); hierzu deutet er sie einfach als ein »die weitere Verwandtschaft umgreifendes Kollektiv« (KD III/4,271) und sieht sie in dieser ihrer alttestamentlichen Gestalt durch die neutestamentliche Heilsgeschichte aufgehoben[62]. Wie will man sinnvoll etwas zum rechten Verhältnis zwischen Eltern und Kindern aussagen, ohne dabei das übergreifende Gefüge der Familie mitzubedenken? Ein Analoges zeigt sich bei der Ehe; auch hier tritt die Institution, in die zwei sich liebend erwählende Menschen eintreten, in ihrem bedingungsfeindlichen Charakter nicht wirklich hervor[63]. So verstellt jene einseitige Fixierung auf Analogien zwischen den dualen Bezugsgefügen und Gottes Heilshandeln den Blick auf die übergreifenden Gemeinschaften und in sich klar strukturierten Institutionen[64]. Alle hilfreichen Aussagen hierüber laufen unter der Hand mit, in die beharrlich durchgehaltene Perspektive lassen sie sich nicht einfügen[65].

3. Der Mensch als Geschöpf im Kosmos

1. Die Konzentration auf die Relation: Gott – Mensch in Jesus Christus prägt sich schließlich aus in Barths Nein zu einer umfassenderen Theologie des ersten Glaubensartikels. Für ihn ist die Schöpfung nur die »Erstellung des Raumes für die Geschichte des Gnadenbundes« (KD III/1,46). Sie bildet den »äußeren Grund des Bundes«: dieser ist der »innere Grund der Schöpfung«[66]. Barth

---

61. Bes. KD III/4,359–366.
62. In Ethik I, S. 408–413, ist die Familie noch klarer im Blick.
63. KD III/4,245: »Es kann die Begründung der Ehe in der Liebe schlechterdings durch keine andere ersetzt werden.« Anders noch Ethik I, S. 313–408.
64. *Wolf-Dieter Marsch:* Christologische Begründung des Rechts?, EvTh 17 (1957), S. 145–170.193–218, S. 216: »Aber die Grundrichtung läuft immer wieder darauf hinaus, institutionelle Phänomene der menschlichen Gesellschaft in die göttliche Bundesgeschichte einzuordnen und sie von daher in ihrer steten Bewegung auf das Reich Gottes zu verstehen.«
65. Vgl. *Eckhard Lessing:* Das Problem der Gesellschaft in der Theologie Karl Barths und Friedrich Gogartens, SEE 10, Gütersloh 1972.
66. KD III/1,103–377; s. auch *G. Chr. Wiesenfeldt:* Der Begriff der Natur ..., S. 156–220.

engt gleichsam die biblischen Aussagen zur Erschaffung der Welt ein auf die Berichte zur Menschenschöpfung[67]. Er akzentuiert die heilsgeschichtliche Linie der Schrift derart, daß ihre weisheitlichen Traditionen verblassen. – Zugleich verknüpft sich der christozentrische Einsatz bei der Offenbarung unreflektiert mit der »anthropozentrischen Wende« der Moderne[68]. Nach Barth redet das Gotteswort nur »von Gott selbst und vom Menschen«, es schweigt sich aus »über ein selbständiges Sein und Wesen des Kosmos« (KD III/2,10). Es enthalte wohl eine »Ontologie des Menschen«, nicht jedoch eine »Ontologie des geschaffenen Alls« (KD III/2,5). So weist er die kirchliche Tradition, die den Menschen nach antikem Vorbild als Mikrokosmos deutet, zurück[69].

2. Wenn Barth fordert, daß sich der Kosmos nicht als in sich Eigenständiges zwischen uns Menschen und Gott schieben darf, und wenn er Gottes innere Beziehung zu den Kreaturen nicht voreilig fixieren möchte, hat er fraglos die Schrift auf seiner Seite. Der Christenglaube ist keine theosophische Spekulation. Wenn er deshalb jedoch unser abgründiges Hineinverflochtensein in die Gesamtrevolution alles Lebendigen im Kosmos nicht bedenken will, verschließt er sich der Wirklichkeit[70]. Hierin sind Tillichs Hinweise zu entfalten und die Einsichten der Naturwissenschaften anzuerkennen[71]. Dies intendiert keineswegs ein Weltbild im Sinne einer Begriffsdichtung, es will vielmehr unsere Teilhabe an den vormenschlichen Strukturen des Lebens aufweisen und auch diese in das Gottverhältnis integrieren.

3. Indem ihm das personale und dialogische Wort-Antwort-Schema den Blick einengt, löst Barth ungewollt mit dem sonst von ihm leidenschaftlich befehdeten neuzeitlichen Subjektivismus die Existenz des Menschen vor Gott aus unserem Verwobensein ins Gesamtkreatürliche heraus. Dieses Defizit spiegelt sich noch in der Christologie wider; wird hier doch Jesu herrscherliches Eingreifen in die dämonisierte Kreatur nicht für die Anthropologie fruchtbar gemacht[72]. Diese Verkürzung schlägt sich nieder in der charakteristischen These: »Das Wort Gottes kann, indem es sich an den Menschen richtet und indem es eben damit dem Menschen sich selber offenbar und bekannt macht, an der den Menschen umgebenden Welt nur vorbeikommen« (KD III/2,11).

---

67. Nach *Claus Westermann:* Genesis, BKAT I,31–34.
68. Barth spricht von einer »anthropozentrischen Sicht« (KD III/2,12); hier mag der Existentialismus seines Lehrers Wilhelm Herrmann nachwirken.
69. KD III,2,15.
70. *D. Bonhoeffer:* Schöpfung und Fall, S. 54: »Der Ernst des menschlichen Daseins ist seine Gebundenheit an die mütterliche Erde, sein Sein als Leib.«
71. Hierzu etwa *Günter Altner:* Schöpfungsglaube und Entwicklungsgedanke in der protestantischen Theologie zwischen E. Haeckel und Teilhard de Chardin, Zürich 1965 und *Jürgen Hübner:* Theologie und biologische Entwicklungslehre, München 1966.
72. Siehe unten S. 205.

Diese uns Menschen angeblich nur »umgebende Welt« ist doch zugleich die Kreatur, die wir vor Gott zu verantworten haben und die wir selber in uns tragen.

4. Da Barth unser Einbezogensein in den kosmischen Lebensstrom nicht leugnen kann und will, schlägt er erneut eine Brücke mit Hilfe seiner Analogienpaarungen. Im kosmischen Horizont spiegeln Himmel und Erde den Bund Gottes mit uns Menschen ab, wie dies unter anthropologischem Blickwinkel die vom Geist durchwaltete Überordnung der Seele über den Leib tat. Der Himmel als »oberer Kosmos« wird zum »Inbegriff der dem Menschen unsichtbaren, unbekannten, unverfügbaren Geschöpfwirklichkeit«, hierin entspricht er dem »Sein und Tun Gottes«. Die Erde als »unterer Kosmos« und damit als uns Menschen zugewiesener Bereich wird zum »Inbegriff der dem Menschen sichtbaren, bekannten, verfügbaren Geschöpfwirklichkeit«, hierin entspricht sie dem »Sein und Tun des Menschen«. Und das Zusammensein von Himmel und Erde entspricht »dem Bunde, in welchem das göttliche und das menschliche Sein und Tun zusammentreffen« (KD III/2,11)[73]. In einem »gewissen Schöpfungsdoketismus« wird auch der Kosmos zu einer »Art Zeichensprache der Erlösung«; somit »liegt über der in einer solchen Exegese dargestellten Schöpfungwelt ein eigentümlicher platonischer Schimmer«[74].

e) Kritische Würdigung

1. In diesen letzten Hinweisen haben wir wohl die Problematik des Ansatzes von Karl Barth und damit auch von Emil Brunner sichtbar gemacht. Anthropologie vollzieht sich als ein Nachdenken der Offenbarungsgeschichte Gottes in Jesus Christus. Hierbei muß sich alles beugen unter das Schema: Gotteswort – Menschenwort. »Gott spricht – der Mensch entspricht. So ist die Imago Dei. So ist theologische Anthropologie möglich.[75]« Mit Hilfe jenes unumkehrbaren Vorher und Hernach, Oben und Unten möchte Barth jegliche rein menschliche Selbst- und Welterkenntnis als hybrid ohnmächtiges Unterfangen einer »Analogia in se entis« entlarven. Unter der Hand deutet sich dabei die Möglichkeit einer Anthropologia christiana an[76]; eine Humanwissenschaft, die sich streng an das Schema: Wort – Antwort hielte, müßte auch theologisch legitim sein.

2. Faktisch bleibt Barth damit ähnlich wie schon Emil Brunner in die anthropozentrische Wende des Prozesses menschlicher Aufklärung hineingebannt. Auch er will vom

---

73. Vgl. KD III/1,17ff.67ff.110f.150ff.; KD III/3,486–558.

74. R. Prenter, ThZ 2 (1946), S. 175; vgl. *Gerhard Rödding:* Das Seinsproblem in der Schöpfungslehre Karl Barths, KuD 10 (1964), S. 1–47. Barths Andeutungen zu einer Theologie der Natur sind aufgegriffen von *Christian Link:* Die Welt als Gleichnis, BEvTh 73, München 1976.

75. E. Jüngel, EvTh 22 (1962), S. 552.

76. Hierzu Barths Ausführungen zu »Philosophie und Theologie«, in: Philosophie und christliche Existenz, Festschrift für Heinrich Barth, Basel–Stuttgart 1960, S. 93–106.

erkennenden Bewußtsein aus das vorgängige Sein nicht lediglich verständlich machen, er will es vielmehr – wenn natürlich auch mit Hilfe der christozentrischen Analogie – letztlich und eigentlich »begründen«[77]. Indem der theologische Denker sich gewagter Analogien bedient, scheint er unser menschliches Geschaffensein und unser Eingewiesensein in den Kosmos aus Gottes Bundesoffenbarung in Jesus Christus heraus gleichsam noch einmal vollziehen zu wollen. Indem der zweite Adam sich vor den ersten stellt[78], droht unser Christwerden unser Menschsein zu verschlingen und die Geisttaufe unsere Geburt begründen zu wollen. Jene gewaltsamen Schemata verkehren Barths biblische Intentionen ins Zweideutige und Mißverständliche, rücken sie ins Zwielicht der titanisch-gewaltsamen Moderne. Barth rollt scheinbar den Prozeß der Aufklärung erneut auf und überbietet ihn mit Hilfe Gottes. Um der Freiheit und Autonomie Gottes willen entlarvt der Theologe unverzagt die angeblich hybride Autonomie des neuzeitlichen Menschen und setzt doch diese zugleich fort, indem er alles unter die von ihm – angeblich aus der Bibel abgelesenen – selber aufgestellten Leitschemata zwingt.

3. Dieses Unternehmen stößt nur deshalb hinein in die Realität, weil Barths Schema der Analogia fidei, von Evangelium und Gesetz, Bund und Schöpfung, Seele und Leib, nicht ausschließlich aus der Christusoffenbarung abgelesen ist, sondern zugleich die Situation jeglichen Menschseins enthüllt. Schon Emil Brunner hatte dies als unsere »responsorische Aktualität« aus einem vorgängigen Liebesbezug heraus zu fassen gesucht.

Gerhard Ebeling formuliert dieses Geheimnis, um das schon Luther ständig kreiste, im Hinblicken auf uns Menschen als Sprachwesen: »Der Mensch ist letztlich nicht Täter, sondern Empfänger, weil er vom Wort lebt.«[79] In den letzten Jahren lenkt man das Augenmerk erneut auf dieses Geheimnis unseres Menschenwesens, das als kreatürlich erfahrbare Wirklichkeit in Barths heilsgeschichtlicher, christozentrischer und worthafter Analogia fidei ständig heimlich mitschwang. Die Kernthese seines anthropologischen Ansatzes: Gottes Geben geht seinem Fordern vorher, das Gebot erwächst aus der Gnadenwahl, welche die sich verdankende und deshalb dankbare Existenz begründet, ist zwar erst im Licht des Christusevangeliums voll erkannt und rein bezeugt worden, sie verweist jedoch auf eine menschliche Struktur, auf ein anthropologisches Existential, aus dem heraus wir alle leben, das wir durch unsere eigenmächtige Selbstbehauptung nur ständig verletzen.

4. Den Versuch, Barths »Analogia fidei« mit dieser gerade nicht in sich selber verkrümmten »Analogia entis« erneut ins Gespräch zu bringen, hat unter den Schülern Barths vor allem Helmut Gollwitzer anvisiert. Hierzu beruft er sich auf Erkenntnisse von Adolf Portmann, René Spitz, Erik H. Erikson, aber auch auf Worte von Theodor W.

---

77. Hierzu bes. *Trutz Rendtorff:* Theorie des Christentums, Gütersloh 1972, S. 161ff. sowie Die Realisierung der Freiheit. Beiträge zur Kritik der Theologie Karl Barths, von F. Wagner, W. Sparn, F. W. Graf, T. Rendtorff, Gütersloh 1975, aber auch *Karl Gerhard Steck/Dieter Schellong:* Karl Barth und die Neuzeit, ThExh 173, München 1973.

78. Christus und Adam nach Röm 5, ThSt 35, bes. S. 12.15.31.49.53ff.; hierzu kritisch *R. Bultmann:* Adam und Christus nach Röm 5, ZNW 50 (1959), S. 145–165; aber auch E. Jüngel: Das Gesetz zwischen Adam und Christus, ZThK 60 (1963), S. 42–74.

79. *G. Ebeling:* Gott und Wort, Tübingen 1966, S. 61.

Adorno und Ernst Bloch[80]. Diese alle hätten erkannt, durchdacht und empirisch belegt, daß menschliches Leben jene Grundstruktur zeige: Erst kommt die Geborgenheit einer zugesprochenen Beziehung, das Gewähren von Atemraum und Heimat, wie unzulänglich dies auch immer sein mag; erst muß das Grundvertrauen geweckt und gestärkt werden, dann kann der Mensch sich in den harten Lebenskampf wagen. »Sinnempfang kommt vor Sinnleistung ... Das Evangelium kommt hier durchaus vor dem Gesetz, und das Gesetz ist eine Weise des Evangeliums. Die Leistung, mit der wir antworten, ist unser Dank dafür.«[81] Noch umfassender entfaltet Hans Urs von Balthasar einen lebendigen »Zugang zur Wirklichkeit Gottes«[82] aus einem derartigen Angenommenwerden des Kindes durch die Mutter heraus und exemplifiziert hierdurch seine These, »daß das Christliche die einzige vollgenügende Explikation dessen sein wird, was in der ersten Seinserfahrung des erwachenden Geistes impliziert worden ist: Sein und Liebe sind koextensiv«[83]. Paul Tillich rafft dies zusammen in seiner Neudeutung der Rechtfertigung: »Wir sind aufgefordert anzunehmen, das wir angenommen sind.«[84] Und Walter Kasper greift die beiden Akzente zusammen in der Kurzformel: Gott »ist die Ge-währ und die Zu-mutung des Menschseins«[85].

5. Barth konnte seine angeblich streng christozentrisch orientierte Anthropologie nur entfalten, weil dieses Existential: Menschsein ist responsorische Aktualität aus vorgängiger Liebeszuwendung heraus, ihn heimlich leitete. Niemand lebt aus sich selbst heraus; wir alle werden ins Leben herausgerufen. Dieser Liebesanruf ruft aus uns erst die Antwort hervor, hierin schafft er sich selbst den »Anknüpfungspunkt«[86] und weist uns ein in ein Leben in dankbarer Entsprechung. Wäre dies etwa eine anthropologisch-existentiale Fassung von Barths steiler Analogia fidei? Hat Barth somit vom Christusevangelium her in einseitiger Überspitzung ein Existential herausgearbeitet, das wir faktisch ständig leben, ob wir dies nun reflex anerkennen oder beharrlich verdrängen?

6. Unsere Analyse dürfte zugleich aufgewiesen haben, daß die Engführungen in der Explikation jenes Leitschemas durch Barth bedingt sind durch die Einseitigkeiten des dialogischen Personalismus. Auf seinem Hintergrund dürfte die Leitfigur gewonnen sein: ein Vor- und ein Nachgeordnetes, das in einem Dritten von oben und jenseits her geeint wird. Für die Ich-Du-Philosophie kennzeichnend ist auch jenes unermüdliche Aufstellen dualer Relationen, welche die diffizilere Struktur übergreifender Gemeinschaften oder durchgeformter Institutionen nicht adäquat zu erfassen vermögen. Durch den dialogischen Personalismus ist vor allem die Transposition von Sein in Relation vorangetrieben, die Barth nun freilich einerseits mit Hilfe der »Analogia relationis« potenziert,

---

80. *H. Gollwitzer:* Krummes Holz – aufrechter Gang. Zur Frage nach dem Sinn des Lebens, München 1972[5], S. 68–82.297–325.
81. A.a.O. S. 70; vgl. auch *Erich Fromm:* Haben oder Sein. Die seelischen Grundlagen einer neuen Gesellschaft, Stuttgart 1976.
82. Mysterium Salutis, Bd. II, S. 15–45.
83. A.a.O. S. 17.
84. ST III,258.
85. *W. Kasper:* Glaube und Geschichte, Mainz 1970, S. 251.
86. Zum Streit um den »Anknüpfungspunkt« siehe *Chr. Gestrich:* Neuzeitliches Denken ..., S. 342–380 sowie *E. H. Friedmann:* Christologie und Anthropologie, S. 62–92.

andererseits durch seine Ontologie der Relation wieder teilweise rückgängig macht. Hieraus erwächst eine eigenartige Nähe Barths zu den von ihm durchgehend befehdeten idealistischen Traditionen; dies suchen die Interpretationen von Eberhard Jüngel zu verstärken[87]. Die Brücke zwischen dem Christusgeschehen und den anthropologischen Realitäten kann nur mit Hilfe der Analogia relationis geschlagen werden; diese vermag die aufgewiesenen Tatbestände jedoch nicht in ihrer schöpfungsmäßigen Strukturiertheit zu erfassen; sie überspielt diese beharrlich auf die heilsgeschichtlich-christozentrische Symbolik hin. Doch sind vor allem in Barths predigtartigen Partien tiefe weisheitliche Einsichten ausgesprochen, die nicht wirklich eingehen in die verkürzenden Denkschemata. Hieraus möchte ich in der abschließenden Zuordnung von Adam und Christus zurückkommen[88].

---

87. *E. Jüngel:* Gottes Sein ist im Werden, Tübingen 1967²; Das Dilemma der natürlichen Theologie und die Wahrheit ihres Problems, in: Denken im Schatten des Nihilismus, Festschrift für W. Weischedel, Darmstadt 1975, S. 419ff.; Gott als Geheimnis der Welt, Tübingen 1977.
88. Siehe unten S. 205–207.

Vorbemerkung zum gemeinsamen Ansatz von W. Elert und P. Althaus

1. Ein dritter charakteristischer Ansatz zur theologischen Anthropologie ist von Werner Elert und Paul Althaus ausgearbeitet. Beide entwerfen nicht eigentlich eine schulmäßige Anthropologie nach traditionellen Topoi[1], beide skizzieren die Situation des Menschen unter dem Gerichtszorn und der Gnadenoffenbarung Gottes, unter dem verurteilenden Gesetz und dem freisprechenden Evangelium. Im Unterschied zu Karl Barth rücken sie hierbei den Menschen stärker unter das Todesgeschick, unter die Entfremdung von Gott. Elert schildert dies unter der Überschrift: »Das Selbstverständnis des Menschen unter der Verborgenheit Gottes«[2] und rückt dabei unser »Eingeklemmtsein zwischen Geburt und Tod« ins Zentrum. Althaus entfaltet es unter der umstrittenen Chiffre der »Ur-Offenbarung«[3] und akzentuiert unser tägliches Gehaltenwerden über den Chaoswassern. Elert unterstreicht, daß jegliches menschliche Selbstverständnis jenseits der Christusbotschaft es nur mit dem verborgenen Gott zu tun hat, der uns in den Tod hineinreißt. Althaus betont, daß trotz aller Dunkelheit etwas vom Segen des Schöpfers über uns bleibt.

2. Ähnlich wie Tillich und Barth wurden auch sie durch den ersten Weltkrieg aus einer harmonisierenden Synthese zwischen Christentum und Kulturentwicklung herausgestoßen. Deshalb akzentuieren sie die Diastase[4]. Tillichs Achten auf den Kairos findet sein Gegenstück in Elerts Einsatz beim »Schicksalserlebnis«; in ihm sieht er die einzig tragfähige »Basis ..., auf der man mit dem Gegenwartsmenschen verhandeln kann«[5]. In dieses Grunderlebnis geht für beide das völkische Erwachen, »das Feuer des August-Pfingsten 1914«[6], ein. Vor allem Elert rezipiert über Rudolf Rocholl das Organismusdenken der Romantik, vitalisiert es durch Schopenhauers Voluntarismus, verknüpft es mit Rudolf Ottos Schau des Numinosen und vertieft es durch die mystische Gottesdynamik Jakob Böhmes[7]. Die Chiffre des Schicksals übernimmt er mit Karl Heim aus Oswald Spenglers skeptischer Kulturmorphologie[8]. Thesen von einer rassischen Eigenständigkeit und kulturellen Reinheit der Völker verschmelzen mit der Faszination durch die Heeres- und Kriegsgeschichte im Bekenntnis zum »völkischen Wehrwillen«. Bei Althaus klingt alles gedämpfter. Doch schwingt sein eigenes Herz mit in den Worten, die er an Elerts Sarge sprach: »In das Album unserer Universität hat er vor langen Jahren in seinem Lebenslauf eingetragen: es sei der Stolz seiner Knabenjahre gewesen, daß die Könige von Preußen keinen Krieg geführt, in dem nicht ein Elert mitgekämpft

---

1. Eine eigenständige Anthropologie findet sich nur bei Althaus im Grundriß der Dogmatik II, Teil III und IV.
2. CG Abschnitt I, S. 59–109; CE Teil I, S. 43–231.
3. GD §§ 3–5; CW §§ 4–11.
4. *W. Elert:* Der Kampf um das Christentum, München 1921, S. 489: »Darum gibt es ... nur ein einziges großes Gebot: Das Christentum aus den Verschlingungen mit einer untergehenden Kultur zu lösen, damit es nicht mit in den Strudel hinabgerissen werde.«
5. LLA, 139; vgl. CG 52f.
6. *P. Althaus:* Sind unsere Brüder vergeblich gestorben?, Reformation 17 (1918), S. 354f.
7. Nachweise bei *L. Langemeyer:* Gesetz und Evangelium, S. 13–26.
8. Vgl. *Fr. Duensing:* Gesetz als Gericht, FGLP X,40, München 1970, S. 24ff.

habe. Aber jetzt war der Stolz, den er auf seine beiden tapferen, ritterlichen Söhne in ihrem Soldatentum hatte und haben durfte, schmerzlich durchglüht vom Todesleid.«[9] Diese »pathische« Sicht[10] menschlicher Existenz wird freilich immer bewußter unter das biblisch-reformatorische Zeugnis von Gesetz und Evangelium, Gericht und Gnade gerückt.

III. Werner Elert

Literatur: Paul Althaus: Werner Elert zum Gedächtnis, Berlin 1955. – *Peter Brunner:* Kritisches zu Elerts Dogmatik, VF 2 (1941), S. 47–60. – Gedenkschrift für D. Werner Elert, hg. von Fr. Hübner, Berlin 1955. – *Leo Langemeyer:* Gesetz und Evangelium. Das Grundanliegen der Theologie W. Elerts, KKTS 24, Paderborn 1970, S. 76–128. 242–413. – *John Michael Owen:* Der Mensch zwischen Zorn und Gnade. Das Anliegen W. Elerts in seiner Lehre von Gesetz und Evangelium, Diss. Heidelberg 1971.

a) Menschsein unter Gottes Urteil

1. Elert richtet seine Besinnung aus auf die Begegnung zwischen Gott und Mensch in der Christusbotschaft. Diese Konfrontation orientiert er eschatologisch: Ein jeglicher Mensch muß vor Gottes Gericht offenbar werden. Nicht ein vorgängiges Angenommensein, sondern ein letztgültiges Sich-Verantworten-Müssen bildet den Richtpunkt der gesamten anthropologischen Aussagen. »Das wichtigste ist ..., daß der Mensch im Leben und im Sterben weiß, daß er sich vor Gott zu rechtfertigen hat, und daß er begreift, daß und warum Christus und er allein seine Rechtfertigung vor Gott ist« (CG 54).

2. Unter der hiermit eröffneten Perspektive gewinnen alle Ausführungen über uns Menschen ihr leidenschaftliches Pathos. Wo man auf unser aller Verantwortung vor Gott blickt, muß sich der »Mensch an sich« wandeln in den je konkreten Menschen, freilich in seinen übergreifenden Geschichtsbezügen, da geht es nicht um uns in unserem denkerischen Selbstverständnis, sondern in unserem gelebten Alltag[1].

9. *P. Althaus:* Werner Elert zum Gedächtnis, Berlin 1955, S. 5.
10. *W. Elert:* Dogma, Ethos, Pathos. Dreierlei Christentum, Leipzig 1920.
1. CG 53: »Es erscheint uns vordringlicher und auch aussichtsreicher, den Tatmen-

b) Menschsein zwischen abstandhaltendem Fragen, engagiertem Einsatz und Erleiden des Todesgeschicks

Diesen Ort des Menschen unter Gottes Urteil durchmißt Elert in einem lebensgesättigten Dreischritt: »Die fragende Haltung – ethische Haltung – Schicksal«[2].

1. »Wir finden uns vor als Mittelpunkt der Welt, der Zeit, des Raumes« (CG 59). Alle Linien treffen sich in unseren Augen, alle Töne klingen in unsere Ohren, alle Geschichte strömt auf uns zu, die Welt wie die Menschen ordnen sich um uns herum. Wir selber sind uns handelnd-erleidendes Zentrum von allem und jedem. In einer fragenden Haltung »ohne Risiko« (CG 63–67) suchen wir uns in dieser Mittelpunktstellung zu behaupten. Schon die kynisch-stoische Lebens- und Sterbensweisheit übte jene Kunst des »Sichheraushaltens« methodisch ein[3]. Wir lassen die Dinge, die Personen, die letzten Fragen nicht derart unmittelbar an uns heran, daß sie uns aus der Zentralstellung herauswerfen. Eine solche Lebenspraxis setzt ein heimliches Wissen um die ständige Gefährdung des Mittelpunktdaseins voraus. Auch die Gottesfrage und die Tradition der Gottesbeweise rückt Elert unter dieses einseitig negative Vorzeichen. Solange wir »die Frage, ob Gott ist« (CG 67–73), unter dem idealistischen Vorbehalt unserer eigenen Urteilshoheit stellen, suchen wir uns im scheinbar radikalen Forschen nach Gott doch selber im Mittelpunkt zu behaupten. Solange wir so fragen, schweigt Gott.

2. Die »ethische Haltung« muß sachnotwendig jenes Sich-Heraushalten aufgeben. Unser »tätiges Leben« (CG 74–79) greift in den uns zugewiesenen Zeit-Raum ein; dies geht nicht ohne Einsatz des Selbst. Erst dadurch, daß andere mir begegnen und mich anrufen, gewinne ich einen Namen; aus diesen Begegnungen wird meine Biographie[4]. Erst indem andere etwas für mich werden und ich für sie, werde ich aus einer »Person an sich« zu einem wirklichen Menschen. Hierbei schlingen sich ein Sein und ein Sollen ineinander. Daß wir aufeinander angewiesen sind, ist eine nicht zu leugnende Realität; daß wir füreinander dasein sollen, ist eine sittliche Forderung. Die Forderung erwächst aus dem Tatbestand. Der ständige Zwang, sich Anrufen anderer Menschen zu stellen, gewinnt somit ein zwiefaches Gesicht. Zunächst erfahren wir dies als bedrohliche Gefährdung unserer Mittelpunktstellung. Die an uns gerichteten Anfragen fordern, daß wir uns selber hingeben und hierdurch

---

schen unseres Zeitalters an seine Rechtfertigungspflicht vor Gott zu erinnern als den Philosophen.«

2. CG Kap. I–III, S. 59–109; vgl. CE Kap. I–IV, S. 43–231: Die Kreatur Gottes – Das Gesetz Gottes – Die natürlichen Ordnungen – Sünde und Schuld.

3. Hierzu *Paul Rabbow:* Seelenführung. Methodik der Exerzitien in der Antike, München 1954.

4. Vgl. CG 80f. und CE 59f.

unser Sich-Heraushalten aufgeben. Nicht mehr wir fragen, wir werden gefragt. Doch dies kann geradezu als Befreiung erfahren werden; wir werden aus dem einsamen Kreisen um uns selber erlöst zum Offensein für ein Du. »Was zuerst als Opfer des Selbst erscheint, gibt ihm in Wirklichkeit erst einen geschichtlichen Inhalt. Erst die Anrede durch ein Du deckt die Armut des für sich gelebten Lebens auf« (CG 82).

3. In diesem Kontext kommt Elert auf die übergreifenden Ordnungen zu sprechen[5]. Er weitet dabei den verengten Blickwinkel einer personalen Du-Ich-Relation aus. Menschliches Ethos erschöpft sich nicht darin, daß ich vom andern her bin und für ihn dasein soll. Die Gebote des Dekalogs setzen bereits übergreifende Ordnungen der Ehe, des Hauses, der Lebens- und Rechtsgemeinschaft voraus. Jene Ordnungen entspringen keiner Vorschrift, sie sind ein Tatbestand, ein Seinsgefüge. Durch sie wird unser Status, unser Standort in der mitmenschlichen Gesellschaft, umrissen. Elert gründet jene Ordnungen in Gottes Schöpferwirken ein: »Was Gott schafft, erhält und regiert, soll nicht so sein, sondern es ist so. Die Schöpfungsordnung ist keine Vorschrift, sondern als Produkt des kreatorischen Wirkens Gottes ein Tatbestand, also ein Seinsgefüge; als Produkt seines gubernatorischen Wirkens eine Abfolge, also ein Zeitgefüge. Vielleicht auch ein Ranggefüge« (CE 112). Als Vollstrekker der allgemeinen Bestimmung, daß Ordnung überhaupt sein soll, ist der Staat und nicht die Wirtschaft oder Gesellschaft eingesetzt[6]. Durch dieses Gefüge bildet sich das Koordinatensystem, in dem ein jeder Mensch seinen geschichtlichen Ort oder historischen Platz findet[7]. Menschliche Gerechtigkeit besteht, ganz alttestamentlich geurteilt, darin, daß wir den uns zugewiesenen Platz annehmen und ausfüllen, indem wir das durch ihn uns vor die Füße Gelegte und unter die Hände Kommende tun (1Sam 10,7).

4. Insofern stellt sich im tätigen Leben nicht mehr »die Frage, ob Gott ist«, sondern »die Frage, ob wir es mit ihm zu tun haben wollen oder nicht« (CG 75ff.). Das tätige Leben vollzieht sich entweder »atheistisch« oder »gottgläubig«. Elert stößt hierin auf die von Tillich unter der Chiffre »Annahme unseres Angenommenseins« und von Rahner unter dem Stichwort des »anonymen Christen« verhandelten Einsichten. Aus seinem Blickwinkel heraus strukturieren sich die Gestalten des Atheismus wie der Gottgläubigkeit dreifach. »Atheistisch« ist unser tätiges Leben, wenn es von der Meinung geprägt ist, es gebe keinen Gott, aber auch, wenn es dies dahingestellt sein läßt, und schließlich auch dann, wenn wir Gottes Existenz zwar annehmen, das konkrete Leben hiervon jedoch unberührt sein lassen. In allen drei Fällen ist das faktische Tun und Lassen nicht echt auf Gott rückbezogen. Daß diese Le-

---

5. CG § 11; vgl. CE Kap. III, S. 111–187.
6. Nach CG 86f.; vgl. CE §§ 16ff., S. 140–167.
7. Hierzu CE 60–65.

benshaltung auch für Christen furchtbar aktuell ist und wir darin »mit allen Atheisten im tiefsten Grunde verwandt sind« (CG 76), dürfte auf der Hand liegen. »Gottgläubig« ist das tätige Leben, wenn wir im Auftrag Gottes zu handeln glauben, wenn wir ihm den Erfolg unseres Tuns anheimgeben, wenn wir von ihm Erlösung aus dem Zwang zum unermüdlichen Wirken erhoffen. Wahrhaft »gottgläubig« sind wir in jenem Dreifachen jedoch nur dann, wenn wir uns selber rückhaltlos dem Urteil wie der Gnade Gottes übergeben. Jenseits der Christusoffenbarung bleibt dies für Elert ein Sichbeugen unter den verborgenen Schicksalsgott.

5. Unser theoretisches Fragen sowie unser ethisches Wirken sind noch einmal umgriffen von demjenigen, »wonach wir nicht gefragt werden« (CG 89–93), spielt sich doch beides ab im engen »Käfig« zwischen Geburt und Tod, in den wir ungefragt hineingestoßen wurden. Alle Menschen reißt die dahineilende Zeit erbarmungslos mit sich fort und in den Todesabgrund hinein. Durch ihre Nichtumkehrbarkeit ist über unser Ethos verfügt. Was wir getan oder versäumt haben, legt uns unausweichlich fest; es läßt sich nicht rückgängig machen und engt die zuvor noch offenen Wege beharrlich ein. Dazu sind wir an unser Erbgut gekettet, dem Zwang des Charakters unterworfen, an den Lebensraum mit seinen materiellen Grundlagen sowie geistigen Gütern gebunden, den Menschen, die uns unvorhergesehen begegnen, ausgeliefert und den zufälligen Ereignissen nahezu wehrlos ausgesetzt. Dies ist unser aller Leben, noch ganz abgesehen von besonderen Schicksalsschlägen. Dieses unentwirrbare Geflecht des uns von außen her Entgegentretenden und des uns von innen heraus Fesselnden bezeichnet Elert mit dem Neutrum »Schicksal«[8]. Hierauf reagiert der Mensch wesenhaft mit Angst[9].

c) Verlust der Imago Dei – Heimsuchung durch den Deus absconditus

1. Elert läßt diese Dynamik zulaufen auf den Tod. Kraft der Unumkehrbarkeit der Zeit ist alles Leben vom ersten Atemzuge an auf ihn ausgerichtet. Angesichts seiner allverschlingenden Herrschaft droht jegliches Fragen nach Sinn oder Streben nach Glück, droht aber auch jegliche Willensentscheidung und Selbstverantwortung im Nichtigen zu versinken. Nach Elert rühren wir hierin an das »Urerlebnis« der Reformation[10]. Aus dem Hineingerissenwerden in den Allzermalmer Tod starren uns die dämonischen Augen jener unheimli-

8. Zu Elerts Verständnis des Schicksals *L. Langemeyer:* Gesetz und Evangelium, S. 76–125. 133–139. 179–188. 198–212; *J. M. Owen:* Der Mensch zwischen Zorn und Gnade, S. 93–116.
9. Vgl. bes. ML I, S. 39–44.
10. Hierzu ML I, S. 15–25 und *J. M. Owen:* Der Mensch zwischen Zorn und Gnade, S. 117–141.

chen Übermacht an, die unser Leben auf das »punctum mathematicum« zusammenschrumpfen lassen. Dieser Angriff trifft uns nicht allein in unserer physischen, er trifft uns gerade auch in unserer sittlichen Existenz. Er läßt uns unausweichlich schuldig werden. Wir müssen uns der Macht stellen, die uns ins Leben rief und zugleich mit dem Tod bedroht. »Setzen wir uns zur Wehr, so widersprechen wir dem Herrn des Todes. Tun wir es nicht, so versündigen wir uns am Herrn des Lebens« (CG 106). Wer das menschliche Geschick auf Gott bezieht, der muß auf diese grausame Aporie stoßen: »Wir werden für einen Existenzgehalt verantwortlich gemacht, nach dem wir gar nicht gefragt werden. Wir müssen uns gegen die Todesmacht wehren, um der Lebensmacht zu gehorchen, die uns dann doch mit der Vernichtung belohnt. Ich bin schuldlos an meiner Existenz, weil mir alles aufgezwungen wird. Und ich bin doch schuldig, weil ich es bin, der allem das Ich-Vorzeichen gibt und der damit für die eigene Existenz verantwortlich zeichnet« (CG 108).

2. Die »Heimsuchung Gottes« unter der Maske des Schicksals wird dem Menschen zum lebensbedrohenden Angriff, zum »Hausfriedensbruch«; Gott zielt ständig genauer und trifft uns alle schließlich im Herzpunkt der Existenz[11]. Wer seine Existenz unverstellt als Hineingerissenwerden in den Todesstrom erkennt, erfährt sich unter dem Zugriff des »verborgenen Gottes«, den er nur hassen, aber nicht lieben kann[12].

3. In seiner Dogmatik hatte Elert die biblischen Texte zur Imago Dei nicht exponiert; in seiner Ethik rückt er sie unter die ständig eingeschärfte Notwendigkeit zur Verantwortung[13]. Der Mensch kann und soll dem Ruf Gottes, der ihn ins Dasein rief, antworten, darin zu Gott sprechen und sich vor ihm verantworten. »Darin ist der Mensch Imago Dei, daß er reden kann, und das ist es, was ihn vor allen andern Kreaturen auszeichnet« (CE 47). Der »Status corruptionis« unterscheidet sich vom »Status integritatis« durch den inneren Standortwechsel, von dem her jene Verantwortung erfolgt. »Vorher antwortete die antwortfähige Kreatur, die nur da ist, weil sie vom Schöpfer gerufen ist. Jetzt antwortet sie als Kreatur, die ihre Existenz in eigene Regie genommen hat« (CE 49). Dieser Urfall prägt die gesamte Weltgeschichte, als Geschichte der Todverfallenheit ist sie »die Geschichte des verlorenen Ebenbildes« (CE 50). Sie steht unter der Schuldverhaftung. »Wir erbten die Schuld unserer Väter, und unsere Söhne (Elert denkt an seine eigenen) starben an der unsrigen« (CE 50). Die Menschheitsgeschichte steht fortan unter Gottes Gerichtsfluch. »Geschichte ist der Vollzug des Willenswiderstreites zwischen Gott und den Menschen« und damit »das Gericht, in dem der Mensch zugrunde gehen

11. Hierzu: Philologie der Heimsuchung, in: Zwischen Gnade und Ungnade, München 1948, S. 9–16.
12. CG 109; vgl. S. 155. 132f. und ML I, S. 17ff.
13. CE § 4, S. 43–51; vgl. CG § 25, S. 150–155 und § 48, S. 274–280.

muß« (CG 279). Für die Gesamtgeschichte gilt nichts anderes als für das Geschick des einzelnen: »Der Gott, der mich und alle für etwas verantwortlich macht, was wir gar nicht leisten oder nicht vermeiden können, weil wir keine andre Freiheit als die zum Widerspruch gegen ihn haben, ist für uns der verborgene Gott. Weil er der Herr der Geschichte ist und weil es vor seinem Gesetz kein Entrinnen gibt, darum vollzieht sich in der Geschichte das Verhängnis des Schuldigwerdenmüssens aller« (CG 280).

d) Menschsein unter dem Pathos der Freiheit

1. Doch das bisher Explizierte läßt sich bei Elert auch lesen als die dunkle Folie für den Freiheitswillen des neuzeitlichen Menschen, der im Christenglauben seine eschatologische Erfüllung finden wird. Seinen Abriß der Lehre des Luthertums hatte er unter die Chiffren »Freiheit und Lebendigkeit« gestellt. Die evolutive Dynamik allen Lebens im Kosmos ließ er aufgipfeln in der endzeitlichen Freiheit der Gotteskinder. Diesem Streben dienen die Schöpfungs- und die Gnadenordnung je in ihrer Weise (§ 52). In dieser Selbsttranszendenz des Lebens spiegelt sich ähnlich wie bei Tillich die Trinität ab (§ 39). In seiner Empfindungskraft wird das menschliche Genie zum Gipfelpunkt der Gottähnlichkeit (§ 49). Dieses kulminiert in den trotzigen Worten: »Wäre dies der Sinn des Christentums, daß unsre Hoheit zugunsten derjenigen Gottes ausgelöscht würde, daß Christus uns den Rest unserer Freiheit nähme, daß der Geist an die Stelle heißer Leidenschaften die Langeweile reiner Geistigkeit treten ließe, so möchte man lieber auf diese Versöhnung verzichten, im Kampfe beharren, und fallen als ein Held.« (§ 39)

2. Bereits in diesem Abriß insistiert Elert auf der »eigentümlichen Lebendigkeit der Rassen und der in ihnen vereinigten Nationen« (§ 47), deren Eigenständigkeit weder durch das gebotene Ringen um eine einheitliche, freie Menschheit angetastet werden, noch auch durch die neue geistliche Blutsbruderschaft in Christus aufgehoben werden soll. Das neugewonnene Bürgerrecht im Reiche Christi entnehme uns wohl der Schuldverflochtenheit, hebe jedoch keineswegs die durch Gott den Schöpfer selber gewirkte Blutsverwandtschaft auf (§ 47). Nach dem Vorbild des Alten Testamentes habe auch der Christ die Pflicht, in Gesetzgebung, Rechtsprechung und Verwaltung dafür zu sorgen, daß »die eigentümliche Lebendigkeit der eigenen Rasse und Nation« erhalten bleibe (§ 48b). Diese schon 1924 skizzierte Position führt zur harschen Kritik an der Barmer theologischen Erklärung[14] sowie zu dem verhängnisvollen »Ansbacher Ratschlag«[15].

---

14. Confessio Barmensis, in: AELKZ 67 (1934), Sp. 602–606.
15. KGB 59 (1934), S. 478f.; vgl.: Karl Barths Index der verbotenen Bücher, ThMil 2, Leipzig 1935.

3. In seiner Glaubenslehre und Ethik überwindet Elert jenes ungute Schwärmen vom »heißen Herzen« eines vom Schöpfer »aufgewirbelten Blutes« (§ 44c)[16], zugleich vertieft er das sehnsüchtige Harren auf die endzeitliche Befreiung. »Das Leben in Freiheit und Liebe« (CG 512) beschränkt sich nicht auf die Glaubenden, es reißt den gesamten Kosmos hinein in die Freiheit der Gotteskinder. Die subversive Dynamis totaler Befreiung trägt schon jetzt eine abgründige Unruhe in die Weltgeschichte hinein; sie durchkreuzt nicht nur die Berechnungen der Politiker und Sozialreformer, sie arbeitet bereits »am heimlichen Abbau der gesamten nomologischen Wirklichkeit«. Wer diese wahre Freiheit »im Herzen trägt, weiß um die Zerreißbarkeit aller Stricke, sieht mit wissendem Lächeln den Rost auf allen Ketten, weiß aber auch um die unausbleibliche Vergreisung aller Revolutionen wie um den egoistischen Hintersinn aller politischen Programme« (CE 313)[17].

e) Kritische Würdigung

1. Mit dieser ebenso eigenwilligen wie einprägsamen Darstellung hat Werner Elert noch präziser als Emil Brunner unsere konkrete Menschenexistenz in ihrem Hineingerissenwerden in den Geschichtsstrom sowie in ihrer institutionellen Strukturiertheit aufgewiesen. Seine Einsichten zur geschichtlichen »Platzanweisung« sind aus den sozialdarwinistischen Verzeichnungen herauszulösen und neu zu durchdenken. – Zugleich hat er den Blick für die Todverfallenheit allen Menschseins geschärft und gezeigt, wie unser aller theoretische und ethische Existenz vom Geschickhaften umgriffen ist, das uns ständig angelastet wird, obgleich wir es von uns aus nicht ändern können. Hierzu beruft er sich einerseits auf die griechische Tragödie und andererseits auf germanisches Schicksalsethos. Doch diese Totalisierung droht die konkrete Schuld zu überspielen. – Entscheidend jedoch ist, daß er alles unter den Gerichtsaspekt rückt. Auch hierfür kann er sich berufen auf ein Urwissen der Menschen[18]. Zugleich vertieft er jenes dunkle Ahnen durch das prophetische Zeugnis vom Einbruch des eiferheiligen Herrn sowie durch die apokalyptische Botschaft vom weltumspannenden Gottesgericht. Diese im Neuen Testament aufgegriffene Perspektive widerstreitet dem neuprotestantischen Drängen auf Allversöhnung, wie es etwa bei Tillich und Rahner, aber auch bei Barth und Althaus hervortritt. Elert bewahrt hierin das biblische Wissen um Gottes Eiferheiligkeit.

2. Problematisch bleibt nun aber doch das einseitige Gefälle, in das die Aussagen über den Menschen zu geraten drohen, jenes faszinierte Starren auf ein allwaltendes Todesgeschick. Hierin urgiert Elert unter dem Gerichtsaspekt des Christuskreuzes das Ge-

16. Schon den Abriß hatte ein befreundeter skandinavischer Theologe »mehr ökumenisch – weniger germanisch« (S. X) gewünscht. Die ungute Romantik gipfelt auf in den drei Vorträgen zu »Bekenntnis, Blut und Boden«, Leipzig 1934.

17. Zu diesem Abschnitt *L. Langemeyer:* Gesetz und Evangelium, S. 242–280. 345–366.

18. Vgl. *Raffaele Pettazzoni:* The all-knowing God, London 1956.

geneinander von Gericht und Gnade, Gesetz und Evangelium, »Deus absconditus« und »Deus revelatus«.

3. Das positive Geheimnis des Lebens, welches Tillich unter den Kräften des Neuen Seins mitten in aller Entfremdung, Rahner unter dem Grundvertrauen des »anonymen Christen«, Emil Brunner unter der »responsorischen Aktualität« aus einer vorgängigen Liebeszuwendung heraus und schließlich auch Barth, wenn auch nur indirekt, unter dem Schema von Evangelium und Gebot, von Lebensgewährung und Lebensforderung angesprochen hatten, wird erneut aus dem Blick gerückt. Auch Elert weiß um die Segenskräfte, die uns gerade aus dem Miteinander in der konkreten Platzanweisung erwachsen, auch er kennt die kreatorischen und gubernatorischen Funktionen der Ordnungen und arbeitet klar heraus, daß der Schöpfer auch mit ihrer Hilfe an seinen abgefallenen Geschöpfen festhält[19]. Doch wird dieser gesamte Bereich nicht mit den weisheitlichen Traditionen des Alten und Neuen Testaments positiv entfaltet.

4. Gottes bleibender Schöpfersegen wird umspannt vom Schicksalsfluch. Im Dahineilen zum Tode wandeln sich die zwischenmenschlichen Ordnungen zu Gerichts-, Vergeltungs- und Todesordnungen. Hierdurch wird die Anthropologie eigenartig zwielichtig. Das Gesetz als in Christi Opfertod verhängtes Gericht des eiferheiligen Gottes über alle Menschen und die Urgewalt kosmischer Dynamik, die alles Lebendige in die Vernichtung hineinreißt, scheinen miteinander identisch zu sein. Die sittliche Verantwortung vor Gott, von der Elert ausging und die er festhalten möchte, droht ihren personalen Sinn einzubüßen. Zu bleiben scheint ein heroisches Sich-Aufbäumen angesichts des nihilistischen Todessoges. – Doch von diesem düsteren Menschenbild hebt sich das Freiheitspathos des Willensmenschen ab; Elert sucht es zu vertiefen zum eschatologischen Jubilus der Märtyrer, in den das Lachen eines frohen und befreiten Kreaturgefühls eingegangen und in ihm aufgehoben ist[20].

---

19. Bes. CE 82f.108.

20. Das Lachen in der Kirchengeschichte, in: Ein Lehrer der Kirche, hg. von M. Keller-Hüschemenger, Berlin–Hamburg 1967, S. 184–189.

IV. Paul Althaus

Literatur: Hans Graß: Die Theologie von Paul Althaus, NZSTh 8 (1966), S. 213–241. – Art.: Paul Althaus, TRE II,329–337 (H. Graß). – *Paul Knitter:* Die Uroffenbarungslehre von Paul Althaus – Anknüpfungspunkt für den Nationalsozialismus? Eine Studie zum Verhältnis von Theologie und Ideologie, EvTh 33 (1973), S. 138–164; *Ders.:* Towards a protestant theology of religions. A case study of P. Althaus and contemporary attitudes, MThSt 11, Marburg 1974. – *Walther von Loewenich:* P. Althaus als Lutherforscher, LuJ 35 (1968), S. 9–47. – *Wenzel Lohff:* Zur Verständigung über das Problem der Ur-Offenbarung, in: Dank an Paul Althaus, hg. von W. Künneth und W. Joest, Gütersloh 1958, S. 151–170. – Wenzel Lohff über Paul Althaus, in: Theologen unserer Zeit, hg. von L. Reinisch, München 1960, S. 58–78. – *Rolf Walker:* Zur Frage der Uroffenbarung. Eine Auseinandersetzung mit K. Barth und P. Althaus, SKTSW 13, Bad Cannstatt 1962.

a) Menschsein unter Gottes Ur-Offenbarung

1. Stärker als Werner Elert unterstreicht Paul Althaus die Segenslinie und rückt sie zugleich unter die Tradition der »Cognitio Dei generalis«. Im Lichte des Christusevangeliums und wohl auch unter den Nachwirkungen der Erlanger Erfahrungstheologie und Schlatters Rückgriffen auf die Weisheit[1] unterscheidet er zwischen der »Heilsoffenbarung Gottes in Jesus Christus« und Gottes »ursprünglicher Selbstbezeugung oder Ur-Offenbarung oder Grund-Offenbarung« (CW 41)[2]. Insofern akzentuiert er nicht die Diskontinuität, sondern die Kontinuität zwischen jenen beiden Vorzeichen, unter die wir Menschen gestellt sind. Jesus erfülle nicht nur Israels Heilserwartung, sondern knüpfe darüber hinaus an die Gottessehnsucht der gesamten Menschheit an. Die Christuswahrheit greife auf die Urwahrheit zurück und führe sie zur Vollendung. Indem es die Samenkörner des Logos im Mythos aus ihren menschlichen Verzerrungen befreie, vollende das Evangelium die Religionen.

2. Das Stehen des Menschen unter Gottes Selbstbezeugung prägt die Anthropologie von Althaus. »Das Mensch-sein des Menschen ist ... das Gottesverhältnis« (GD 153). Schon in seinem bloßen Sein bezeugt der Mensch »den

1. Zu A. Schlatter siehe *P. Althaus:* Um die Wahrheit des Evangeliums, Stuttgart 1962, S. 131–144.145–157.

2. Uroffenbarung, Luthertum 46 (1935), S. 4–32; GD §§ 3–5; CW §§ 4–11; hierzu neben den Ausführungen von P. Knitter, W. Lohff, R. Walker noch *Horst Georg Pöhlmann:* Das Problem der Uroffenbarung bei P. Althaus, KuD 16 (1970), S. 242–258; *Gerhard Gloege:* Art.: Uroffenbarung, RGG^3 VI,1199–1203; *Ernst Kinder:* Das vernachlässigte Problem ›natürlicher Gotteserfahrung‹ in der Theologie, KuD 9 (1963), S. 316–333.

Gott ..., für den er geschaffen ist, zu personhafter Gemeinschaft in Freiheit« (GD 155). Indem Althaus zwar die antik-scholatische Tradition der Gottesbezeugung in der kosmischen Naturordnung (CW § 10) und im Wahrheitsgewissen des Menschengeistes (CW § 9) resümiert, selber jedoch den Akzent auf Gottes verborgenes Nahesein in der Welt- und Völkergeschichte sowie im Geschick des einzelnen (CW §§ 6 und 7) legt, rezipiert er auch die sog. »anthropozentrische Wende« der Moderne. Eine analoge Akzentverschiebung vollzog sich zwischen dem I. und dem II. Vatikanum. Während das Vatikanum I und der Antimodernisteneid noch kosmozentrisch formulierten: Gott »als Ursprung und Ziel aller Dinge« könne mit dem »natürlichen Licht der Vernunft« aus den sichtbaren Werken der Schöpfung heraus »als Ursache mittels der Wirkung mit Sicherheit erkannt und bewiesen werden«[3], spricht das Vatikanum II in der »Erklärung über das Verhältnis der Kirche zu den nichtchristlichen Religionen« anthropozentrisch von den Rätselfragen des Menschseins: »Die Menschen erwarten von den verschiedenen Religionen Antwort auf die ungelösten Rätsel des menschlichen Daseins, die heute wie von je die Herzen der Menschen im tiefsten bewegen: Was ist der Mensch? Was ist Sinn und Ziel unseres Lebens? Was ist das Gute, was die Sünde? Woher kommt das Leid und welchen Sinn hat es? Was ist der Weg zum wahren Glück? Was ist der Tod, das Gericht und die Vergeltung nach dem Tode? Und schließlich: Was ist jenes letzte und unsagbare Geheimnis unserer Existenz, aus dem wir kommen und wohin wir gehen?[4]« Dieser Wandel dürfte für die gegenwärtige Argumentation charakteristisch sein. Heinz Zahrnt zitiert hierzu einige Sätze von Martin Buber: »Ich zeuge für Erfahrung und appelliere an Erfahrung ... Ich habe keine Lehre. Ich zeige nur etwas. Ich zeige Wirklichkeit, ich zeige etwas an der Wirklichkeit, was nicht oder zu wenig gesehen worden ist ... Ich habe keine Lehre, aber ich führe ein Gespräch.«[5]

3. Der Mensch unter Gottes verborgenem Nahesein in der Geschichte leidet am rätselvollen Ineinander von Tat und Geschick. Die Situation zwingt den einzelnen sowie die Gemeinschaft in die Entscheidung; aus ihr heraus erreicht uns ein Anruf zum vertrauenden Wirken. Zugleich bleibt unsere wagende Tat, aber auch unser furchtsames Unterlassen, umgriffen von einem Übermächtigen, das sich gütig gewährt, aber auch unheimlich versagt. »Die Geschichte wird uns immer wieder in die Hand gegeben und doch im gleichen Augenblicke auch wieder aus der Hand genommen« (CW 74). In allem erfahren wir eine »sittliche Ordnung« der Vergeltung, das Gesetz von Saat und Ernte,

---

3. DS 3004.3026 und 3538.
4. Art. 1; zit. nach $LThK^2$ Vat II,489.
5. Aus einer phil. Rechenschaft, Werke I, München 1962, S. 1114; zit. bei *H. Zahrnt:* Gott kann nicht sterben, München 1970, S. 133.

das Geheimnis einer »schicksalwirkenden Tatsphäre«[6], eines undurchschaubaren »Tun-Ergehen-Zusammenhanges«[7]. Wir sind aneinander gekettet in einer zwangartigen Gemeinschaft des Mit-Leidens, aber auch des Mit-Genießens. In dieser unheimlichen Geschichtsordnung bleibt uns Gottes Übermacht verhüllt, und doch wagt Althaus den zusammenfassenden Satz: »Die Selbstbezeugung Gottes in der Geschichte tut nicht Weniges von seinem Wesen kund, genug, um ihn fürchten, ihn anbeten, ihm danken zu lernen, genug, um an ihm schuldig zu werden« (CW 76).

b) Vier Gesichter einer »natürlichen Anthropologie«

1. Im Blick auf das Geschick des einzelnen unterscheidet Althaus ein Vierfaches, das er noch in einem humanistischen Horizont sieht und im idealistischen Sprachgewand formuliert; es läßt sich nüchterner und existentialistischer fassen: Wir erfahren uns a) als schlechthinnig gewirkt, b) als von einer gütigen Macht begabt, c) als unbedingt im Gewissen beansprucht, d) als bruchstückhaft, einsam und fremd in dieser Erdenwelt.

2. Wir erfahren uns als schlechthinnig gewirkt (Schleiermacher), als geschickhaft-geworfen (Heidegger). Wir haben uns nicht selber geboren; wir haben uns die Eltern, das Volk, das Zeitalter und auch uns selber nicht ausgewählt. »Von früh auf will man zu sich. Aber wir wissen nicht, wer wir sind. Nur daß keiner ist, was er sein möchte und könnte, scheint klar.«[8] Keiner von uns hält sein Geschick, seine Zukunft fest in der Hand. Wir selber stehen uns am meisten im Wege. Die Bedrohungen von innen her sind oft größer als die von außen. Wir sind hineingebannt in ein kleines oder großes Geschick, aus dem uns das Nichtende des Todes entgegenkommt. Wer geboren ist, ist damit ungewollt und unwiderruflich in einen Strom furchtbarer Energie hineingerissen, der alles zu vernichten droht, was er mit sich fortreißt. Wir sind geschickhaft-geworfen und schlechthinnig-gewirkt.

3. Wir erfahren uns als gnädig-begabt und gütig-hindurchgeleitet. Jene dunkle Schicksalsmacht beschenkt uns zugleich mit der wundersamen Gabe des Menschseins. Sie gewährt uns das alttesamentliche Segensgut des »weiten Raumes«, wie Luther dies zum ersten Glaubensartikel klassisch skizzierte. Leib, Seele, Geist, Gesundheit und Tatkraft, Leben und Sich-Regen erfahren wir täglich neu als Geschenk; wir wissen uns als »verdankte Existenz«[9]. Jene

---

6. *Klaus Koch:* Gibt es ein Vergeltungsdogma im Alten Testament?, ZThK 52 (1955), S. 1–42 = Um das Prinzip der Vergeltung in Religion und Recht des Alten Testaments, hg. von Kl. Koch, WdF CXXV, Darmstadt 1972, S. 130–180.
7. *Gerhard von Rad:* Weisheit in Israel, Neukirchen-Vluyn 1970, S. 165–181.
8. *Ernst Bloch:* Das Prinzip Hoffnung, Bd. III, S. 1089.
9. *H. Zahrnt:* Gott kann nicht sterben, S. 135ff.

Urmacht »begabt uns mit den Werten, die unser Leben zum menschlichen machen: mit dem Geiste, zu denken, Wahrheit zu erforschen, zu erkennen, auszusagen; mit dem Vermögen, zu wollen, zu wirken, zu gestalten, die Natur zu beherrschen; um das Gute zu wissen und es zu wollen; die Schönheit zu erleben und zu bilden; Gemeinschaft zu erfahren und zu leben in Vertrauen, Verstehen, Dienen – und in alledem uns am Leben zu freuen« (CW 67). Jene geheimnisvolle Gewalt erhält uns mitten im Dahineilen zum Tode, mitten im Ungenügen und Versagen des Alltags. Im wärmenden Strahl der Sonne, im bergenden Halt der Erde, in der nährenden Furcht, im vertrauend liebenden Nahesein eines Menschen, im beglückenden Gelingen eines Werkes, in beglückendem Sich-Verstehen tragender Gemeinschaft spüren wir eine Kraft, die uns hindurchträgt durch Abgründe nicht allein um uns, sondern auch in uns. Als »verdankte Existenz« sind wir gnädig-begabt und gütig-hindurchgeleitet.

4. Wir erfahren uns als unbedingt beansprucht, als gesetzhaft-gefordert. Gerade aus den Gaben erwachsen uns Aufgaben. Ständig sind wir einem Druck ausgesetzt, der entsteht aus den Bedürfnissen der Familie, den Anforderungen des Berufes, den Zwängen der Lebensgemeinschaften, den Anliegen von uns nahen oder fernen Menschen. Wir müssen uns ständig verantworten. Hierin stehen wir zugleich vor einem höheren Anspruch, der jenen Bedürfnissen, Wünschen, Forderungen erst ihr Gewicht gibt, ihnen den letzten Ernst aber auch nehmen kann. »Menschliche Existenz ist nomologisch verfaßt und normbestimmt.«[10] Wir verantworten uns zwar vor Menschen, zugleich freilich vor jener Ursprungs- und Schicksalsmacht, ob wir uns dessen voll bewußt sind oder nicht. Auch wenn kein Mensch unsere Tat sieht, schlägt das Gewissen. Mitten im täglichen Miteinander gilt es dem Urteil jener Übermacht standzuhalten; dieses Urteil greift jedoch hinaus über unser Hier und Jetzt und rückt die gesamte Existenz vor ein letztes Forum. Dies bekunden viele gegenwärtige Dichter und Denker, wenn auch nach dem Gefühl des »modernen Menschen« jener Richterstuhl leer zu sein scheint[11]. Gott redet schweigend im Bewußtsein der Verfehlung, im Daimonion, das uns warnt und mahnt, im »Meister in uns«[12]. Die penetrante Anwesenheit jenes unbequemen Zeugen ist der Platzhalter der sich verhüllenden Urgewalt. Wir sind gesetzhaft-gefordert und unbedingt beansprucht.

5. Wir erfahren uns als bruchstückhaft und einsam, als fremd und heimatlos. Neben das Sein, das Haben und das Sollen tritt als viertes ein leidendes Ent-

---

10. E. Kinder, KuD 9 (1963), S. 328, unter Verweis auf Röm 2,14–16.

11. Hierzu *Horst Georg Pöhlmann:* Rechtfertigung, Gütersloh 1971, S. 87–95.

12. Formulierung von *Karlfried Graf Dürckheim:* Der Ruf nach dem Meister, Weilheim 1972, bes. S. 35–46.

behren, ein sehnsüchtiges Erstreben. »Der Mensch ist nicht dicht.«[13] Hier auf Erden sind wir zutiefst einsam. Jeder heranwachsende Mensch erfährt sein Alleinsein einmal als einen Schrecken, der ihn plötzlich überfällt, und fortan läßt jenes Grundgefühl keinen wieder ganz los. Unser Leben bleibt ein Bruchstück; es will sich nicht zur vollkommenen Gestalt fügen. Wir werden unerbittlich in den Tod hineingerissen, den wir seit der Stunde der Empfängnis und Geburt in uns tragen. Wir bäumen uns auf gegen diesen Alleszermalmer und suchen vollkommenes Leben. Wir wollen nicht vor dem Todesgeschick kapitulieren und rütteln ohnmächtig an den Gitterstäben unseres Gefängnisses. Auch hierin ist Gott das »Geheimnis unseres Menschseins. Wir sind von ihm gezeichnet und darin seiner inne. Das Fernweh, mit dem wir uns und die Welt transzendieren, läßt sich nur als Heimweh verstehen nach dem, zu dem wir bestimmt sind« (CW 71). Wir transzendieren im Herzpunkt unserer Existenz das Hier und Jetzt, deshalb sind wir fremd und heimatlos.

6. Jene viergesichtige Erfahrung jeglichen Menschseins verbleibt nach Paul Althaus, hierin folgt er den Reformatoren, unter dem Bann der Sünde und des Todes. Gerade in seinem Nahesein in Menschheitsgeschichte und Einzelgeschick bleibt uns Gott verhüllt, unheimlich, zwielichtig. Hierin stimmt Althaus letztlich mit Elert überein. Gott »macht uns lebendig und tötet uns. Er gibt uns die hohen Normen der Wahrheit, Gerechtigkeit, Gemeinschaft, Schönheit ins Herz und läßt uns hungern und dursten nach ihrer Verwirklichung ohne Erfüllung. Er berührt uns mit seinem Leben und schließt uns von ihm aus. Er wirft uns das Heimweh in die Seele und hält uns die Heimat verschlossen. Er adelt uns durch Gebot und Berufung – und läßt uns doch an ihnen unrettbar schuldig werden und seinem Gerichte verfallen« (CW 92). Daß eine janusköpfige Urmacht hinter und über allem steht, das erfahren wir Tag für Tag; was diese verborgen offenbare Übermacht mit uns vorhat, wie sie zu uns steht, das wissen wir nicht. So werden uns gerade Gottes Selbstbezeugungen in unserer Wirklichkeit zum ständigen Anlaß enttäuschten Fragens, tiefster Ungewißheit, abgründigen Zweifels.

c) Kritische Würdigung

1. Die Sicht von Paul Althaus sucht in sich die positiven Aspekte der Zuordnung von Erwählung und Verpflichtung sowie die negativen Aspekte der Spannung von Gericht und Errettung miteinander zu verbinden. Sie bietet so etwas wie eine »Anthropologia naturalis«, wie sie in den letzten Jahren zunehmend anvisiert wird von so unterschiedlichen Theologen wie H. Gollwitzer, W. Trillhaas, H. Thielicke, G. Ebeling, W. Pannenberg, H. Zahrnt, J. B. Cobb, um nur einige Namen herauszugreifen. Die Erlanger Tradition einer Theologie der Erfahrung scheint erneut durchzuschlagen.

13. *E. Bloch:* Das Prinzip Hoffnung, Bd. I, S. 224.

2. Fraglos hat Althaus die Spannung zwischen der »Uroffenbarung« und der Christusoffenbarung eingeebnet. Er schildert die Situation des Menschen unter Gottes Gericht noch zu idealistisch. Er deutet selber an, daß sie erst unter dem Leuchtkegel christlich humanistischer Traditionen einen derartigen Glanz gewinnt[14]. Zugleich droht sich die »Revelatio generalis« zu stark vom Christuszeugnis abzulösen und dem Menschen einen eigenständigen Atemraum vor Gott zu gewähren. Der Terminus der »Ur-Offenbarung« vermeidet nicht die mißliche Assoziation »einer wertmäßigen oder kausativen Vorordnung«[15] gegenüber dem Gotteshandeln in Jesus Christus. Die Skizze jener viergesichtigen Situation des Menschen droht sich herauszulösen aus der Klammer der göttlichen Heilsoffenbarung und sich eigenständig zu etablieren, einerseits als eine »erste, selbständig evidente, wenn auch unvollkommene Einsicht in Gottes Wesen und Wirken«[16] und andererseits als eine, durch das sogenannte Aha-Erlebnis[17] in einem jeden Menschen hervorzulockende Einsicht in seine Grundsituation vor diesem Gott. Daß jegliche menschliche Gottes- und Selbsterkenntnis nach dem Apostel Paulus unter dem Fluch des Gesetzes über unsere sündige Abkehr von Gott bleibt, das hebt Althaus nicht mehr so eindeutig heraus wie die Reformatoren. Seine »Dialektik des Ja und Nein«[18] läßt die präzisen Konturen verschwimmen.
3. In einem Aufsatz unter dem pointierten Titel »Existenz zwischen Gott und Gott«[19] hat Gerhard Ebeling jene vierfache Grunderfahrung ähnlich wie Werner Elert noch einmal auf die bleibende Aporie zugespitzt: Jegliches Verweisen auf unsere Erfahrung treibt uns nur tiefer hinein in Gottes abgründiges Fraglichsein. Für niemanden gibt es einen sturmfreien Ort jenseits von Anfechtung und Vertrauen, von Glaube und Zweifel. Jegliches Reden von unserem Menschsein als einem Existieren im Angesichte Gottes, aber auch alles Schweigen über unsere Situation vor ihm sowie alles törichte Vorbeireden an seiner Wirklichkeit in unserem Leben, erfolgt innerhalb jener Grunderfahrung »unbestreitbaren Strittigseins« Gottes wie unseres eigenen Lebens vor ihm. Wir erfahren uns ständig im »Zwischensein« zwischen dem, was sich uns unbegreiflich entzieht, und dem, was sich uns unbegreiflich darbietet, zwischen dem, was uns im Gewissen anruft,

---

14. Hierzu *P. Knitter:* Towards a protestant theology of religions, S. 56–83. 166–181. 234–243.
15. *W. Lohff* in: Dank an Paul Althaus, S. 170; vgl. bes. CW 41f.
16. Dank an Paul Althaus, S. 163.
17. Die viergesichtige Grunderfahrung ist in einer analogen Gestalt durch Beispiele aus der psychotherapeutischen Praxis erhellt bei *Christa Meves:* Gerufen zu individueller Bestimmung, in: Wer ist das eigentlich – der Mensch?, hg. von Eberhard Stammler, München 1973, S. 158–170.
18. H.Graß, NZSTh 8 (1966), S. 228; eine kritische Sicht bei *Albert Schäfer:* Die theologische Beurteilung des Krieges in der deutschen protestantischen Theologie zwischen den Weltkriegen, Diss. Heidelberg 1978, S. 34–117. Doch selbst in seiner Schrift zur »deutschen Stunde der Kirche« (Göttingen 1933, S. 45) schreibt Althaus: »Wir kommen gewiß alle und jederzeit von Ur-Offenbarung Gottes in seiner Schöpfung her. Aber wir sind von Natur alle und jederzeit Heiden, welche die Ur-Offenbarung sündhaft mißbrauchen ...«
19. ZThK 62 (1965), S. 86–113 = Wort und Glaube, Bd. II, Tübingen 1969, S. 257–286.

und dem, was uns in die Verzweiflung zu stürzen droht. »Der Grund der Anfechtung selbst, das, was uns dazu treibt, ›Gott‹ zu schreien oder Gott zu verfluchen, ist in der Tat als Gott anzusprechen.«[20]

20. ZThK 62 (1965), S. 111; Wort und Glaube, Bd. II, S. 284.

C. Theologische Anthropologie im Dialog mit den Humanwissenschaften

I. Zur Ortsbestimmung gegenwärtiger Anthropologie

a) Vorbemerkung: Drei zu diskutierende Themenkreise

1. Die bisherige Analyse einerseits des Menschenverständnisses der Reformatoren und andererseits der anthropologischen Partien in den Dogmatiken der Vätergeneration soll in diesem dritten Gesprächsgang mit Einsichten gegenwärtiger Humanwissenschaften vermittelt werden. Dies kann freilich nur in exemplarischer Auswahl erfolgen. Zugleich soll über der Diskussion mit außertheologischen Wissenschaften das innertheologische Ringen nicht vergessen werden. Es läßt sich auf zwei zentrale Fragestellungen konzentrieren: a) Soll die Anthropologie von der Christologie her theologisch geortet werden, oder ist das Christusgeschehen als irreversibler Höhepunkt einer vorgängigen Anthropologie der Welt- und Selbsttranszendenz zu skizzieren? Diese Frage war vor allem zwischen Karl Barth und Paul Tillich kontrovers. Sie erneuert sich im Widerstreit zwischen dem Fortschreiben der Intentionen Barths und einem Zurückgreifen auf Schleiermacher.

2. Mit ihr verknüpft sich eine stärker philosophische Fragestellung, die in den theologischen Kontroversen lediglich partiell exponiert wurde: b) Soll unser Menschsein primär mit Hilfe der durch die Ich-Du-Philosophie gewonnenen Paradigmen relational und aktual gefaßt werden oder ist es stärker seinshaft zu explizieren und zugleich dynamisch einzuzeichnen in die kosmische Evolution des Lebens? Der Ansatz bei einer »responsorischen Aktualität«[1] wurde vor allem von Emil Brunner ausgestaltet und von Karl Barth weithin unreflektiert rezipiert. So spielt auch diese Alternative hinein in die Kontroverse zwischen Barth und Tillich und schwingt in den gegenwärtigen anthropologischen Versuchen nach. Diese beiden Fragenkomplexe wurden exemplifiziert an Hand der traditionellen Chiffre der Imago Dei. Auch wir diskutieren sie unter diesem Stichwort. Dabei lassen sich einige Schlaglichter werfen auf das Jahrhunderte währende Gespräch innerhalb der Christenheit.

3. Diese wesentlich innertheologische Debatte hat sich freilich dem Problemhorizont, den die Humanwissenschaften in den letzten Jahrzehnten aufgerissen haben, noch kaum gestellt. Hieraus erwächst mit unausweichlicher Dringlichkeit die Frage: c) Wie lassen sich die Einsichten in die schwindelerregenden Ausmaße der Menschheitsgeschichte innerhalb der Lebensevolution im Kosmos integrieren in die traditionelle These von dem in Adam verlorenen und in Jesus Christus erneuerten Bilde Gottes? Ist nicht mit dem Namen Charles Darwin[2] eine neue Situation markiert, welche die Theologie zu einem radikalen Umdenken nötigt?

4. Damit sind die drei Fragehorizonte angesprochen, in denen sich die Skizze dieses Teiles C zu bewegen hat. Wir maßen uns nicht an, mit ihr den »Garten des Menschli-

1. Vgl. oben S. 118f.
2. *Carl Friedrich von Weizsäcker:* Der Garten des Menschlichen, München 1977, S. 152: »Nach meiner Überzeugung enthält der Realismus Darwins auch die Aufforderung zu einer tieferdringenden Philosophie und Theologie.«

chen«[3], der wohl eher ein undurchdringlicher Dschungel ist, auszuschreiten oder gar zu vermessen. Wir wollen lediglich Schneisen in jenes unheimliche Gewirr schlagen. Hierbei soll das geistliche Augenmerk fest auf den uns in der Schrift bezeugten Jesus aus Nazareth als den Christus Gottes gerichtet sein; hierin möchte ich den Reformatoren sowie Karl Barth folgen. Zugleich jedoch gilt es, sich den Einsichten der Humanwissenschaften zu stellen; hierin folge ich ebenfalls den Reformatoren, welche die weisheitliche Tradition der Völker aufgriffen; hierin halte ich Tillichs Entwürfe einer Theologie der Kultur für bedenkenswert. Der Einsatz sei bei den humanwissenschaftlichen Erkenntnissen genommen. Die strenge Ausrichtung auf Jesus Christus soll jedoch gewahrt bleiben.

b) Die epochale Situation in ihren Aporien und Chancen

1. Die letzten Jahrzehnte sind gekennzeichnet einerseits durch ein ungeheures Anwachsen des Forschungsmaterials über den Menschen und andererseits durch eine wachsende Unsicherheit in der geistigen Orientierung. Die von Hans-Georg Gadamer und Paul Vogler betreuten sieben Sammelbände zur »Neuen Anthropologie«[4] machen diese Aporie sichtbar. »Wo die unendliche Ausbreitung moderner Forschung zu fortschreitender Spezialisierung und Isolierung des einzelnen Arbeiters im Weinberg des Herrn hindrängte, sollte eine integrative Kraft freigesetzt werden, wie sie in der wissenschaftlichen Lebenserfahrung bedeutender Forscher verkörpert ist.«[5] Ob dies in jenen Bänden gelungen ist oder ob nicht am Ende die Rat- und Ziellosigkeit noch drastischer hervortrete, mag sich ein besinnlicher Leser fragen. Die Aneinanderfügung von Einzelaspekten verhüllt einen tiefgreifenden Wandel in der Gesamtperspektive. Die betont christliche Sicht des Menschen tritt lediglich in einem Aufsatz von Eberhard Jüngel hervor, der an Luther und Barth anknüpft, sowie in einer historischen Überschau von Ernst Benz, die mit Böhme und Oetinger auf eine »Progression des Heiles in der Geschichte« und auf eine »wachsende Vervollkommnung des Menschen« hinzielt[6]. Das christliche Bild des Menschen wird von den unterschiedlichsten Seiten her in eine

---

3. C. Fr. von Weizsäckers Buch trägt den Untertitel: Beiträge zur geschichtlichen Anthropologie.
4. Neue Anthropologie, hg. von H.-G. Gadamer und P. Vogler, dtv WR Bd. 4069–4074 und 4148; vgl. auch Kreatur Mensch, hg. von *A. Altner,* dtv 892, München 1973 und *Christofer Frey:* Arbeitsbuch Anthropologie, Stuttgart 1979, S. 111–226.
5. *H.-G. Gadamer:* Schlußbericht, dtv WR 4148, S. 374–392, S. 375; auch: Theorie, Technik, Praxis – die Aufgabe einer neuen Anthropologie, dtv WR 4069, S. IX–XXXVII.
6. E. Jüngel: Der Gott entsprechende Mensch, dtv WR 4074, S. 342–372; *E. Benz:* Der Mensch in christlicher Sicht, a.a.O. S. 373–429, das Zitat auf S. 397. Vgl. auch *Gerhard Sauter:* Mensch sein – Mensch bleiben. Anthropologie als theologische Aufgabe, in: Anthropologie als Thema der Theologie, Göttingen, 1978, S. 71–118.

kaum noch verpflichtende Partikularität abgedrängt und als eine mögliche Position unter vielen anderen angesehen. Die christliche Sicht in ihrer jüdischen und griechischen Doppelwurzel scheint lediglich einen schmalen Ausschnitt innerhalb der sich ständig ausdehnenden Gesamtgeschichte der Menschheit geprägt zu haben und wird zunehmend durch ein betont evolutives und rein immanentes Verständnis abgelöst.

2. Die hieraus resultierende Unsicherheit wird vertieft durch eine radikalere Einsicht, die schon Wilhelm Dilthey aussprach: Was der Mensch sei, sagt allein die Geschichte; sind wir alle doch bis in nicht mehr erforschbare Tiefen unseres Wesens hinein geschichtlich geprägt[7]. Nicht lediglich unser Wissen um das Menschsein wandelt sich, die Menschen selber haben im Verlaufe ihrer Geschichte tiefgreifende Metamorphosen durchgemacht. Deshalb läßt sich kein vorgegebenes Humanum jenseits oder oberhalb des reißenden Stromes der Geschichte konstatieren. Was wir Menschen sind und sein können, das experimentiert erst die Geschichte aus uns heraus[8].

3. Die Frage nach dem Humanum wurde immer dort übermächtig, wo die Menschengeschichte aus dem trägen Dahinfließen ihres Lebensstromes in einen Strudel oder Katarakt geriet. Seit den Weltkriegen ist uns bewußt, daß wir in eine neue Stromschnelle hineingeraten sind. Wir erleiden die rasante Beschleunigung des Durchstoßes zu einer neuen Lebensform. Im Hinblick auf die Gesamtgeschichte der Menschheit ist die Situation zugleich einmalig. Erst jetzt wird die Erde voll erschlossen. Erst jetzt erfährt sich die Menschheit als untrennbare Einheit im Handeln wie im Erleiden. Erst jetzt vereinigen sich die mannigfaltigen Geschichtsverläufe der Familien und Stämme, der Völker und Rassen, der Kulturen und Kontinente zu einer einzigen Geschichte, zur Schicksalsgemeinschaft innerhalb der Gesamtevolution des Lebens auf unserem Planeten. Jetzt vermag aber auch die Menschheit, was bisher nur einzelne oder Gruppen konnten und auch unternahmen, ihre eigene Existenz auszulöschen und die ihnen zugängliche Erde ins Chaos zu stürzen.

4. Diese epochale Situation der Menschheit ist von den im zweiten Teil (B) besprochenen Theologen nur ansatzweise erkannt und existentiell angenommen. Vor allem Tillich hat sich ihr zu stellen gesucht. Doch tritt bei ihm die echte Dynamik einer irreversiblen Geschichte zurück hinter dem scheinbar vorgegebenen Ellipsenkreuz einer wechselseitigen Durchdringung von Geist und Natur. Barth hingegen überschreitet den engen Horizont der biblischen Schriftsteller und der kirchlichen Tradition nicht reflex. Ansätze zu einer

7. *W. Dilthey:* Ges. Schriften, Bd. VII, S. 278: »Ich bin so bis in nicht mehr erforschbare Tiefen meines Selbst ein historisches Wesen.« Bd. VIII, S. 6: »Der Typus Mensch zerschmilzt in dem Prozeß der Geschichte.«

8. *W. Dilthey*, Ges. Schr., Bd. VII, S. 279: »Der Mensch erkennt sich nur in der Geschichte, nie durch Introspektion. Im Grunde suchen wir ihn alle in der Geschichte.«

theologischen Anthropologie, welche die weiten Horizonte menschlicher Entwicklung nicht ausblendet, finden sich bei Rahner, Pannenberg und Cobb[9]. Unsere weltgeschichtliche Situation zwingt uns, den abendländischen Horizont menschlichen Selbstverständnisses zu transzendieren und die gesamte Menschheitsentwicklung in die Frage nach dem Menschen einzubeziehen. In einer differenzierteren Gesprächslage gilt es, dasjenige erneut zu versuchen, was Luther in der »Disputatio de homine« wegweisend skizziert und Melanchthon in seiner Anthropologie schulgerecht exponiert hatten[10], die wissenschaftlichen Einsichten zur menschlichen Existenz sowie die Einblicke in die Menschheitsgeschichte in eine theologische Anthropologie zu integrieren.

c) Die nach-christliche evolutive Sicht des Menschen

1. Dieses Unternehmen ist freilich durch den Einbruch eines nach-christlichen Menschenverständnisses aus der Evolution alles Lebendigen im Kosmos heraus, in eine Krise geraten. Noch im 17. Jahrhundert rechnete man wie die Reformatoren mit knapp 6000 Jahren Welt- und Menschengeschichte. Im 18. Jahrhundert begann man die ungeheuren räumlichen Ausmaße des Weltalls und die unvorstellbaren zeitlichen Dimensionen der Erdgeschichte zu ahnen. Gegenwärtig schätzen wir das Alter der Erde auf einige Milliarden Jahre und sprechen von einigen Millionen Jahren des »Übergangsfeldes« zwischen Tier und Mensch[11]. Ein »Raum-Zeit-Schwindelgefühl« (Teilhard de Chardin) ergriff die Erkennenden. Der Mensch kann sich nicht mehr verstehen als in sich labilen Zentralpunkt einer fest gegründeten Welt; er muß sich erfahren als einen noch »offenen Prozeß«[12], als »Achse und Spitze«[13] der kosmischen Evolution.

2. Jenes evolutive Verständnis bahnt sich an in Lessings »Erziehung des Menschengeschlechts« (1780) oder in Herders »Ideen zur Philosophie der Geschichte der Menschheit« (1784–91), es kulminiert in Darwins »Abstammung des Menschen ...« (1871) sowie in Nietzsches Proklamation des Übermenschen. Hierbei vollzieht sich ein Wandel zwischen dem Ausklang des 18. und

---

9. Zu Rahner siehe oben S. 115ff.; *W. Pannenberg:* Was ist der Mensch?, KVR 1139, Göttingen 1976[5]; Die Bestimmung des Menschen, KVR 1443, Göttingen 1978; *J. B. Cobb:* Die christliche Existenz. Eine vergleichende Studie der Existenzstrukturen in den verschiedenen Religionen, München 1970.

10. Siehe oben S. 27–32 und 71–73.

11. Zu diesem durch Gerhard Heberer neubelebten Terminus siehe *Günter Altner:* Zwischen Natur und Menschengeschichte, München 1975, S. 48–63.

12. *Jürgen Moltmann:* Mensch, ThTh, Stuttgart 1971, S. 9.

13. *Pierre Teilhard de Chardin:* Der Mensch im Kosmos, München 1959[4], S. 9.

dem des 19. Jahrhunderts. Bei Lessing, Herder und Goethe wird das erdverhaftete Voran eines Humanismus noch aufgebrochen vom sehnsüchtigen Empor des Religiösen. In der Religion gipfeln alle menschlichen Kräfte, vereinen sich Sprache, Vernunft und Tradition und weisen ins Transhumane hinüber. In offenen Symbolen deutet man eine kosmische Entfaltung und Selbstvollendung der Seelenmonaden an, welche deren je einzelne Erdenexistenzen weit übergreift.

3. Bei Charles Darwin tritt der immanente Charakter der Evolution kräftiger hervor. Sein Werk zur Abstammung des Menschen schließt mit den bedachtsamen Worten: »Der Mensch ist wohl entschuldigt, wenn er einigen Stolz darüber empfindet, daß er, wenn auch nicht durch seine eigenen Anstrengungen, zur Spitze der gesamten organischen Stufenleiter gelangt ist; und die Tatsache, daß er in dieser Weise emporgestiegen ist, statt ursprünglich schon dahingestellt worden zu sein, kann ihm die Hoffnung verleihen, in der fernen Zukunft eine noch höhere Bestimmung zu haben.«[14] Die von Malthusius entlehnte Leitidee einer natürlichen Zuchtwahl (natural selection) im Überleben der Tüchtigsten (survival of the fittest, von Spencer) auf Grund des harten Lebenskampfes (struggle for existence) schien alles rein immanent zu erklären. Das »technomorphe Modell« züchterischer Praxis hielt die Frage nach einer planenden Instanz offen und schien es zu erlauben, die naivere physikotheologische These des Lehrers William Paley von einem »intelligenten, dem des Menschen in einem gewissen Grade analogen Geist«[15] behutsam fortzuschreiben. Zugleich drohte die Einsicht in das subhumane Woher der Evolution, die Gewißheit, daß hinter jener Aszendenz ein sittliches Telos stehe, erneut zu gefährden und das erkennende Subjekt in eine agnostische Skepsis zu stürzen.

4. Die unheimliche Ahnung, die hinter der These einer lediglich durch Mutation und Selektion, durch »Zufall und Notwendigkeit«[16] gesteuerten Evolution lauert, bricht in Sätzen auf, mit denen Friedrich Nietzsche seine Anmerkungen zu Eugen Dührings Opus »Der Wert des Lebens« (1865) resümiert: »Vermöchte jemand gar ein Gesamtbewußtsein der Menschheit für sich zu fassen, er bräche unter einem Fluche gegen das Dasein zusammen. Denn die Menschheit hat keine Ziele. Folglich kann in Betrachtung des Ganzen der Mensch, selbst wenn er dessen fähig wäre, nicht seinen Trost und Halt finden: sondern seine Verzweiflung. Sieht er bei allem, was er tut, auf die letzte Ziello-

14. *Ch. Darwin:* Die Abstammung des Menschen und die geschlechtliche Zuchtwahl, übers. von J. V. Carus, Bd. II, S. 357.

15. *Francis Darwin:* Charles Darwin. Sein Leben, 1893, S. 80; vgl. *G. Altner:* Charles Darwin und Ernst Haeckel, ThSt 85, Zürich 1966, S. 14–34.

16. *J. Monod:* Zufall und Notwendigkeit. Philosophische Fragen der modernen Biologie, 1971; hierzu *G. Altner:* Zwischen Natur und Menschengeschichte, S. 33–47.

sigkeit der Menschheit, so bekommt sein Wirken in seinen Augen den Charakter der Vergeudung. Ich glaube, das ist mit nichts zu vergleichen, sich als Menschheit ebenso vergeudet zu fühlen, wie wir die einzelne Knospe von der Natur vergeudet sehen. Es war alles notwendig und ist es in uns. Nur daß wir das Spectaculum sehen sollen! Da hört eigentlich alles auf.«[17] Der Mensch, der sich in die Evolution seines Geschlechtes im Kosmos hineinzuversetzen sucht, erfährt den Schock sinnloser Vergeudung, erleidet ein »Golgatha der Philosophie«[18].

5. Bei Nietzsche schlägt dies um in den Freiheitsrausch des Geistes, der sich jener Einsicht stellt, sie in sich ausleidet und hierin Jesus mit Dionysos zu vereinen meint. Doch jenes Annehmen radikaler Sinnentleerung behält den schrillen Klang eines beschwörenden Imperativs. Zarathustra predigt dem Volk, das auf dem Markt zusammengelaufen ist, einem Seiltänzer zuzuschauen: »Ich lehre euch den Übermenschen. Der Mensch ist Etwas, das überwunden werden soll. Was habt ihr getan, ihn zu überwinden? Alle Wesen bisher schufen Etwas über sich hinaus: und ihr wollt die Ebbe dieser großen Flut sein und lieber noch zum Tiere zurückgehn, als den Menschen überwinden? Was ist der Affe für den Menschen? Ein Gelächter oder eine schmerzliche Scham. Und ebendas soll der Mensch für den Übermenschen sein: ein Gelächter oder eine schmerzliche Scham ... Seht, ich lehre euch den Übermenschen! Der Übermensch ist der Sinn der Erde. Euer Wille sage: der Übermensch sei der Sinn der Erde!«[19]

6. Diese betont nach-christliche, ja anti-christliche Sicht des Menschen hebt den Blick bewußt ab von einem urständigen Woher und schaut angespannt auf das zielhafte Wohin der Evolution. Hierin greift Nietzsche die prophetische Verkündigung auf und akzentuiert die Dynamik christlicher Hoffnung; will doch auch im Christenglauben das Eschaton das Proton nicht lediglich wiederherstellen, sondern weit übertreffen. Er unterscheidet sich freilich darin eindeutig von den Reformatoren und wendet sich zugleich gegen den welttranszendierenden Humanismus eines Lessing und Herder, eines Goethe und Schelling, daß er die Erde ins Zentrum rückt: »Ich beschwöre euch, meine Brüder, bleibt der Erde treu und glaubt Denen nicht, welche euch von überirdischen Hoffnungen reden! Giftmischer sind es, ob sie es wissen oder nicht.«[20] Hierin gewinnt die nachchristliche Schau des Menschen von Feuer-

17. *Nietzsche:* Kritische Gesamtausgabe v. G. Colli und M. Montinari IV,1,355,14ff.; zitiert und ausgelegt bei *Georg Picht:* Theologie – was ist das?, Stuttgart 1977, S. 313.
18. Theologie – was ist das?, S. 313.
19. Also sprach Zarathustra, Vorrede Nr. 3, KGW VI,1,8,13ff.; zur Tradition der Chiffre des »Übermenschen« siehe *Ernst Benz:* Das Bild des Übermenschen in der europäischen Geistesgeschichte, in: Der Übermensch. Eine Diskussion, hg. von E. Benz, Zürich–Stuttgart 1961, S. 19–161.
20. Also sprach Zarathustra, KGW VI,1,9,1ff.

bach und Marx über Nietzsche und Dilthey bis hin zu Ernst Bloch und Karl Löwith die anti-christliche Spitze. Die an den selbstprojizierten Himmel des Deus absconditus verschleuderten Schätze des Homo absconditus sind zurückzuerobern, und die Menschheit ist aus ihrer Selbstentfremdung zu sich selber heimzurufen.

7. Die in Luthers Disputation über den Menschen herausgearbeitete Spannung zwischen dem »sterblichen Menschen dieses Leibeslebens« in dessen weltorientierter Existenz und dem »theologischen Menschen« in dessen Herkunft aus Gott, Existenz vor Gott und Zugehen auf Gott tritt wieder schroffer heraus, als dies in jener langen Periode möglich war, in der die Christenheit an die betont Gott-offene antike Anthropologie anknüpfte oder das »natürliche System« noch die Trias: Gott, Tugend (Freiheit), Unsterblichkeit umspannte. Die neue antichristliche Schau gräbt sich gleichsam enthusiastisch ein in die Immanenz. Ihr ist der Tod lediglich der »Kunstgriff der Natur«, viel Leben zu gewinnen (Goethe – Tobler). Man sucht die Dynamik der Evolution forschend zu erkennen und planend in sie einzugreifen.

8. Doch auch in dieser härteren Kontroverse bricht erneut jene Aporie auf, die das Ringen zwischen Protagoras und Platon durchzog. Mag sich der Mensch aufschwingen zum »Maß aller Dinge«[21], es bleibt die Frage nach dem Maßstab für ihn selber. Trägt er doch als das »noch nicht festgestellte Tier«[22] jenes Maß keineswegs als ein Ungefragt-Selbstverständliches oder Unbedingt-Gewisses in sich, vielmehr muß er als ein »um- und aufblickendes Lebewesen«[23] es erst finden, oder – mit Freude am Paradoxon formuliert – ist er doch »eine Antwort, zu der wir die Frage (noch) nicht hinreichend kennen«[24]. Die Konzentration auf den »Homo mortalis et huius vitae« sowie die These einer rein immanenten Evolution der Lebensdynamis vermögen die radikale Sinnfrage nicht zum Schweigen zu bringen. Nach Kant schließt die umgreifende Rückfrage nach dem Menschen die drei existentiellen Fragen ein: »Was kann ich wissen? Was soll ich tun? Was darf ich hoffen?«[25] Nicht lediglich als je ein-

---

21. Theaetet 152 D.

22. *Fr. Nietzsche:* Jenseits von Gut und Böse. III, Hauptst., Nr. 62; KGW VI,2,79,21 f.; mit der Deutung von *Arnold Gehlen:* Der Mensch. Seine Natur und seine Stellung in der Welt, Frankfurt–Bonn 1966[8], S. 10: »Dieses Wort ist richtig und exakt doppelsinnig. Es meint erstens: es gibt noch keine Feststellung dessen, was eigentlich der Mensch ist, und zweitens: das Wesen Mensch ist irgendwie ›unfertig‹, nicht ›festgerückt‹.«

23. Kratylos 399 C.

24. E. Jüngel in dtv WR 4074, S. 349. *Karl Rahner:* Der Mensch – die unbeantwortbare Frage, in: Wer ist das eigentlich – der Mensch?, S. 116–126, S. 116: »Der Mensch ist die Frage, auf die es keine Antwort gibt.« Siehe hierzu auch *Chr. Frey:* Arbeitsbuch Anthropologie, S. 228–256 und *Ingolf U. Dalferth:* Homo definiri nequit, ZThK 76 (1979), S. 191–224.

25. Kritik der reinen Vernunft, A 804 f., B. 832 f.; Logik (1800), Akad.-Ausg. Bd. IX, S. 25.

zelne, auch als Menschengemeinschaft können wir der Sinnfrage nicht ausweichen. Den uns tragenden Sinn jedoch vermögen wir nicht zu garantieren, haben wir uns doch nicht selber geboren und müssen sterben. Auch aus der zwischenmenschlichen Gesellschaft oder aus der außermenschlichen Welt kann uns ein wahrhaft hindurchtragender Halt nicht werden, vermögen wir uns doch jenen Mächten entgegenzustellen und tragen wir ein Wissen um diese letzte Einsamkeit und ein Leiden an ihr in uns. Dies ist die von Paul Althaus viergesichtig explizierte Aporie[26]: Wir müssen fragen nach dem Woher und Wohin, nach dem Wozu und Wofür unserer gemeinsamen Existenz im Kosmos und können jene Frage aus uns heraus nicht vollmächtig beantworten. Pascal faßte dieses Geheimnis in die harsche Anrede: »Erkenne, Hochmütiger, was für ein Widerspruch du dir selbst bist. Demütige dich, unmächtige Vernunft, schweige still, törichte Natur, begreife: der Mensch übersteigt unendlich den Menschen, und lerne von deinem Herrn deine wirkliche Lage, von der du nichts weißt. Höre auf Gott!«[27]

II. Grundlegende Schritte der Menschheitsentwicklung

a) Menschsein zwischen Adam und Christus

1. Die Aufgabe, welche die Reformatoren in dem ihnen erschlossenen Horizont und mit den ihnen gegebenen Mitteln angepackt haben, stellt sich erneut und dringlicher. Es gilt, die heilsgeschichtliche sowie christozentrische Sicht des Menschen vor Gott voll durchzuhalten und zugleich die Einblicke der Wissenschaften in jene wandlungsreiche Geschichte der Menschheit, aber auch in die sich hierin durchhaltenden Strukturen des Menschseins, so umsichtig und besonnen wie möglich zu integrieren. Diese zweipolige Aufgabe ist markiert durch die anthropologischen Entwürfe von Karl Barth und Paul Tillich.

2. Bei ihrer Lösung folgen wir bewußt der biblisch orientierten Intention der Reformatoren und trennen uns sowohl von Paul Tillich als auch von Karl Barth. Hatte Tillich Jesus aus Nazareth lediglich als höchste Aufgipfelung ra-

26. Oben S. 149ff.

27. *Blaise Pascal:* Pensées, Fr. 434; nach der Übersetzung von *E. Wasmuth:* Über die Religion und über einige andere Gegenstände, Tübingen 1948, S. 205.

dikaler Selbst- und Weltüberschreitung in das zuvor entworfene Schema wechselseitiger Durchdringung von Natur und Geist eingezeichnet, hatte Barth aus einem vorgängigen Bundesschluß zwischen Gott und Mensch in Jesus Christus heraus jegliches Menschsein mit Hilfe analogischer Deduktionen zu konkludieren gesucht, so möchten wir zunächst in der Nachfolge biblischer Weisheitsrezeption den Menschen unbefangen in die Kreaturwelt hineinstellen, wie Luther dies stärker als Melanchthon und Calvin unternahm, um sodann unser radikales Geworfensein auf Jesus Christus herauszustreichen, wie dies alle Reformatoren explizierten, unter der Chiffre der Imago Dei vor allem Calvin. So werden wir auch über die Ansätze bei Werner Elert und Paul Althaus hinausgeführt, die in beiden Richtungen hinter den Reformatoren zurückbleiben.

3. Das anthropologische Bindeglied zwischen jener weltgeschichtlichen Explikation und dieser christozentrischen Konzentration bildet die vor allem von Luther ausgestaltete Einsicht in das Exzentrische, Responsorische und Eschatologische jeglichen Menschseins[1], bildet jenes nur gewaltsam niederzuhaltende Wissen um die abgründige Ohnmacht mitten in unseren relativen Freiheiten. Im Geheimnis, daß Leben in seinen unterschiedlichen Dimensionen letztlich nicht erzwingbar ist, sind wir nach den Reformatoren unter allen bleibenden Vermittlungen unmittelbar auf Gott selber geworfen. In allen Horizonten der Existenz sind wir sehr wohl verantwortliche Mitwirker (cooperatores), niemals jedoch selbstmächtige Mitschöpfer (concreatores) oder gar heilschaffende Miterlöser (corredemptores). Dies ist unsere alltägliche Wirklichkeit, deren Abgründe wir ahnen, deren Aporien im Verlauf der Menschheitsgeschichte immer wieder aufbrachen, deren unausweichliche Tiefe und endzeitliche Zielrichtung jedoch erst im Christusgeschehen wahrhaft enthüllt worden ist.

b) Doppelter methodischer Ansatz zur Ortung menschlicher Existenz

1. Eine nachverstehende Identifikation mit allem, was Menschsein einschließt, kann lediglich skizziert werden. Methodisch ist hierzu eine zweifache Sichtweise miteinander zu verknüpfen. In einem ersten Durchblick gilt es, in der Tradition der Geschichtsphilosophie die charakteristischen Entwicklungsschübe zu markieren, welche die Menschheit nach einer unübersehbaren Vorgeschichte in den letzten Jahrtausenden durchzustehen hatte, deren Spuren sich noch in biblischen Texten niederschlugen und somit indirekt in der kirchlichen Tradition und im reformatorischen Menschenbild nachwirken.

2. In einem zweiten Ansatz sollen mit der spezifischen Anthropologie diejeni-

---

1. Vgl. S. 54ff.

gen Strukturen bewußt gemacht werden, die sich quer durch jenen Wandel hindurch als lebensentscheidend erwiesen haben. Diese sind einerseits tief in demjenigen verwurzelt, was wir mit höheren Säugetieren gemeinsam haben, ja sie reichen hinab in Urgründe allen Lebens. Diese gewinnen andererseits in uns Menschen eine unverwechselbare Ausprägung, sind wir doch gleichsam »von Natur Kulturwesen« (Arnold Gehlen). Gemeinsam ist dieser zwiefachen Sichtweise die Abkehr von einer traditionellen Schulmetaphysik, aber auch von einer mathematisierbaren Naturwissenschaft, und die »Wende zur Lebenswelt«; diese wird jedoch von zwei Seiten her in den Blick genommen[2].

c) Entwicklungsschübe der Menschheit

1. Die Vor- und Frühgeschichte der Menschheit liegt für uns in einem kaum zu erhellenden Dunkel; sie wirkt stagnierend und zähflüssig[3]. Jahrmillionen müssen wir für das »Tier-Mensch-Übergangsfeld« ansetzen, in welchem sich die Urmenschen aus den Vormenschen herauslösten. Nach den Funden vor allem in der Oldoway-Schlucht am Rande der Serengeti-Steppe waren dies »zierlich gebaute, etwa 1,20 m bis 1,50 m große, aufrechtgehende Geschöpfe mit Stand- oder besser Rennfüßen, einem relativ kleinen Hirnschädel mit einem großen Gebiß typisch menschlicher Gestaltung«[4]. Sie müssen bereits Geräte aus Steinen und Tierknochen verfertigt haben. Regelmäßige Feuerstellen und ausgestaltete Herde finden sich erst in der mittleren Altsteinzeit. Grabstätten zeugen vom Glauben an ein Weiterleben nach dem Tode. Etwa vor 40000 Jahren tritt an mehreren Stellen in Europa der Cro-Magnon-Typus auf, der sich in seiner Leibesgestalt bis heute kaum verändert hat. Seit rund 25000 Jahren stoßen wir auf zwei polare Manifestationen künstlerischer Gestaltungskraft; die unvergeßlichen Höhlenmalereien und naturnahe Ausgestaltungen von Gebrauchsgegenständen finden sich vor allem im südwestfranzösischen und nordspanischen Bereich; in Ost- und Mitteleuropa hingegen trifft man auf eine freistehende Kleinplastik und auf abstrakt geometrische Ornamentik. Gerade in der Armut ihrer Motive bekunden die Felszeichnungen eine erstaunliche Spannweite im Ausdruck von einer naturalistischen Wiedergabe bis hin zu extremer Stilisierung[5]. Diese Kunstwerke können sich mit allem Späteren messen; in ihnen tritt uns der Menschengeist in vollendeter Reinheit entgegen.

2. Seit etwa 10000 Jahren vor Christus mögen sich die unterschiedlichen Rassen herausgebildet haben. Seit jener Zeit läßt sich die kulturelle Entwicklung verfolgen. Zu ihr

---

2. Die recht sophistischen Analysen von *Odo Marquard* (Schwierigkeiten mit der Geschichtsphilosophie, Frankfurt 1973) können nur bestätigen, daß man den geschichtsphilosophischen und den strukturalen Aspekt nicht gegeneinander ausspielen kann; beide fordern und ergänzen sich gegenseitig.
3. Dies verdeutlicht instruktiv das Trickbild bei *K. J. Narr:* Beiträge der Urgeschichte zur Kenntnis der Menschennatur, dtv WR 4072, S. 3–62, S. 10.
4. *Gerhard Heberer:* Homo – unsere Ab- und Zukunft, Stuttgart 1968, S. 44.
5. Hierzu *P. J. Ucko* und *A. Rosenfeld:* Felsbildkunst im Paläolithikum, München 1967.

dürfte neben der »Herausforderung «(challange) durch sich verschlechternde Umweltbedingungen und der wagenden Antwort des ratfindenden Menschen (response) zugleich ein weniger Heroisches beigetragen haben; ein reicheres Fließen des Lebensunterhaltes (surplus) gewährte größere Muße zum Experimentieren (laisure)[6]. Der Wandel zwischen »langdauernd stabilen Ebenen« und »kürzerdauernden, manchmal katastrophalen Krisen« kennzeichnet die gesamte Evolution des Lebens im Kosmos. Carl Friedrich von Weizsäcker verdeutlicht dies am »Modell« eines ungleichmäßig dahinfließenden Stromes[7]. Dieser Wechsel prägt nicht nur die Entwicklungsphasen eines jeden Menschen, wie dies Erik H. Erikson in acht Stufen schematisiert hat[8], oder gar nur den »Fortschritt« der Wissenschaften, worauf Thomas S. Kuhn das Augenmerk lenkte[9], er durchwaltet die Geschichte der gesamten Menschheit. Arnold J. Toynbee schaut dies im Bilde einer Seilschaft, die an einer steilen Bergwand von Felsband zu Felsband emporklettert[10].

3. Die urtümliche Form menschlicher Vergesellschaftung dürften jene kleinen Clan-Gruppen (Folk-societies) umherstreifender Sammler und Wildbeuter gebildet haben. In ihnen waren die Familien schon eingebettet in größere Verbände von ein paar Dutzend Menschen. Der Überschritt der »neolothischen Revolution« zum Anbau von Pflanzen und Hegen von Tieren erfolgte wohl seit dem 9. Jahrtausend auf der gesamten eurasischen Landmasse. Dies erforderte ein Seßhaftwerden und ermöglichte den Zusammenschluß zu Dorfgemeinschaften. Mit ihrem lapidaren Satz: »Abel ward ein Hirt, Kain aber wurde ein Ackerbauer« (Gen 4,2) rührt die biblische Urgeschichte noch an das Auseinandertreten jener beiden Lebensformen. In den Erzählungen über menschliche Errungenschaften sind derartige Durchstöße zu neuer Lebensgestalt im Mythos wie in der Sage aufbewahrt. In Gen 4,17–26 ist dies bereits »entmythisiert«; erwuchsen in Sumer die Kulturgüter aus der Göttergenealogie, so sind sie jetzt auf Menschen bezogen[11]. Wohl parallel hierzu bildete die Menschheit im »grandiosesten Team-work aller Zeiten« die stark »exzessiven Sprachtypen« heraus, welche die früheren Typen an den Rand der großen Landmasse der Erde drängten[12].

4. Seit dem 4. Jahrtausend entstehen die ersten Hochkulturen. Aus den versteppenden Savannen drängen die Menschen in die unzugänglichen, aber fruchtbaren Flußniede-

---

6. Diese Einsicht fügt *C. O. Sauer:* Agricultural Origins and Dispersals, Cambridge (Mass.) 1969[2] zu dem Wortpaar von A. J. Toynbee hinzu.
7. *C. Fr. von Weizsäcker:* Der Garten des Menschlichen, S. 86ff.
8. *E. H. Erikson:* Identität und Lebenszyklus, Frankfurt 1966; Kindheit und Gesellschaft, Stuttgart 1965[2], S. 241–270; vgl. auch Jugend und Krise, Stuttgart 1970, S. 11–40. 91–144; Einsicht und Verantwortung, Stuttgart 1966, S. 99–145. 198–222; Lebensgeschichte und historischer Augenblick, Frankfurt 1977.
9. *Th. S. Kuhn:* Die Struktur wissenschaftlicher Revolutionen, Frankfurt 1967; Die Entstehung des Neuen. Studien zur Struktur der Wissenschaftsgeschichte, Frankfurt 1977.
10. *A. J. Toynbee:* Studie zur Weltgeschichte, Hamburg 1949, S. 79.
11. Vgl. *Cl. Westermann:* Genesis, BKAT I, S. 77–86.436–467.
12. Hierzu *Johannes Lohmann:* Philosophie und Sprachwissenschaft (Erfahrung und Denken Bd. 15), Berlin 1965, S. 136–235, mit der nach F. N. Finck gegebenen Übersichtskarte der Haupttypen des Sprachbaus, S. 137.

rungen ein. Dies erforderte eine »mammutartige Fronhoforganisation«[13] mit bürokratischem Verwaltungssystem, zentralisierter Beamtenschaft, um die Herrscherdynastie sich scharender Priesterhierarchie und später auch stehenden Söldnerheeren. Man schloß sich zu übergreifenden Sprachgemeinschaften zusammen, stellte die Kommunikation in der Schrift auf Dauer und brachte Zahl und Maß in ein handhabbares System. Israel stand den Hochkulturen fremd gegenüber. Die ägyptische Fron wurde ihm zum Urbild jeglicher Versklavung und Babel zum Typus der gottfeindlichen Stadt. Wird in Gen 4,17 der Schritt vom Bauerntum zur Stadtgründung nahezu wertfrei berichtet, so brandmarkt Gen 11,1–9 die Groß-Stadt als schlechthinniges Symbol menschlicher Hybris, hinter der die Angst lauert, und die Propheten beugen die himmelstürmende Stadt unter Gottes Gericht.

5. Das chthonische Element jener ans bewässerte Erdreich gebundenen Kulturen wird erschüttert durch Einbrüche von Reiter- und Kamelnomaden, die sich unter einem weiten Himmel der schweifenden Freiheit verschrieben haben[14]. Im letzten Jahrtausend vor Christus traten an den Rändern der Hochkulturen oder in Verfallsperioden derselben zumeist in überschaubaren Volksgruppen und Stadtgemeinschaften diejenigen Menschen auf, die zu den bis heute gültigen Leitbildern wahrer Menschenexistenz durchstießen. Dieser Druchbruch erfolgte nahezu gleichzeitig sowohl in Indien und China als auch in Griechenland und Israel. Am Rande des Chaos stehen plötzlich einfache Menschen da, die weder Herrscher noch Priester sind, deren Name und persönliches Geschick sich der Geschichte einprägt. Sie brechen das Gehäuse von Mythos und Magie auf und eröffnen eine personhaft verantwortete, reflex durchdachte Geschichte. Sie entwickeln die zentralen Kategorien, in denen wir bis heute denken. Sie finden die sittlichen Normen, nach denen wir uns bis heute richten. Sie gestalten die Ansätze zu den Weltreligionen, aus denen Menschen bis heute Lebensmut und Sterbensgewißheit schöpfen. Hierin stoßen sie durch ins Universale und Allgemeinverbindliche[15].

6. Diese von Karl Jaspers mit dem Ehrentitel der »Achsenzeit«[16] ausgezeichnete Periode schien Kontinente zu übergreifen. Doch die nahezu gleichzeitigen Ansätze verschmolzen nicht zu einer gemeinsamen Geschichte[17]. China, Indien und das Abendland blieben vorerst noch voneinander getrennt. Die Achse der Entwicklung konzentrierte sich auf das Abendland, auf die Verschmelzung der alttestamentlich-christlichen Religion mit der antik-griechischen Humanität. Dieser Prozeß spiegelt sich noch wider in der keineswegs geringen Spannweite reformatorischer Anthropologie. In seiner »Philosophie der Geschichte« rückt Hegel jene antik-christlich-abendländische Achse ins Zentrum und wagt es, das damals mächtig anschwellende Wissen um die gesamtmenschliche Geschichte zu schematisieren und in eine zielstrebige Dynamik auf Jesus aus Nazareth hin, aber auch von diesem her, in eins zu schauen. Um den Freiheitsweg des Geistes als Sinn und Ziel der Menschheitsgeschichte zu erweisen, entwirft

---

13. Nach *Alfred Weber:* Kulturgeschichte als Kultursoziologie, München 1963[5], S. 52.
14. Dies akzentuiert *A. Weber:* Kulturgeschichte ..., S. 44–47.97–99.
15. Hierzu *Karl Jaspers:* Die großen Philosophen, Bd. I, München 1957, S. 103–228.
16. Vom Ursprung und Ziel der Geschichte, Fischer-B. 1955, S. 11–80; vgl. auch *Ernst Bloch:* Das Prinzip Hoffnung, Bd. III, S. 1438–1504.
17. Dies würde die Thesen von A. Weber und K. Jaspers korrigieren.

er die Fluchtlinie vom Auftreten Jesu und der Einsicht in Gottes trinitarische Selbstentfaltung über die lutherische Reformation bis hin zur Französischen Revolution. Dabei bildet auch für ihn die Geschichte eine »Schlachtbank ..., auf welcher das Glück der Völker, die Weisheit der Staaten und die Tugend der Individuen zum Opfer gebracht« wurden; auch für ihn ist ihr das Leidenszeichen des Kreuzes eingebrannt. Dennoch hält er fest am unbeugsamen Willen der Vernunft, »den Fortschritt im Bewußtsein der Freiheit« in dessen unausweichlicher Notwendigkeit aufzuweisen und hierin »die wahrhafte Theodizee, die Rechtfertigung Gottes in der Geschichte«[18], zu vollziehen. Dieses bewundernswerte und zugleich hybride Unterfangen wirkt nach in den bescheideneren Entwürfen von Paul Tillich, Karl Rahner, Wolfhart Pannenberg, Jürgen Moltmann und John B. Cobb.

7. Das christliche Abendland seinerseits ist der Wurzelboden für den bisher letzten Schritt zu einer neuen Gestalt menschlicher Selbstverwirklichung und Erdherrschaft, zur »landschaftslosen Welt-Industrie-Kultur«[19], die sich mit rasanter Geschwindigkeit über den ganzen Erdball ausbreitet und die Menschheit zum ersten Male in ihrer Geschichte zur Einheit zusammenschweißt. Diese radikal neue Situation konnte in den anthropologischen Überlegungen der Reformatoren nur von ferne – in der Auseinandersetzung mit dem Frühkapitalismus – geahnt werden, ist sie doch selbst in den analysierten Dogmatiken der Vätergeneration noch kaum präsent. Die anhebende Weltzivilisation steht in einer faktischen Ambivalenz zur christlichen Tradition. Dies wurde bereits reflex im Ringen zwischen dem Rechts- und dem Linkshegelianismus. Einerseits kann man die antik-christlich-abendländische Gestalt der Humanität als den bleibenden Wurzelgrund der Weltzivilisation ansehen und somit etwa wie Friedrich Gogarten die »Säkularisation« positiv werten[20]. Dann ließe sich der gegenwärtige Umbruch noch relativ bruchlos dem biblisch-reformatorischen Menschenverständnis zuordnen[21]. Andererseits kann man die wissenschaftlich-technische Weltrevolution schroff

18. *G. W. F. Hegel:* Philosophie der Geschichte, Reclam 4881–85, S. 64.61. 605.

19. Nach *Arnold Gehlen* läßt sich jene »absolute Kulturschwelle« nur mit der »neolithischen Revolution« vergleichen (Die Seele im technischen Zeitalter, rde 53, S. 87ff.; Anthropologische Forschung, rde 138, S. 99f. 128ff.). In Urmensch und Spätkultur (Frankfurt–Bonn 1964², S. 97) fügt er als einen dritten grundlegenden Wandel den Schritt zur monotheistischen Religion hinzu.

20. *Fr. Gogarten:* Verhängnis und Hoffnung der Neuzeit, Stuttgart 1958², S. 134–141.

21. Hierzu hebt Karl Jaspers (Vom Ursprung und Ziel der Geschichte, S. 78. 88f.; etwas anders sieht es *A. Weber:* Kulturgeschichte ..., S. 432–445) ein Vierfaches heraus. Die alttestamentliche Prophetie durchstieß den magischen Horizont und konfrontierte die schlichte Wirklichkeit unverstellt mit Gottes radikaler Rechts- und Liebesforderung. Die Griechen erlangten »eine Klarheit der Unterscheidungen, eine Plastik der Gestalten, eine Konsequenz des Rationalen« wie nirgends sonst in der Welt. Der christliche Glaube vereinigte ein letztes Innewerden äußerster Transzendenz mit einer freien Hingabe an die unscheinbarste Kreatur. In selbstkritischer Wahrhaftigkeit folgt der Wissenschaftler gleichsam der Inkarnationsbewegung des Gott-Logos und sucht noch im Verachteten oder Übersehenen Gottes gute Schöpfung zu verifizieren. Schließlich ließen die relative Freiheit der kleinen Staaten und Städte, die anspornende Konkurrenz der Männer und Mächte, die übergreifende Diskussion mit Hilfe der Buchdruckerkunst,

abheben von der vorhergehenden abendländischen Christenheit und sie als eine neue methodisch agnostische und damit faktisch a-theistische oder gar anti-christliche »Stufe« innerhalb der Menschheitsentwicklung werten. Hierzu wird mit Jacob Burckhardt behauptet, daß »der moderne Geist auf eine Deutung des ganzen hohen Lebensrätsels unabhängig vom Christentum« abziele[22]. Zumeist wird die griechische Komponente in ihrer naturwissenschaftlichen, agnostischen Gestalt gegen die christliche Überlieferung ausgespielt[23]. Oder man sieht in der mathematischen Naturwissenschaft sowohl »den harten Kern der Kultur des neuzeitlichen Europa« als auch das »ständig wachsende Stahlskelett« der Weltzivilisation[24] und führt sie auf »die entscheidende griechische Entdeckung« zurück, »daß es große gedankliche Zusammenhänge von unausweichlicher Stringenz – Theorien – überhaupt geben kann«[25].

8. Durch jene unterschiedlichen Deutungsofferten wird das eigentliche Dilemma kaum berührt. Es wird bei so verschiedenen Denkern wie Arnold Gehlen und Georg Picht, Alfred Weber und Max Müller, Karl Jaspers und Carl Friedrich von Weizsäcker[26] beharrlich eingeschärft. Sittlich wie religiös gewertet, zeigt die gegenwärtige Weltzivilisation höchstens schüchterne Ansätze zu einer eigenständigen Gestalt, faktisch ruht sie noch auf den Fundamenten antik-christlich-abendländischer Humanität und sucht auch in den anderen Kontinenten auf die Impulse der Achsenzeit zurückzugreifen. Eher droht eine Regression auf archaischere Ausprägungen von »Humanität«. Um dem zu begegnen, wäre es notwendig und hilfreich, das Ethos indischer wie chinesischer Ausformungen der Achsenzeit lebendig fortzuschreiben. Es dürfte sich weithin segensreich verschwistern mit den weisheitlichen Traditionen des Alten Testamentes und des Griechentums, die durchaus auch von den Reformatoren rezipiert wurden. Die Einheit der Erde provoziert uns zu einem weltweiten Gespräch. Hierbei wird jeder Versuch, uns Eu-

---

das Sicheröffnen neuer technischer Möglichkeiten sowie die Ausweitung des Horizontes durch die Entdeckung fremder Kontinente einen evolutionsträchtigen Nährboden entstehen.

22. *J. Burckhardt:* Weltgeschichtliche Betrachtungen, Ausg. Kröner, S. 153.
23. Dies erfolgt bei *Hans Blumenberg:* Säkularisierung und Selbstbehauptung, stw 79, Frankfurt 1974; vgl. *Hermann Lübbe:* Säkularisierung. Geschichte eines ideenpolitischen Begriffs, Freiburg–München 1965; in anderer Weise bei *Karl Löwith:* Weltgeschichte und Heilsgeschehen, Stuttgart 1953; Vorträge und Abhandlungen. Zur Kritik der christlichen Überlieferung, Stuttgart 1966; wieder in anderer Weise bei *Wilhelm Kamlah:* Christentum und Geschichtlichkeit, Stuttgart–Köln 1951[2]; Der Mensch in der Profanität, Stuttgart 1949; Philosophische Anthropologie, BI – Hochschult. Nr. 238, Mannheim 1973.
24. *C. Fr. von Weizsäcker:* Der Garten des Menschlichen, S. 93.
25. A.a.O. S. 96.
26. *A. Gehlen:* Die Seele im technischen Zeitalter, sowie Urmensch und Spätkultur. – *G. Picht:* Mut zur Utopie, München 1969. – *A. Weber:* Der dritte und der vierte Mensch, München 1963. – *K. Jaspers:* Vom Ursprung und Ziel der Geschichte. – *M. Müller:* Philosophische Anthropologie, Freiburg–München 1974. – *C. Fr. von Weizsäcker:* Der Garten des Menschlichen, und zusammen mit *Gopi Krischna:* Biologische Basis der Glaubenserfahrung, Weilheim 1973[2].

ropäern die östlichen Einsichten nahezubringen, nur gelingen, wenn er zugleich »ein Stück Arbeit an unserer unvollendeten Selbsterkenntnis« ist. In der Bewegung zweier Kulturen geht es wesenhaft »um das Sehen von Wirklichkeit, d. h. um Wahrheit«[27]. Freilich gilt auch: Wenn sich jene Einsichten weithin nach dem Vorbild der Reformatoren auch in das weltliche Regiment des segenspendenden Erhalters einbringen lassen, so verbleibt doch ein eschatologischer Widerstreit zwischen den letzten Intentionen. Hier »Unio mystica« als ein Sich-Verströmen in der wahren Wirklichkeit, als glückhaftes Herausbrechen aus dem Leidensrad endloser Wiedereinkörperungen, dort »Communio fidei« als Teilgewinnen der vor Gottes Angesicht gerufenen Person an ihrem Schöpfer und Erlöser. Doch dieser Riß trennt ja nicht nur die östlichen Hochreligionen vom Christentum, er zieht sich in abgeschwächter und oft verdeckter Gestalt auch quer durch die abendländischen Traditionen hindurch. Dieses Ringen wäre in einer Skizze der religiösen Menschheitsentwicklung zu entfalten. Wir müssen hierzu auf den Band zu den Religionen verweisen.

III. Sich durchhaltende Strukturen des Menschseins

a) Methodischer Ansatz zu einer kategorialen Sicht

1. Unter der Chiffre einer »basalen Anthropologie« fordert Adolf Portmann, die Vielzahl meist uneingestandener, oft kaum bewußter »latenter Anthropologien« sei zu integrieren im »Versuch einer gründenden Zusammenfassung der wissenschaftlich möglichen Aussagen vom Menschen«[1]. Wir möchten etwas Anspruchloseres versuchen und in diesem neuen Abschnitt einige Vollzüge zusammentragen, die sich von den Wildbeuter-Kulturen bis zur Weltzivilisation durchgehalten haben[2]. Hierzu gehen wir aus »vom einzig bleibenden und für uns möglichen Zentrum, vom duldenden, strebenden und

27. *C. Fr. von Weizsäcker:* Der Garten des Menschlichen, S. 529; vgl. S. 524–550.

1. *A. Portmann:* Um eine basale Anthropologie, in: Entläßt die Natur den Menschen?, München 1970, S. 154–167; vgl. auch *Wilhelm Emil Mühlmann:* Homo creator. Abhandlungen zur Soziologie, Anthropologie und Ethnologie, Wiesbaden 1962; eine anders orientierte Sicht, die aber zu analogen Einsichten gelangt, bietet *C. Fr. von Weizsäcker:* Der Garten des Menschlichen, S. 225–252. Vom Phänomen des Lebens aus bahnt sich *G. Ebeling* einen Zugang, Dogmatik des christlichen Glaubens, Tübingen 1979, Bd. I, S. 89–110, Bd. II, S. 260–279.

2. Hierzu auch *A. Gehlen:* Urmensch und Spätkultur.

handelnden Menschen, wie er ist und immer war und sein wird«; wir blicken beharrlich auf »das sich Wiederholende, Konstante, Typische, als ein in uns Anklingendes und Verständliches«[3].

2. Diese transkulturellen Konstanten senken ihre Wurzeln tief ein in die Stammesgeschichte der Menschheit, in dasjenige, was uns mit Tieren und Pflanzen verbindet. Ist doch der Mensch erst »durch ein typisches stammesgeschichtliches Werden zu dem Kulturwesen geworden, das er heute ist«[4]. Zugleich freilich gewinnen jene übergreifenden Konstanten in uns selbstreflexen Menschen eine spezifische Form. Die neuzeitliche anthropologische Besinnung spricht hier von einer »exzentrischen Positionalität«.

b) Umschreibungen der »exzentrischen Positionalität«

1. Gewöhnlich hebt man die Weltoffenheit des Menschen von der Umweltgebundenheit des Tieres ab. Portmann formuliert behutsamer: »Unsere Weltoffenheit zeigt sich gerade darin, daß wir vermögen, unsere Umweltbindungen als solche zu erkennen und Distanz zu ihnen zu gewinnen. In dieser Möglichkeit einer besonderen ›Positionalität‹, die Plessner bereits 1928 betont hat, liegt das entscheidende Kennzeichen der menschlichen Weltbeziehung.«[5] Helmuth Plessner spricht von der »natürlichen Künstlichkeit« menschlicher Lebensform[6]. Der Mensch muß sich zu sich selber verhalten, nicht allein zu seinem Leibe auch zu seinen Artgenossen wie zur nichtmenschlichen Welt, aber auch zu seinem eigenen Tun und Lassen, Fühlen und Wollen, Empfinden und Denken. Dieses Unausweichliche gründet in seiner exzentrischen Positionalität. »Aus der exzentrischen Konstitution der menschlichen Lebendigkeit ergeben sich ... die differenzierten Weisen, in denen er seine Exzentrizität ausarbeitet und die wir seine Kultur nennen. Die großen Themen von Wirtschaft, Recht, Sprache und Religion, Wissenschaft und Philosophie legen

---

3. *J. Burckhardt:* Weltgeschichtliche Betrachtungen, S. 5f.; diese Schau ist nach ihm »gewissermaßen pathologisch«.

4. *Konrad Lorenz:* Die Rückseite des Spiegels. Versuch einer Naturgeschichte menschlichen Erkennens, München–Zürich 1973, S. 239.

5. *A. Portmann:* Entläßt die Natur den Menschen?, S. 18f.; zur systematischen Unterscheidung zwischen Mensch und Tier siehe die Zusammenfassungen bei *Heinrich Roth:* Pädagogische Anthropologie, Bd. I, Hannover 1968², S. 109–126.168–195.

6. *H. Plessner:* Die Stufen des Organischen und der Mensch, Samml. Göschen 2200, 1975³, S. 310: »Als exzentrisches Wesen nicht im Gleichgewicht, ortlos, zeitlos im Nichts stehend, konstitutiv heimatlos, muß er ›etwas werden‹ und sich das Gleichgewicht – schaffen«; vgl. Zwischen Philosophie und Gesellschaft, Ausg. Abhandlungen und Vorträge, Bern 1953; Diesseits der Utopie. Ausg. Beiträge zur Kultursoziologie, Düsseldorf–Köln 1966; Philosophische Anthropologie (Conditio humana), Frankfurt 1970.

nicht nur als die gegenständlichen Spuren, die der Mensch hinterläßt, von ihm Zeugnis ab. Ihnen tritt vielmehr die Kunde zur Seite, die er von sich selbst gewinnt und an sich selbst übermittelt.«[7]

2. Hierin ist der Mensch jedoch das Wesen radikaler Transzendenz, welches alle Bezirke hinter sich zu lassen vermag. »Heimatlos ist er, weil kein Bezirk und keine historische Welt ihn ›halten‹ kann, weil er sie immer überschreitet, transcendit. Der Mensch ist das Wesen des Überschreitens, des Übersteigens, der Transzendenz.«[8] Seine Weltoffenheit ist eschatologisch qualifiziert. Mit allem Welthaft-Zuhandenen übersteigt er sein eigenes Sterben. »Es gehört zum Menschen, über den Tod hinaus zu hoffen, so wie es zum Menschen gehört, um den eigenen Tod zu wissen.«[9]

3. Schreiten wir von diesen ersten Einsichten in das Positionale, Exzentrische und Eschatologische menschlicher Existenz deren Wesenszüge aus und knüpfen hierbei locker an die reformatorischen Einsichten sowie an die Erkenntnisse der Systematiker der Vätergeneration an. Die hierbei zu skizzierenden Strukturen liegen nicht auf ein und derselben Ebene. In Anlehnung an die reformatorische Drei-Stände-Lehre, an Bonhoeffers vier Mandate sowie an das leider versiegte Institutionen-Gespräch innerhalb der EKD[10] heben wir zunächst die klassischen Strukturen der Oeconomia, Familia und Politia heraus, achten dabei aber schon auf ihnen korrespondierende Triebe und Verhaltensweisen des Menschen. Die Ecclesia als Gemeinschaft des Kultus und der Gottesverehrung klammern wir ein. Sodann wenden wir den Blick und analysieren Kategorien, die sich quer durch das institutionelle Gefüge hindurchziehen, das »Do ut des« der Reziprozität, wie es in der »Goldenen Regel« klassisch fixiert ist, das Sich-Erspielen des Lebensraumes durch den »Homo ludens«, das Bonhoeffer im »Spielraum der Freiheit« ansprach, der sich gegen eine Einordnung unter die Mandate sperrte[11], sowie das Erkennen und Gestalten des »Homo symbolicus« auf Sinnträchtiges hin, worin alle Kultur gründet. Diese doppelte Trias eigenständiger Kategorien ist ihrerseits durchwoben vom Geheimnis der Sprache als der Mittlerin zwischen der Gemeinschaft und dem einzelnen, zwischen Selbst und Welt. Und diese Siebenzahl lenkt den Blick zurück zu ihrem

---

7. H.-G. Gadamer, dtv WR 4069, S. XX.
8. *M. Müller:* Philosophische Anthropologie, S. 22.
9. *W. Pannenberg:* Was ist der Mensch?, S. 33.
10. Siehe oben S. 50ff.; ferner *Ernst Kinder:* Luthers Ableitung der geistlichen und weltlichen »Oberkeit« aus dem vierten Gebot, in: Für Kirche und Recht, Festschrift für J. Heckel, Köln–Graz 1959, S. 270–286; *Julius Hoffmann:* Die »Hausväterliteratur« und die »Predigten über den christlichen Hausstand«, Weinheim 1959; *Reinhard Schwarz:* Luthers Lehre von den drei Ständen und die drei Dimensionen der Ethik, LuJ 45 (1978), S. 15–34. – *Jürgen Moltmann:* Herrschaft Christi und soziale Wirklichkeit nach Dietrich Bonhoeffer, ThExh NF 71, München 1959; *Jürgen Weißbach:* Christologie und Ethik bei D. Bonhoeffer, ThExh NF 131. – Recht und Institution I (GIF 9), Witten 1956; II, Stuttgart 1969; beides hg. von Hans Dombois.
11. Brief vom 23. Januar 1944; Widerstand und Ergebung, Ausg. München 1959, S. 136.

gemeinsamen Wurzelgrund, zur exzentrischen Positionalität in der von den Reformatoren akzentuierten Forum-Existenz in deren Coram-Relationen.

c) Das Strukturgefüge menschlicher Existenz

1. Arbeit – Erwerb – Eigentum (Oeconomia)

1. Arnold Gehlen hat den Menschen als ein handelndes, als das »stellungnehmende Wesen« zu erfassen gesucht[12]. Als ein erfindungsreiches »Mängelwesen« vermag der Mensch Werkzeuge herzustellen und durch deren Inbesitznahme sowie Verwendung seine Lebensmacht zu steigern. Von diesem Blickwinkel aus erschließt sich das kaum zu entwirrende Geflecht der Oeconomia, jenes Ineinander von Arbeit und Technik, von Erwerb und Eigentum. Dies erfordert den aufrechten Gang, die freigesetzte, unspezifische, äußerst sensible Hand sowie das Verknüpfen von Fühlen, Sehen, Vorstellen und Planen. Dinge als Werkzeuge benutzen, das vermögen schon die Anthropoiden. Hierbei erkennen sie ein Ding als einen Gegenstand und erschauen in einer Art »Aha-Erlebnis« dessen Verwendbarkeit. Der Mensch stellt bewußt Werkzeuge her; hierzu nimmt er in seiner Phantasie deren zukünftige Verwendung vorweg. Im experimentierenden Versuch greifen die tastende Hand, das hinblickende Auge, die vorauseilende Phantasie und das probierende Denken ineinander.

2. Indem wir die Werkzeuge bei uns behalten und in Besitz nehmen, erlangen wir erhöhte Sicherheit für Gegenwart und Zukunft. Der kaum bezwingbare Drang vor allem der Halbwüchsigen, alles nicht Niet- und Nagelfeste aufzuheben, bekräftigt, daß jenes »Beisichbehalten« eine »elementare anthropologische Kategorie« ist[13]. Das Bedürfnis, die Verfügungsmacht und den Handlungsspielraum auszuweiten, charakterisiert das Genus humanum[14]. Das Ding wird »objektiv«; es überdauert die je aktuelle Bedürfnisbefriedigung und erlangt eigenständigen Wert. Es verlockt zu neuem Umgang, bei dem sich bisher nicht geahnte Möglichkeiten auftun. So erfolgt ein eigenartiger Umschlag. Erst schufen wir die Dinge; nun gewinnen jene ein Eigendasein und prägen uns. Indem wir uns durch sie definieren lassen, »bedingen« sie uns. Gehlen interpretiert dies als eine Art »Transzendenz ins Diesseits«[15], auf der die Welt des »objektivierten Geistes« beruhe.

3. Wo man bei Affen etwa im Automatenexperiment eine künstliche Dingwelt von Münzen zwischen den Hunger und das Futter dazwischengeschaltet hat, haben jene niemals eine neue Spiel- oder Phantasiewelt jener »Halbtranszen-

---

12. *A. Gehlen:* Der Mensch, S. 32.
13. *A. Gehlen:* Urmensch und Spätkultur, S. 51; nach einer Anregung von H. Schelsky.
14. Urmensch und Spätkultur, S. 75 (These).
15. Nach Urmensch und Spätkultur, S. 14–19.

denzen« entstehen lassen[16]. Das Tier bleibt der unmittelbaren Gegenwart verhaftet. Dem Menschen strukturiert sich ein Gefüge von Zukunft, Vergangenheit und Gegenwart, weil er sich selber ständig vorweg ist. Indem wir ein Werkzeug herstellen, nehmen wir dessen künftige Verwendung vorweg. Indem wir es in Besitz nehmen, erhöhen wir die gegenwärtige Sicherheit. Indem wir es oft verwendet haben, indem es uns handlich wurde, beginnt es uns aus dem Gewesenen heraus zu prägen. Es stabilisiert unsere Herrschaft über die nichtmenschliche Welt; es wird zum Statussymbol innerhalb der Menschengesellschaft. So lassen sich vom Menschen als Werkzeughersteller und -benutzer aus Verbindungslinien zu allen anderen Dimensionen des Menschseins ziehen. Das Ineinander von Arbeit und Technik, von Erwerb und Eigentum, in welchem ein experimentierendes Erproben, ein Beisichbehalten sowie ein Sichbestimmenlassen durch das Hergestellte oder Erworbene sich wechselseitig durchdringen, erweist sich als eine Kategorie.

2. Ehe – Familie – Sippe (Familia)

1. Nicht minder universal ist der Urdrang nach geschlechtlicher Vereinigung, ist der Wunsch, sich im Kinde fortzuzeugen. Auch dieses Existential reicht tief hinunter in den subhumanen Wurzelgrund. Der hormonal gesteuerte Brutpflegetrieb, die Milchsekretion als Antwort auf den Schrei eines Kindes, der Drang zum Streicheln, Herzen und Küssen binden uns hinein in die Gemeinschaft der höheren Säugetiere. Doch ragt die spezifisch menschliche Gestalt der Familie frei hinein in eine verantwortete Geschichte mit ihren institutionellen Ausformungen.

2. Dies bekräftigt bereits die menschliche Eigenprägung. Nach Portmann ist der Mensch im Unterschied zu den ihm nahestehenden Säugetieren eine »physiologische Frühgeburt«; eigentlich sollte er noch ein gutes Jahr (das sog. »extrauterine Frühjahr«) im Mutterschoße ausreifen[17]. An dessen Stelle tritt der soziale Mutterschoß, der ihn zum »animal educabile«[18] werden läßt. Die Untersuchungen von René A. Spitz[19] zur frühmenschlichen Kommunika-

---

16. Ein knapper Bericht über derartige Versuche findet sich bei *H. Roth:* Pädagogische Anthropologie, Bd. I, S. 122f.

17. *A. Portmann:* Biologische Fragmente zu einer Lehre vom Menschen, Basel–Stuttgart 1969[3], S. 57–65.87–105; vgl. *Erich Blechschmidt:* Die pränatalen Organsysteme des Menschen, untersucht unter funktionellen Gesichtspunkten, erläutert mit 212 teils mehrfarbigen Abbildungen, Stuttgart 1973.

18. Dies ist der Ansatz der zweibändigen Pädagogischen Anthropologie von H. Roth, Hannover 1968[2]/1971.

19. *R. A. Spitz:* Vom Säugling zum Kleinkind. Naturgeschichte der Mutter-Kind-Beziehungen im ersten Lebensjahr, Stuttgart 1967; Vom Dialog. Studien über den Ursprung der menschlichen Kommunikation und ihre Rolle in der Persönlichkeitsbildung, Stuttgart 1976; Nein und Ja. Die Ursprünge der menschlichen Kommunikation, Stuttgart (o.J.).

tion, aber auch die Affenversuche von H. F. und M. K. Harlow[20], haben drastisch gezeigt, daß jene Dyade von Mutter und Kind innerhalb eines Familienverbandes zu den Ursprungsbedingungen lebensfähigen Menschseins gehört. »Die bergende Höhle des Mutterleibes wird ›vorzeitig‹ verlassen, aber die bergende Höhle des mütterlichen Gefühls, der Liebe und der Zuwendung muß an diese Stelle treten.«[21]

3. Die Menschen waren sich der Gefährdung, welche der kleinsten Zelle der Gemeinschaft droht, stets bewußt, deshalb gliederten sie das Neugeborene durch rituelle Handlungen in die Familie ein und festigten deren Bande ständig neu durch Riten der Bestätigung. Selbst gleichgeschlechtliche Beziehungen wurden zu Quasi-Familien erweitert und rituell in den Clan-Verband eingefügt. Durch ihre mannigfaltigen Ausgestaltungen hindurch hat sich jene Zelle der Familie als unerhört strapazierfähig und als erstaunlich regenerierfähig erwiesen.

Ursprünglich griffen hierbei die Oeconomia und die Familia noch fest ineinander. Das Zelt, die Hütte, das Haus umschloß die Lebens- und die Wirtschaftsgemeinschaft. Dieses Ineinander von Oeconomia und Familia in der »Hauswirtschaft« prägt noch die reformatorische Drei-Stände-Lehre. Unter Rückgriff einerseits auf die aristotelisch eingefärbte Tradition der neutestamentlichen »Haustafeln« und andererseits auf die Erzvätergeschichten haben jene die zentrale Funktion der Familia für die beiden Regimente Gottes eindrucksvoll herausgearbeitet[22].

4. Wohl nirgends auf der Welt dürfte es die Kleinfamilie als ein isoliertes und in sich autarkes Gebilde gegeben haben, stets war sie eingebettet in übergreifende Gemeinschaften. Jene freilich haben sich stärker gewandelt, von den Clan-Gruppen der Wildbeuter, die wenige Familien umspannten, bis hin zur Gesellschaft der Weltzivilisation, in der sich die Großfamilien auflösen. Die moderne Lockerung der Sippengemeinschaft wurde dadurch ermöglicht, daß die staatlich verfaßte Gesellschaft das Recht, die Ausbildung, die Versorgung und den Lebensabend der einzelnen garantiert.

3. Rechts- und Friedensordnung (Politia)

1. Jene übergreifenden Gemeinschaften wie Sippe und Stamm, Volk und Nation, Staat und Gesellschaft, Rasse und Klasse, aber auch Orden und Bruderschaft, bilden ein variables, kaum noch zu überblickendes Gefüge von Institu-

---

20. *H. F.* und *M. K. Harlow:* Social deprivation in monkeys, Scientific American 207 (1962), S. 137–146.

21. *Andreas Flitner:* Die pädagogische Anthropologie inmitten der Wissenschaften vom Menschen, in: Wege zur pädagogischen Anthropologie, hrsg. von A. Flitner, Heidelberg 1967², S. 218–268, S. 229.

22. Siehe oben S. 50f. und die Literatur in Anm. 10.

tionen, in denen sich die »Sozialität« des Menschen realisiert[23]. Doch treten auch hierin gewisse Grundzüge heraus. Mit den Herdentieren gemeinsam ist das Inbesitznehmen, Ausbauen und Verteidigen eines Reviers. Hierbei bildet sich ein zugehöriges, einheimisches Innen und ein fremdes, unheimliches, zumeist feindliches Draußen. Ein ausstrahlendes Zentrum, von dem die Herrschaft und das Hegen ausgeht, sowie eine Grenze, die es nach außen hin zu verteidigen gilt, finden sich überall vom wandernden Zelt-Clan bis hin zur utopischen Zielvorstellung einer »Weltinnenpolitik« und den Angstträumen von Angriffen außerterrestrischer Wesen.

2. Nach innen entsteht eine »sittliche Ordnung« mit ihren sozialen Sanktionen; in ihr setzt sich die »Hackordnung« innerhalb der Tierwelt fort. Ein jeder wird durch seinen Wert und Status definiert. Daß sich der Wert eines Menschen in der Gesellschaft nicht erst in der Moderne in Geld ausdrückt, zeigt die Liste der Ablösungssummen für die verschiedenen Altersstufen in Lev 27,1–8[24]. Nach außen hin entsteht das Problem, zwischen einem Feind und einem Gast (hostis – Gast) zu unterscheiden. Das Ius civile und das Ius gentium heben sich voneinander ab.

3. Konrad Lorenz hat gezeigt, daß schon manche Vögel neben Eltern und Geschwistern auch den sozialen Kumpan kennen[25]. So treten auch beim Menschen neben die Blutsbande die Wahlgemeinschaften, die in der uralten Institution der Blutsbruderschaft (David und Jonathan) aufgipfeln. Diese unterschiedlichen Ausformungen werden durchgehend übergriffen und zusammengehalten von der Rechtsgemeinschaft, die sich im Tor versammelt und um das Ding (causa, Thing) als um die strittige Sache schart.

4. Für ein angemessenes Verständnis der reformatorischen Drei-Stände-Lehre ist wichtig zu beachten, daß vor allem Luther unter dem Stichwort der Politia keineswegs den Staat im Sinne Hegels im Blick hat als ein in die Prägeform der Rechtsgewalt gefaßtes eigenständiges Volk (Herder). Weniger noch als Melanchthon und Calvin denkt Luther nicht einmal primär an die antike Polis oder den frühneuzeitlichen Ständestaat, vielmehr blickt er unter dem Leitbild der Ur- und Vätergeschichten der Genesis auf die von Gott selber in Menschenverantwortung gelegte Macht über Leben und Tod[26]. Sie wird den hierzu berufenen Magistratspersonen als ein Dienstamt auferlegt; sie sollen hierdurch die im Recht verfaßte Lebensgemeinschaft schützen. Aus dem ur-

---

23. Hierzu die systematische Besinnung bei *Ernst Wolf:* Sozialethik. Theologische Grundfragen, Göttingen 1975, S. 168–179.

24. Die Liste ist aufgeschlüsselt bei *Hans Walter Wolff:* Anthropologie des Alten Testaments, München 1973, S. 180f.

25. *K. Lorenz:* Der Kumpan in der Umwelt des Vogels (1935), in: Über tierisches und menschliches Verhalten, Bd. I, München 1965, S. 115–282, bes. S. 240–258.

26. Hierzu bes. WA 42,360–362, zu Gen 9,6.

menschlichen Drang zur Vergesellschaftung erwachsen somit die unterschiedlichen Sozialisationsformen einer Rechts- und Friedensordnung; dies meint die Politia als sippenübergreifende Lebens-, Rechts- und Wehrgemeinschaft.

Reziprozität als Grundfigur der Sozialität (Do ut des)

1. Durch jene institutionellen Strukturierungen der Oeconomia, Familia und Politia sowie durch die sich in ihnen ausprägenden Triebkräfte der Lebenserhaltung und des Besitzenwollens, des Sicherkennens und Sichfortzeugens, des Verteidigens und Angreifens, des Ordnens und Gestaltens zieht sich ein weiteres urmenschliches Verhalten hindurch, die »grundlegende anthropologische Kategorie der Reziprozität«[27]. In seiner »Philosophischen Anthropologie« hat Wilhelm Kamlah hieraus die »praktische Grundnorm« eines jeglichen Ethos zu entfalten gesucht: »Wir Menschen alle sind bedürftig und sind aufeinander angewiesen.« Deshalb sei eine »aufgeschlossene Gutwilligkeit« erforderlich, welche sich in den Satz fassen lasse: »Beachte, daß die Anderen bedürftige Menschen sind wie du selbst, und handle demgemäß!« Zu einer allgemeinen Maxime ausgeweitet, stoße dies vor in die Richtung des kategorischen Imperativs Kants: »Es ist jedermann jederzeit geboten zu beachten, daß seine Mitmenschen bedürftig sind wie er, und demgemäß zu handeln.«[28] Erik H. Erikson hat auf das Geheimnis sinnträchtiger Wechselseitigkeit verwiesen, durch das der einzelne aus seiner »eigenmächtigen Selbstverfangenheit« herausgelockt und zur gelösten Selbsthingabe provoziert werde. Wo immer wir uns dem Anruf der bedürftigen Nächsten stellen, werden wir »die Erfahrung machen, daß wahrhaft lohnende Taten die Wechselseitigkeit zwischen dem Täter und den anderen erhöhen – eine Wechselseitigkeit, die den Täter stärkt, ebenso wie sie die anderen stärkt«[29].

2. Diese Einsichten schießen gleichsam zusammen in der »Goldenen Regel« (Mt 7,12; Lk 6,31), die wohl zuerst durch die Sophisten als reine Nützlichkeitsmaxime zur Selbsterhaltung formuliert wurde[30]. Für das, was sich in ihr konzentriert, ist entscheidend nicht so sehr der Unterschied zwischen einer negativen und einer positiven Fassung als vielmehr der in ihr vorausgesetzte

---

27. Nach *A. Gehlen:* Urmensch und Spätkultur, S. 45–49.

28. *W. Kamlah:* Philosophische Anthropologie, S. 93–102; die Zitate, S. 95f.; zu Kant S. 134–144.

29. *E. H. Erikson:* Einsicht und Verantwortung, S. 198–222, S. 212; vgl. *Knud E. Løgstrup:* Die Verschiedenheit der ethischen Phänomene, NZSTh 14 (1972), S. 262–276; *George Herbert Mead:* Philosophie der Sozialität. Aufsätze zur Erkenntnisanthropologie, Frankfurt 1969.

30. Zu ihr vor allem *Albrecht Dihle:* Die Goldene Regel. Eine Einführung in die Geschichte der antiken und frühchristl. Vulgärethik, Göttingen 1962.

und durch sie ständig eingeübte Vollzug, sich in die Situation des Gegenübers hineinzuversetzen und das Verhältnis von dorther zu sehen. Unter dem radikalen Gebot selbstloser Nächstenliebe haben Luther und Kierkegaard unsere naive Selbstliebe als den wunden Punkt markiert, an dem das Gebot ansetzen will. »Siehe, wie hätte er (Christus, bzw. Paulus in Röm 13,9) dir kunnt ein näher, lebendiger und kräftiger Exempel geben, das in dir selb so tief stickt, ja du selber bist, gleich so tief, als auch das Gepot in deinem Hertzen geschrieben steht?« (WA 17 II,102,37). »Aber dieses ›wie dich selbst‹ – ja, kein Ringer kann seinen Gegner so fest, so unentrinnbar umklammern, wie dies Gebot die Selbstliebe umklammert.«[31]

3. Mag jene Regel reflex auch erst in der Achsenzeit formuliert worden sein[32], sie durchzieht als »Do ut des« oder auch als »Wie du mir, so ich dir« ursprunghaft alle Lebensbereiche; deshalb kann sie höchst unterschiedliche Ausprägungen erlangen und die mannigfaltigsten Sachinhalte umspannen. Im Handel übergreift jene anthropologische Kategorie weit das rein Ökonomische. Indem man etwas darbietet, gibt man sich selber preis und verpflichtet hierdurch das Gegenüber, in die angebotene Gemeinschaft einzutreten. Deshalb kommt die Weigerung, ein Geschenk anzunehmen, einer Kriegserklärung gleich. In der Ehe- und Sippengemeinschaft bildet das »Do ut des« gleichsam den »Kitt« der Sozialisation. Oft wird der Tausch zur beherrschenden Figur sozialen Lebens. Um das höchst gefährdete Gleichgewicht der Lebenskräfte zu wahren, gliederten sich die Clans hälftig und legte man entsprechend die Heiratsmöglichkeiten fest[33]. Im Recht schlug sich jene Gegenseitigkeit nieder im »Ius talionis«: »Wenn ein (bleibender) Schaden entsteht, so sollst du geben Leben für Leben, Auge für Auge, Zahn für Zahn, Hand für Hand, Fuß für Fuß, Brandmal für Brandmal, Wunde für Wunde, Strieme für Strieme« (Ex 21,23ff.)[34]. Das »Do ut des« gilt selbst im religiösen Bereich, ja hier dürfte es

---

31. *S. Kierkegaard:* Das Leben und Walten der Liebe (Jena 1924, S. 19f.), zit. nach *Rudolf Bultmann:* Glauben und Verstehen, Bd. I, S. 239 Anm. zur vorhergehenden Seite.

32. Sie wird anhand konkreter Beispiele gleichsam durchdekliniert in der Lehre des Buddha an die Hausväter von Veludvâra, Sy 55,7; wiedergegeben in: Reden des Buddha, Reclam Nr. 6245, S. 43–49.

33. Dies ist nachgewiesen in den klassischen Studien von *Claude Lévi-Strauss:* Strukturale Anthropologie, Bd. I, Frankfurt, 1969, S. 113–180.

34. Im Hinblick auf das Prahllied des Lamech (Gen 4,23f.), aber auch auf die Massaker und Geiselnahmen der Gegenwart, erweist sich das »Ius talionis« als humane Ordnung: nur Leben für Leben, nur Auge für Auge, nicht mehr! Doch der Durchbruch durch das Gesetz der Blutrache ist als Akt höherer Humanität in Sage und Legende, Lied und Gedicht festgehalten: »Nicht durch Feindschaft kommt Feindschaft zur Ruhe, durch Nichtfeindschaft kommt Feindschaft zur Ruhe« (*Kurt Goldammer:* Der Humanitätsgedanke in den nichtchristlichen Religionen, in: Humanität heute, hg. von H. Foerster, Berlin–Hamburg 1970, S. 68–108, S. 98, nach buddhistischen Legenden).

seine tiefsten Wurzeln haben. Mag es auch ehrfurchtslos utilitaristisch formuliert sein wie etwa in einem altindischen Ritual: »Gib mir, ich gebe dir, bring mir, ich bringe dir«[35], so soll doch wesenhaft die in der Gabe vollzogene Selbsthingabe die Macht des göttlichen Numens stärken und den allwaltenden Segensstrom nicht versiegen lassen. Hierzu dienten vor allem die Menschenopfer.

4. So realisiert sich in den unterschiedlichen Lebensbereichen der Kernvollzug lebenfördernder Wechselseitigkeit. In der menschlichen Fähigkeit, sich an die Stelle des Gegenübers zu versetzen, sowie in dem hieraus erwachsenden Ringen mit sich selber gründet das Ethos. Zumeist mißbrauchen wir jene Fähigkeit, um unsere Wünsche beim anderen durchzusetzen, oder wir praktizieren das »Wie du mir, so ich dir«. Es ist schon ein hohes Ethos, wenn wir den Nächsten als einen bedrängten und bedürftigen Mitmenschen annehmen und ihm dasjenige gönnen, was wir für uns selber beanspruchen, wenn wir ihn lieben gleich wie uns selber. In diesem Handhaben der »Regula aurea« gleichsam als einer Waage gründet das überlieferte Naturrecht. Hier gilt eine Art Rückkoppelung: Was ich für mich selber vom anderen erwarte, das will ich ihm zukommen lassen, jedoch nur so weit, als mir daraus nicht unzumutbare Härten erwachsen, die mein Gegenüber auch nicht um meinetwillen auf sich laden würde. Das Geheimnis wahrhaft freier Menschlichkeit erschließt sich jedoch erst dort, wo jene Rückkoppelung aufgehoben ist und ein Mensch den Kreislauf der Wechselseitigkeit durchbricht bis hin zur Feindesliebe oder zum Lebenseinsatz für den Mitmenschen. Es dürfte einsichtig sein, daß in jenen drei schematisierten Ausprägungen der Wechselseitigkeit die sog. »Goldene Regel« ihren Inhalt total verändert. Doch in allen Fällen ist die Reziprozität im Spiel, stets realisiert sich ein spannungsreiches Feld des Hinübers und Herübers entweder als zusammenbindender »Kitt« oder als auflösende Säure zwischenmenschlicher Sozialisation. Geschichtlich gesehen, prägt sich hierin der Tun-Erleiden-Zusammenhang aus.

5. Sich-Erspielen des Lebensraumes (Homo ludens)

1. Eng verwoben mit der Reziprozität ist der Drang, sich zu entfalten, sich darzustellen, sich zu erfahren in Spiel und Tanz, in Arbeit und Werk, in Kunst und Kult. Auch hier liegt ein Geheimnis zugrunde, das ins Tierreich, ja selbst noch ins Pflanzenreich und zu den kristallinen Bildungen hinabreicht. Überall stoßen wir auf ein Inwendiges, das sich quer durch alle Funktionen von Ernährung und Fortpflanzung, quer durch jegliche Zweckhandlung um des angeblichen Überlebens willen hindurch im Auswendig-Gestalthaften darstellt, das

---

35. Zit. bei *Gerardus van der Leeuw:* Phänomenologie der Religion, NTG, Tübingen 1956^2, S. 394 Anm. 3; dort findet sich auch ein Verweis auf Ovid: »munera, crede mihi, capiunt hominesque deosque / placatur donis Jupiter ipse datis« (Ars amatoria III,653).

ins Licht drängt und sich im Element von Luft und Wasser ausformen möchte. So singen etwa nach einem köstlichen Diktum von F. J. J. Buytendijk »die Vögel viel mehr, als nach Darwin erlaubt ist«[36].

2. Jener Urdrang zur »geprägten Form, die lebend sich entwickelt«[37], durchwaltet alle menschlichen Lebensbereiche. Er gestaltet den Umgang des Menschen mit der Dingwelt, prägt sich aus in seinen Werkzeugen, in seiner Kleidung und Wohnung, in den Eß- und Trinksitten, in den Lebensgewohnheiten. Aus den Faustkeilen, Schabern und Pfeilspitzen, aus den Beilen, Messern und Schwertern, aus den Tonkrügen und Schmuckstücken, welche die Archäologen ausgraben, lassen sich rhythmische Abläufe der jeweiligen Kulturen ablesen. Zumeist ergibt sich ein echter Weg von einer derben archaischen Frühform über die ausgewogene klassische Hochform bis hin zu den ausufernden barocken oder auch maschinenmäßig geistlosen Spätformen.

3. Jener Urtrieb, sich zu äußern, sich darzustellen, der alles Funktional-Zweckbestimmte übergreift, konzentriert sich in unserer leiblichen und sprachhaften Interaktion. Schon den Tieren tut sich ein Freiraum zweckentlasteten Spielens auf; dies gilt vor allem für diejenigen Arten, die ähnlich wie der Mensch unspezifisch gestaltet sind und sich ihren Lebensraum erst erobern müssen. Jenes Spielen gewinnt wie etwa auch das Singen von Vögeln schon die Dimension einer freien Interaktion. Je stärker freilich die Triebe zur Lebenserhaltung ins Spiel hineinregieren, desto stümperhafter wird es; dies ist ja auch bei uns Menschen nicht anders. Das Tier vermag im Umgangs- und Kampfspiel schon »mit etwas« zu spielen; der Mensch spielt darüber hinaus »als etwas« sowie »um etwas«[38].

4. Jener Kernvollzug eines Sicherfahrens in der Rolle eines fremden Wesens in Mythos, Kult und Tanzspiel dürfte für die Stammesentwicklung der Menschheit von kaum zu überschätzender Bedeutung gewesen sein. In der getanzten Identifikation mit dem Totemwesen schlossen sich die Clan-Gruppen zur Einheit zusammen; im ritualisierten Jagdzauber nahmen sie die zu bestehenden Gefahren vorweg und ertanzten sich gleichsam ihre Lebenswelt.

5. Mit Johan Huizinga und Hans-Georg Gadamer[39] ist auf den medialen Charakter des Spiels zu achten. Die Kategorie jenes Sicherspielens des Lebensraumes ist zweipolig und doppelsinnig; man spielt ein Spiel, und ein jeder

---

36. *F. J. J. Buytendijk:* Das Menschliche. Wege zu seinem Verständnis, Stuttgart 1958, S. 219; vgl. *A. Portmann:* Neue Wege der Biologie, München 1960.

37. *J. W. Goethe:* Urworte – orphisch; Dämon; dtv Bd. I, S. 523.

38. Vgl. *F. J. J. Buytendijk:* Das menschliche Spielen, dtv WR 4072, S. 88–122; Prolegomena einer anthropologischen Physiologie, Salzburg 1967.

39. *J. Huizinga:* Homo ludens. Vom Ursprung der Kultur im Spiel, rde 21; *H.-G. Gadamer:* Wahrheit und Methode, Tübingen 1965², S. 97–127.

übernimmt darin seine Rolle. »Es ist das Spiel, das gespielt wird oder sich abspielt – es ist kein Subjekt dabei festgehalten, das da spielt. Das Spiel ist Vollzug der Bewegung als solcher.«[40] Der Mitspielende erfährt gerade darin seine Freiheit, daß er sein eigenwollendes, selbstverfangenes Ich an die regelhafte Bewegung des Spiels hingibt und sich seiner strukturierenden Dynamik anvertraut. Hierbei greifen unser bewußtes und unbewußtes Wissen derart paradox ineinander, daß kein Mensch weiß, wenn er etwas tut, wie er dies eigentlich macht. Unser Menschenleben ist immer wieder unter der Chiffre der »Person« als Rolle in einem Drama verstanden worden. Hierzu sei nur das beziehungsreiche Epigramm des Friedrich von Logau zitiert:
»Die Person, die ich ietzo führe auf dem Spielplatz dieser Welt,
will ich nach Vermügen führen, weil sie mir so zugestellt.«[41]

6. Strukturieren auf Sinnhaftes hin (Homo symbolicus)

1. Quer durch jene Existentialen des Menschseins hindurch ist der Wille zum Vollendeten und Sinnträchtigen mächtig. Stets nehmen wir nicht lediglich wahr, wie etwas ist und sich verhält, wir nehmen zugleich wahr, wie es sein oder sich verhalten sollte[42]. Ständig unterscheiden wir zwischen Sinnhaftem und Sinnlosem, zwischen Gelungenem und Verfehltem, zwischen Rechtem und Schlechtem. Dabei hat »das Gute ..., das jeweils das Bessere von dem Minderen unterscheidet und den Vorzug bestimmt, ... die Form des zu lebenden Lebens. Indem ich mich so oder so entscheide, das eine statt des anderen wähle, entscheide ich darüber, was für ein Leben ich zu leben gedenke oder (was auf das gleiche herauskommt) was für ein Mensch zu sein ich vorhabe.«[43]

2. Auch hierbei bleiben wir in unserer leiblich-triebhaften Schicht an Auslösermechanismen gebunden, die als vorgeprägte Strukturelemente unser Sehen und Hören, unser Schmecken und Riechen, unser Tasten und Empfinden gestalten. Die Konsequenzen des von den Verhaltensforschern zusammengetragenen Materials reichen bis in die Manipulation durch Werbung und Mode, durch Politik und Religion[44]. – Auch in der menschlichen Seele stieß

---

40. Wahrheit und Methode, S. 99.

41. Zit. bei *J.* und *W. Grimm:* Deutsches Wörterbuch, Bd. VII, Sp. 1561, Art.: Person; ausgelegt durch *Michael Theunissen:* Skeptische Betrachtungen über den anthropologischen Personbegriff, in: Die Frage nach dem Menschen, Festschrift für M. Müller, hg. von H. Rombach, Freiburg–München 1966, S. 461–490, S. 488f.

42. *C. Fr. von Weizsäcker:* Der Garten des Menschlichen, S. 139: »Das Grundphänomen des Guten mag darin bestehen, daß wir stets nicht bloß wahrnehmen, wie etwas ist, sondern mitwahrnehmen, wie es wohl sein sollte.«

43. *H. Kuhn:* Werte – eine Urgegebenheit, dtv WR 4148, S. 343–373, S. 360.

44. Siehe etwa *I. Eibl-Eibesfeldt:* Stammesgeschichtliche Anpassungen im Verhalten

vor allem Carl Gustav Jung auf archetypische Gestalten wie den Vater, die Mutter, das Kind, den Retter und Helfer, auf die große Drei oder die Vier im Kreis. Der Archetyp ist nicht rational erklügelt, setzt er sich doch oft gegen die reflexe Erkenntnis durch. Wo er auftaucht, hat er »vom Unbewußten her zwingenden Charakter, und wo seine Wirkung bewußt wird, ist er durch Numinosität gekennzeichnet«[45]. Analog dem Kristallgitter in einer Mutterlauge prägen sich die »Strukturdominanten der Psyche« in den Archetypen aus[46]. – In der Dimension des Geistigen suchte Wilhelm Dilthey Dichtung, Metaphysik und Religion in drei Grundgestalten zusammenzuschauen. Hierzu wurde er in einem traumartigen Erlebnis angeregt durch einen Stich von Volpato nach Raphaels Schule von Athen[47]. Im »Naturalismus« erfährt sich der Mensch als unausweichlich bestimmt durch die allmächtige Natur. Im »Idealismus der Freiheit« weiß er sich einer übersinnlichen Ordnung verpflichtet und stellt sich aus dieser heraus der Natur entgegen. Im »objektiven Idealismus« sieht er sich eingefügt in das übergreifende Zusammenspiel von Natur und Geist[48]. Joachim Wach entwarf anhand dieser Trias eine »religiöse Anthropologie«[49].

3. Welche Einwände man auch im einzelnen gegen jene höchst unterschiedlichen Forschungen anmelden mag, der durchgehende Kernvollzug läßt sich kaum leugnen, wird er doch in allem Streit vorausgesetzt: Prägende Stimmungen, Gefühle, Haltungen, Einsichten, Wertungen, Entscheidungen werden ständig vom einzelnen Menschen, von Menschengruppen, von ganzen Völkern und Kulturen akzentuiert, wiederholt, eingeübt, als verpflichtend empfunden, geltend gemacht, durch Institutionen auf Dauer gestellt, durch Tabus an ihren Gefahrenzonen markiert und in ihren Kristallisationskernen vitalisiert, durch eine Stufenfolge von Sanktionen geschützt und durchgesetzt. Hieraus erwächst die »stabilisierte Spannung« eines Menschenlebens oder Kulturgefüges[50].

---

des Menschen, dtv WR 4070, S. 3–59 und *K. Alsleben:* Informationstheorie und Ästhetik, dtv WR 4072, S. 321–358.

45. *C. G. Jung:* Symbolik des Geistes, Psych. Abh., Bd. VI, Zürich 1948, S. 375.

46. Symbolik des Geistes, S. 374 Anm. 1: »Die Archetypen ... sind vorbewußt vorhanden und bilden vermutlich die Strukturdominanten der Psyche überhaupt, vergleichbar dem unanschaulichen, potentiellen Vorhandensein des Kristallgitters in der Mutterlauge.«

47. *W. Dilthey:* Ges. Schriften, Bd. VIII, S. 220–226.

48. Hierzu kritisch *O. Marquard:* Schwierigkeiten mit der Geschichtsphilosophie, S. 107–121.

49. *J. Wach:* Typen religiöser Anthropologie, Tübingen 1932; ähnlich geht *Bernhard Groethuysen* vor in seiner Philosophischen Anthropologie (1931), Darmstadt 1969 (Neudruck).

50. Vgl. auch *Sigmund Freud:* Totem und Tabu, Ges. Werke, Bd. IX.

4. Jenes Ringen um gestaltetes Leben schwankt bleibend zwischen Vertrautheit und Bedrohtsein. Schon in den urtümlichen Clan-Gruppen und noch in der neuzeitlichen Tiefenpsychologie erscheinen die uns zugehörige Welt sowie das uns erschlossene Ich-Selbst als eine winzige Insel mitten im anbrandenden Ozean des Unheimlichen und Bedrohenden. Durch magische Praktiken oder durch angeblich wissenschaftliche Manipulation, aber auch durch beharrliches Erkenntnisstreben und demütige Selbsthingabe, suchen die Menschen in jenes Dunkel einzudringen und ihm den Lebensraum abzuringen. Dabei erfahren wir, daß jenes Rätsel beständiger Korruptibilität[51] uns nicht nur von äußeren Naturgewalten oder fernen Völkern her bedroht, sondern mitten aus der engen Lebensgemeinschaft, ja aus uns selbst heraus aufbricht. Zugleich wird uns offenbar, daß wir die in uns hausende Urangst möglichst nach außen projizieren und an uns von dorther drohenden Gefahren festzumachen suchen.

7. Sprache als Mittlerin zwischen Selbst und Welt

1. Alles, was wir bisher aufgewiesen haben, vollzieht sich im Medium der Sprache; ohne ihr Geflecht brächen der einzelne und die Gemeinschaft, die Welt und das Selbst auseinander. Das Geheimnis der Sprache ist sowohl bei den Reformatoren als auch in den Dogmatiken der Vätergeneration noch kaum bedacht, zu ihm sind wir noch immer unterwegs[52]. Weil es uns so nahe ist, entzieht es sich uns. Auch mir liegt in diesen wenigen Bemerkungen »nichts daran, eine neue Ansicht über die Sprache vorzutragen«[53]. Die Definition des Menschen als des allein sprachbegabten Wesens, welche in ihrer lateinischen Verstümmelung zum kommunikationslosen »animal rationale« die »Arbor Porphyriana« der abendländischen Logik ziert[54], wurde von Aristoteles nicht innerhalb der Logik, sondern im Horizont der Politik gewonnen, im Kontext der Fragen nach der Polis im Gegenüber zum Haus, nach Recht und Gesetz im Gegenüber zur Gesetzlosigkeit des Staatenlosen. Weil wir Menschen durch die Sprache nicht allein wie die Tiere einander unsere Lust oder unseren Schmerz kundtun, sondern sie uns »zum Offenlegen des Nützlichen und des Schädlichen, gleichwie auch des Gerechten und des Ungerechten dient«[55], mußten wir sie bei allem Bisherigen voraussetzen.

---

51. Nach *W. Dilthey:* Ges. Schriften, Bd. VIII, S. 143ff.; ähnliche Worte bei *O. Fr. Bollnow:* Dilthey. Eine Einführung in seine Philosophie, Stuttgart 1955², S. 29–33.67–71.
52. Nach *Martin Heidegger:* Unterwegs zur Sprache, Pfullingen 1965³.
53. Unterwegs zur Sprache, S. 33: »Nichts liegt daran, eine neue Ansicht über die Sprache vorzutragen. Alles beruht darin, das Wohnen im Sprechen der Sprache zu lernen.«
54. Das Diagramm der »arbor Porphyriana« bei *G. Ebeling:* Lutherstudien, Bd. II, Teil I, S. 57.
55. Aristoteles: Politik I,2 1253a 1–38; vgl. *G. Ebeling:* Lutherstudien II,1, S. 72–89.

2. Schon die höheren Säugetiere besitzen einen erstaunlichen Reichtum an Lauten, Gesten und Mimik, um sich untereinander zu verständigen und den Zusammenhalt der Gemeinschaft zu festigen. Der weite Bereich nonverbaler Kommunikation ist durchaus vorhanden und prägt sich bereits gruppenspezifisch und individuell aus. Darüber hinaus hat man vor allem Schimpansen dazu angeleitet, eine umfangreiche Zeichensprache zu erlernen und sie anscheinend sinnvoll und eigenständig anzuwenden[56]. Doch hat man niemals festgestellt, daß sie sich mit Hilfe jener vom unmittelbaren Objektbezug losgelösten Zeichen untereinander verständigen. Ihre eigene »Sprache« bleibt hineingebannt in die unmittelbare Situation und eingefügt in das konkrete Feld der Gruppe.

3. Deshalb haben Herder und Humboldt die Sprache des Menschen nicht von außen her, sondern aus seinem Wesen heraus zu verstehen gesucht. Sprache und Vernunft gehören unlöslich zusammen[57]; Sprache ist universales Medium menschlicher Besonnenheit. Erst mühsam hat sich das Denken aus seinem Verhaftetsein an Sprache herausgewunden und sich jener gegenübergestellt; doch auch dies vermag es nur mit Hilfe von Sprache. »Insofern überholt eine Sprache alle Einreden gegen ihre Zuständigkeit. Ihre Universalität hält mit der Universalität der Vernunft Schritt.«[58]

Als Muttersprache bleibt sie uns Ausgangsbasis und Zufluchtstätte. Mit Hilfe der Schrift löst sich Sprache ab vom leibhaftigen Vollzug in der kommunikativen Situation. Das so Überlieferte erlangt Dauer und wird jeder möglichen Gegenwart gleichzeitig.

Das Gesprochene ist der Subjektivität des Gedächtnisses entrissen; dies wird freilich erkauft durch Selbstentfremdung. Der geronnene Text muß erneut in Situation und Sprache rückverwandelt werden. Am Leitfaden des Fixierten müssen hierzu die jeweils geschichtlich verorteten sowie personenhaft ausgestalteten Horizonte in der intendierten Sache miteinander verschmelzen. Hierbei verstehen wir niemals lediglich fremde Meinung, sondern zugleich mögliche Wahrheit.

4. Herder und Humboldt haben uns die Sprachen als je eigene »Weltansichten« zu sehen gelehrt, gleichsam als »Organe der eigentümlichen Denk- und

---

56. Eine Tabelle der von der Schimpansen-Dame Washoe nach 22 Monaten »Training« benutzten Zeichen bei *D. Ploog,* dtv WR 4070, S. 160–164.

57. *J. G. Hamann:* Brief an Herder vom 10. August 1784 (ed. Roth VII, S. 151 f.): »Wenn ich so beredt wäre wie Demosthenes, so würde ich doch nicht mehr als ein einziges Wort dreimal wiederholen müssen: Vernunft ist Sprache, Logos. An diesem Markknochen nage ich und werde mich zu Tode darüber nagen. Noch bleibt es immer finster über dieser Tiefe für mich; ich warte noch immer auf einen apokalyptischen Engel mit einem Schlüssel zu diesem Abgrund.«

58. *H.-G. Gadamer:* Wahrheit und Methode, S. 379.

Empfindungsarten der Nationen«[59]. Sozialanthropologisch geurteilt, erweist sich so etwas wie ein »Gesetz der Sprachgemeinschaft«[60] als mächtig. Die gesamte Menschheit gliedert sich ununterbrochen und lückenlos in Sprachgemeinschaften; diese gliedern jeden einzelnen in sich ein und öffnen sich zugleich einer übergreifenden Kommunikation. Es gibt keine Privatsprache im strengen Wortsinn, nur die je individuelle Tönung der jeweiligen Muttersprache, und es gibt keine Gemeinsprache der Menschheit, wohl aber ein Sichverständigen quer durch alle Sprachen hindurch. Aus diesen Einsichten heraus konstruiert Schleiermacher die Hermeneutik zwischen den Polen eines Objektiv-Identischen und eines Subjektiv-Individuellen innerhalb der wechselseitigen Durchdringung von Natur und Geist[61]. – Weil innerhalb jenes Feldes zwischen Individualität und Universalität eine jede Sprache ihren je eigenen Strukturzusammenhang ausbildet, deshalb lassen sich die Sprachen nach tragenden Bauprinzipien gleichsam zu Familien zusammenstellen. Hierbei werden freilich auch sie hineingerissen in den Strom der Menschheitsentwicklung von archaischen Ursprüngen zur rationalen Spätform[62].

5. Dabei setzt die gegenwärtige Sicht der Sprache nicht anders als je in ihrer Weise alle anderen Wissenschaften und mit ihnen auch die Theologie den geschichtlichen Wandel vor allem der europäischen Sprachen weithin unreflektiert voraus. Während im Semitischen das lautmalend Expressive vorherrschte und man auf den Unterschied zwischen dem Durativen und dem Ingressiven achtete, entwickelten die indogermanischen Sprachen einen determinativen Satzbau, in welchem der Handlungsträger, das Objekt wie der Handlungsvollzug, aber auch das sachliche und zeitliche Verhältnis, in welchem das Berichtete zum gegenwärtigen Vollzug der Mitteilung steht, präzise markiert sind. Vor allem das Griechische strukturiert sich im Horizont des logischen Schlusses, des bewußt vollzogenen Urteils und des präzise umgrenzten Begriffes; hieraus erwächst eine »autochthone wissenschaftliche Begriffsbildung«[63]. Die abendländische Sicht der Sprache orientiert sich am

59. *W. von Humboldt:* Über den Einfluß des verschiedenen Charakters der Sprachen auf Literatur und Geistesbildung, in: Werke in fünf Bänden, Bd. III, Darmstadt 1963³, S. 26–30, S. 26.

60. Nach *Leo Weißgerber:* Die anthropologische Tragweite der energetischen Sprachbetrachtung, dtv WR 4148, S. 168–203; Das Menschheitsgesetz der Sprache als Grundlage der Sprachwissenschaft, Heidelberg 1964; Die geistige Seite der Sprache und ihre Erforschung, Düsseldorf 1971.

61. *Fr. D. Schleiermacher:* Hermeneutik, nach den Hss. neu hg. von Heinz Kimmerle, AHAW.PH 1959 II, Heidelberg 1959.

62. Hierzu der anschauliche Vergleich mit einer Stadt bei *Ludwig Wittgenstein:* Phil. Untersuchungen, Nr. 18; Schriften (Bd. I), Frankfurt 1960, S. 296.

63. Vgl. *Bruno Snell:* Die naturwissenschaftliche Begriffsbildung im Griechischen, in: Die Entdeckung des Geistes, Hamburg 1955³, S. 299–319.

griechischen Muster. Doch zwischen der Antike und der Neuzeit vollzog sich der angedeutete Umbruch. War nach Platon die Besinnung ein Erleiden und nach Aristoteles das Einsehen ein Berührtwerden vom Wahren, so tritt stärker und stärker die diskursive Kraft heraus, welche im Hinundher die Verhältnisse abtastet, die zwischen den Dingen spielen. Zugleich vollzieht der Mensch vor allem in Augustin den Schritt nach innen. Es tauchen Worte auf und verdichten sich zu Grundbegriffen, »die uns als Bestätigung des Inneren und seines Verhaltens vollkommen geläufig sind, z. B. die Begriffe der Spontaneität, der Geschichte, des Schöpferischen, der Freiheit, der Entscheidung, des Willens, des Gewissens und vor allem der Begriff des Ich«[64]. Man mag den Umbruch in Augustin festmachen, man mag auf die arabischen Philosophen des Mittelalters hinweisen, welche zur griechischen Orientierung an der Wahrheit, die sich aus der Wirklichkeit heraus erschließt, die Intention, die im Wort des Sprechenden ans Licht drängt, hinzufügten und erst hierdurch das Augenmerk herumlenkten auf die Struktur der Sprache in deren logisch erfaßbaren Gestalt[65], der epochale Wandel läßt sich schwerlich übersehen. Die Gefährdung des Menschseins läßt auch die Sprache nicht unberührt; in ihrem Wandel steht erneut unser gemeinsames Geschick auf dem Spiel. Sind wir Menschen doch des helfenden und heilsamen Wortes bedürftig, aber keineswegs mächtig. Ist doch »das Licht des Wortes« nicht allein dasjenige Licht, »das alles so hervortreten läßt, daß es in sich selbst einleuchtend und in sich verständlich ist«[66], sondern zugleich das Zwielicht, in dem sich alles zu verzerren droht. Deshalb wartet der Mensch auf ein Wort, in dem sich Gott selber ansagt, unsere kranke Sprache heilt und unsere befleckte Rede heiligt. Weil wir nicht aus den von uns erstellten Werken, sondern aus der uns zugesprochenen Gewißheit heraus leben, weil wir nicht primär Täter, sondern Beter sind, deshalb sind nach Luther die Ohren unsere entscheidenden Organe[67].

8. Menschliche Forum-Existenz in ihren Coram-Relationen

1. Damit sind wir zu einem letzten Gedankenkreis vorgestoßen, in dem sich der Bogen zum Ausgangspunkt der »positionellen Exzentrizität« zurückschlagen läßt. Gegen Mißtrauen und Verzweiflung, aber auch gegen Selbstvermessenheit und Hybris, muß jeder Mensch um eine angemessene Existenzgewißheit ringen. Dieser Kampf erfolgt innerhalb des Gefüges von Coram-Relationen, im Koordinatensystem eines jeden. Wir alle müssen unser Dasein führen »im Angesicht von ...«. Dies ist sowohl eine Ortsbestimmung,

---

64. *Gerhard Krüger:* Grundfragen der Philosophie, Frankfurt 1965^2, S. 107.
65. Vgl. *J. Lohmann:* Die Sprache als das Fundament des Menschseins, dtv WR 4148, S. 204–234.
66. *H.-G. Gadamer:* Wahrheit und Methode, S. 458.
67. Nach WA 57 Hebr. 222,1–9.

die aus unserer »Platzanweisung« erwächst, als auch eine Zeitbestimmung, in der es um den rechten Kairos, um das Ergreifen des »Stündeleins« geht. Wir erfahren uns ständig als Blicken ausgesetzt; unter ihnen müssen wir uns bewähren. Hierbei steht unser Ansehen auf dem Spiel. Wir können es behaupten oder verspielen, einbüßen oder festigen. »In dem Sehen und Gesehenwerden, in dem sich Gegenwart ereignet, ereignet sich das Menschsein als ein dem Urteil Ausgesetztsein. Die coram-Relation offenbart als Grundsituation des Menschen, daß er vor einem Forum steht. Daß er auf ein Urteil angewiesen ist und sich ebenso danach sehnt wie davor fürchtet, zeigt, daß er in sich selbst Forum-Struktur hat.«[68]

2. Jene Forum-Existenz in ihren unterschiedlichen Coram-Relationen verweist uns zurück auf die exzentrische und eschatologische Positionalität. In dieser Struktur gründen das Symbolsystem der Sprache sowie die experimentierende Welteroberung durch Versuch und Irrtum hindurch, gründen aber auch das institutionelle Gesellschaftsgefüge und das personale Gewissen. Ständig kreisten unsere Besinnungen um jenes Zentrum, das so schwer zu erfassen ist. Wir können die Rolle eines anderen übernehmen, uns selber mit fremden Augen sehen, in den Spielraum symbolhafter Interaktion eintreten oder uns selbstvergessen an eine sachliche Aufgabe hingeben. Wir müssen uns ständig rechtfertigen und wissen doch, daß wir dies letztlich nicht können. Kierkegaard faßte jene Aporie in die berühmte Umschreibung: Der Mensch ist Geist und als solcher ein Selbst, das heißt ein »abgeleitetes, gesetztes Verhältnis ..., das sich zu sich selbst verhält, und, indem es sich zu sich selbst verhält, zu einem Andern sich verhält«[69]. In der gegenwärtigen Theologie ist jenes Geheimnis durchgehend selbstreflex und somit einseitig personal gefaßt. In diese Sichtweise ist die sog. »anthropozentrische Wende«[70] eingegangen. Die »positionelle Exzentrizität« ermöglicht es jedoch, ja scheint es zu erfordern, daß die Einheit der Clan-Gruppe früher war als der isolierte einzelne[71]. Die mit ihrem Namen bezeichnete und in ihrer Lebensgestalt nicht mythisch stilisierte Person ist erst ein Kennzeichen der Achsenzeit.

3. Die Coram-Relationen bilden ein Geflecht, das sich im Verlauf der Mensch-

---

68. *G. Ebeling:* Luther. Einführung in sein Denken, Tübingen 1964, S. 224; vgl. S. 219–238 und Dogmatik des christlichen Glaubens, Bd. I, S. 346–355, Bd. II, S. 50–64; aber auch KD III/2,296–329.

69. *S. Kierkegaard:* Die Krankheit zum Tode, Ges. Werke 24./25. Abt., Düsseldorf 1954, S. 9.

70. Siehe hierzu *Johannes Baptist Metz:* Christliche Anthropozentrik, München 1962 und *Karl Rahner:* Grundsätzliche Überlegungen zur Anthropologie und Protologie im Rahmen der Theologie, in: Mysterium Salutis, Bd. II, S. 406–420.

71. Dies spiegelt sich ab in der These des Aristoteles: Weil das Ganze vor seinen Teilen sei, deshalb sei die Polis vor dem Einzelmenschen, Polit. I,2,1253a 19f.25f.

heitsgeschichte gewandelt hat. Jeweils strukturierte sich das offene Gesamtfeld von neu hervortretenden Machtzentren aus. Dennoch läßt sich in einer gewissen Abstraktion eine tragende Struktur aufweisen. Irgendwie haben alle Menschen gelebt und müssen auch wir unser Leben führen zusammen mit den Mitmenschen in deren gesellschaftlichen Institutionen (coram hominibus), im Gegenüber zum personalen Partner (coram socio), auf dieser Erde im Umfeld der nichtmenschlichen Kreatur (coram mundo), aber auch im eigenen Leibe und somit im Verhalten zu sich selber (coram meipso), schließlich aus wie vor den Gründen und Abgründen der Transzendenz (coram Deo). Durch dieses Koordinatensystem ließen die Reformatoren den Standort eines jeden Menschen bestimmt sein. Wie schon im Mittelalter lehrte man in der Beichte jene unterschiedlichen Coram-Relationen unter der Anweisung: »Da siehe Deinen Stand an nach den zehen Geboten« (KK V,20; BSLK 517,29) abzutasten. Anhand dieser Struktur möchten wir den Verlust des Gottesbildes in Adam und dessen Erneuerung in Jesus Christus explizieren.

9. Zusammenfassung

1. Hiermit haben wir wohl die wichtigsten Kategorien einer strukturalen Anthropologie skizziert: 1. Das Ineinander von Arbeit und Technik, Eigentum und Erwerb, die Oeconomia, in der sich ein experimentierendes Erproben, ein Sichaneigenen und Beisichbehalten sowie ein Bedingtwerden durch das Hergestellte oder Erworbene wechselseitig durchdringen. 2. Der Drang nach geschlechtlicher Vereinigung, das Sichfortzeugen im Kinde, und damit Ehe, Familie, Sippe, die Familia. 3. Die übergreifenden Sozialisationsformen einer Rechts- und Friedensordnung mit ihren ausstrahlenden Zentren und ihren umstrittenen Grenzen, die Politia. Die Ecclesia haben wir ausgeklammert. Dies sind die klassischen Institutionen. Quer durch sie hindurch zieht sich die weitere Trias: 4. Die Wechselseitigkeit im Erhalten und Mehren der Sozialität, das Gegeneinander, Miteinander und Füreinander nach dem Schema des »Do ut des«, nach den unterschiedlichen Handhabungen der »Goldenen Regel«. 5. Das Sich-Erspielen des Lebensraumes im Sich-Erfahren und Sich-Darstellen in Spiel und Tanz, Arbeit und Werk, Kunst und Kult, das Geheimnis des »Homo ludens«. 6. Das Fühlen und Wollen, Schauen und Erfassen, Bilden und Entscheiden auf Sinnträchtiges hin sowie das unermüdliche Stabilisieren der stets gefährdeten Lebensspannung durch mit Sanktionen versehene Institutionen, das Geheimnis des »Homo symbolicus«. Quer durch diese doppelte Trias zieht sich 7. die Sprache hindurch als Mittlerin zwischen der Gemeinschaft und dem Individuum, zwischen der Welt und dem Selbst, der Mensch als Sprachwesen. In allem strukturiert sich zugleich 8. Menschsein im ständigen Sehen und Gesehenwerden als Forum-Existenz nach dem Koordinatensystem der Coram-Relationen.

2. Jene Kategorien, die sich in allem Wandel durchhalten, gewinnen freilich eine eigene Tönung je nachdem, auf welchem Felsband der Menschheitsentwicklung sich die in Frage stehende Gemeinschaft oder auch der einzelne befindet, wobei die Ungleichzeitigkeit des Gleichzeitigen alles noch einmal verkompliziert. Die Existentialen müßten also mit den im vorigen Abschnitt angerissenen Entwicklungsschüben ins Gespräch gebracht werden. Dies könnten nur detaillierte Skizzen leisten. Für eine realistische An-

thropologie, die den geschichtlichen Wandel der Menschheit nicht ausblendet und doch an der sich durchhaltenden Identität menschlicher Existenz festhält, dürfte dieser zwiefache Ansatz methodisch von erheblichem Gewicht sein. Mit ihm transponieren wir die Intentionen der Reformatoren in die gegenwärtige Gesprächslage. Der christliche Glaube will das Geheimnis unseres Menschseins nicht überfliegen, sondern so konkret und lebensgesättigt wie irgend möglich in den Blick nehmen. Hierbei wird er auf der einen Seite das tiefe Verwurzeltsein des Menschen in der gesamten Kreatur aufzudekken suchen und doch auf der anderen Seite sich dem Anruf Gottes zur eschatologischen Partnerschaft stellen. An jenes zwiegesichtige Geheimnis rührt die Einsicht in die keineswegs selbsterschaffene, sondern uns gesetzte exzentrische, responsorische und eschatologische Positionalität.

IV. Anthropologie zwischen protologisch-adamitischer oder eschatologisch-christozentrischer Bestimmung der Imago Dei

a) Zur Umpolung der ursprunghaften Imago Dei auf Jesus Christus

1. In diesem Schlußabschnitt konzentrieren wir uns auf die theologische Debatte um den rechten Ansatz zur Anthropologie. Hierzu greifen wir mit der Tradition die Chiffre des Gottesbildes (Imago Dei) auf, behalten jedoch die skizzierten Einsichten der Humanwissenschaften im Sinn und lassen die beiden Problemkreise sich begegnen in der Trias des Exzentrischen, Responsorischen und Eschatologischen.
2. Leider müssen wir hierbei den Einbruch der Gottesoffenbarung in das geschichtliche Ringen der Menschheit um echte Gewißheit unbedacht lassen. Insofern verbleibt eine schmerzliche Lücke zwischen der bisher nachgezeichneten Anthropologie »von unten her« und dem nun folgenden primär theologischen Ansatz. Indirekt wurden die religiösen sowie ekklesialen Dimensionen der Anthropologie angesprochen zur Sozialität, zum »Homo ludens« und »symbolicus«, vor allem aber zur Forum-Existenz in deren Coram-Relationen. Unthematisch schwingt dieser Aspekt auch im folgenden mit; zur Thematik sei auf die Bände zu den Religionen und zur Kirche verwiesen.

1. Doppelte biblische Verankerung der Imago Dei

1. In den analysierten Entwürfen der Vätergeneration stießen wir auf die sich überkreuzenden Alternativen, welche zum Eingang dieses Teiles C in ihren Fragehorizonten markiert wurden: a) Entweder Einordnung der Christologie in eine vorgängig entworfene Anthropologie – oder Entfaltung der Anthro-

pologie aus der Christologie heraus. b) Entweder Einfügung des Menschseins in die Gesamtevolution alles Lebendigen im Kosmos – oder strenge Orientierung an den personalen Relationen. Wenden wir uns zunächst der ersten primär theologischen Alternative zu und bedenken sie auf dem Hintergrund der exegetischen Einsichten sowie der dogmengeschichtlichen Traditionen. Am sinnvollsten läßt sich hierzu wohl einsetzen bei der Frage nach den biblischen Haftpunken der These von unserer Gottebenbildlichkeit. Sollen wir ausgehen von Gen 1,26f., von Gottes Selbstbeschluß: »Lasset uns Menschen machen nach unserem Bilde, gemäß unserer Ähnlichkeit«, oder sollen wir mit 2Kor 4,4; Kol 1,15 und Hebr 1,3 allein Jesus Christus als das wahrhaftige Gottesbild ansehen, in das die Menschheit durch Glaube, Liebe und Hoffnung hindurch erst hineingestaltet werden soll? Ist das biblische Zeugnis von der Imago Dei primär eine allgemein menschliche, protologisch verankerte These, oder ist es eine streng christozentrische, eschatologisch orientierte Aussage?

2. Die Ausleger des Alten Testaments stellen fest: Gott hat alle Menschen zu seinem Bilde geschaffen. »Jeder Mensch in jeder Religion und in jedem Bereich, in dem die Religionen nicht mehr anerkannt werden, ist nach dem Bilde Gottes geschaffen.«[1] Aus Gen 5,1–3 wird geschlossen, daß sich trotz der Entfremdung zwischen Mensch und Gott die Imago Dei »in der Folge der Geschlechter fortgeerbt« hat[2]. Wäre von einem derartigen exegetischen Ausgangspunkt, für den man auch Jak 3,9 und 1Kor 11,7 bemühen könnte, nicht die systematische Konklusion zu ziehen, daß man die ursprunghafte Gottesrelation für den bleibenden Grund allen Menschseins erklärt und im Christusgeschehen lediglich dessen steilste Aufgipfelung sieht? »Ist der Mensch auf Grund seiner Transzendenz das immer schon auf Gott exzentrische Wesen und ist er so (christologisch und anthropologisch hier formal als zwei Hinsichten derselben Wirklichkeit verstanden) das mögliche Anderssein Gottes, dann ist der umgreifende Ort aller Theologie die Anthropologie.«[3] Dieser Satz von Karl Rahner umschreibt den primär anthropologischen Ansatz, wie er auf dem Hintergrund der Identitätsphilosophie Tillichs Ausführungen zugrunde lag und auch in Althaus' These der Ur-Offenbarung zum mindesten mitschwang. Nach dieser Sicht wäre der »zweite Adam« der (bisher) einmalige Gipfelpunkt auf dem tragenden Fundament der Gottebenbildlichkeit eines jeden Menschen.

3. Dem würde der neutestamentliche christozentrische Ansatz entgegenstehen. Nach 2Kor 4,4 und Kol 1,15 ist erst und allein Jesus Christus die wahrhafte Ikone Gottes, das rechte Abbild, in dem das Urbild selber anwesend ist.

---

1. *Cl. Westermann:* Genesis, BKAT I, S. 218.
2. *G. von Rad:* ATD 2–4, Göttingen 1976[10], S. 48; kritisch hierzu Barth in KD III,1,223.
3. K. Rahner, in: Mysterium Salutis, Bd. II, S. 406.

Und in dieses Ebenbild des Sohnes sollen wir Menschen in Glaube, Liebe und Hoffnung hineingestaltet werden[4]. Folgt hieraus nicht zwangsläufig: Der von Gott abgewichene Mensch ist nicht mehr das rechte Ebenbild? Wir sollen erst durch Glaube und Taufe in Christi Urbild gewandelt werden; dies ist ein endzeitlicher Vollzug. Erst wenn Jesus Christus sich letztgültig offenbart, werden wir ihm wahrhaft gleichen (1 Joh 3,2). »Einsetzung in die Gottessohnschaft ist Verwandlung in das Ebenbild des ewigen Sohnes, der ins Fleisch gekommen und durch Leiden und Sterben zur Herrlichkeit gelangt ist.«[5] Der streng christozentrische Ansatz würde Barths harte Kernthese bestätigen: »Die ontologische Bestimmung des Menschen ist darin begründet, daß in der Mitte aller übrigen Menschen Einer der Mensch Jesus ist« (KD III,2,158).

4. In der gegenwärtigen Diskussion bahnt sich eine Vermittlung zwischen diesen beiden Extrempositionen an. Zunächst ist zu beachten, daß die Aussagen der Priesterschrift nur in Ps 8, Weish 2,23 und Sir 17,3 fortklingen und in sich selber schwebend bleiben. Sodann wäre zu bedenken: In Gen 1,26f. wird nicht abstrakt das Wesen des Menschen bestimmt, es wird Gottes Schöpferwerk erzählt. Gottes ursprunghaftes Wirken eröffnet eine Geschichte zwischen ihm und uns Menschen, die auf unsere Teilhabe an seiner heiligen Ruhe hindrängt[6]. Schließlich muß christliche Theologie daran festhalten, daß für sie die Worte der Urgeschichte innerhalb der Bibel Alten und Neuen Testaments stehen, die im Christusgeschehen kulminiert. Dies erzwingt die dogmatische Konsequenz: »Die Erkenntnis des Bildes Gottes in Jesus ist der Schlüssel zur Erkenntnis des Bildes Gottes in Adam.«[7]

2. Menschsein als Weggeschehen zwischen Weltschöpfung und Totenauferweckung

1. Die polare Spannung zwischen einem protologisch-anthropologischen und einem christozentrisch-eschatologischen Ansatz wird überwunden in einer Einsicht, die mehr oder weniger deutlich den neuzeitlichen Systematikern gegenwärtig war: Über den Menschen als Bild Gottes läßt sich allein in einer heilsgeschichtlichen Dynamik sinnvoll sprechen. Irenäus und Origenes[8] ha-

---

4. Diese Sicht ließe sich auch etwa aus 1 Kor 15,49; 2 Kor 3,18; Röm 8,29 und Kol 3,9f.; Phil 3,21; Eph 4,24 gewinnen.
5. *Edmund Schlink:* Die biblische Lehre vom Ebenbilde Gottes, in: Pro Veritate, Festgabe für L. Jaeger und W. Stählin, Münster–Kassel 1963, S. 1–23, S. 11.
6. Dies zeigt Cl. Westermann auf, Genesis, BKAT I, S. 214ff.
7. *Peter Brunner:* Der Ersterschaffene als Gottes Ebenbild, in: Pro Ecclesia, Bd. I, Berlin–Hamburg 1962, S. 85–95, S. 88. Zum folgenden jetzt auch G. Ebeling: Dogmatik des christlichen Glaubens, Bd. I, 404–414.
8. Irenäus: Adv. haer. V,16,2. Nach Origenes ist Christus selber der »pictor« jenes Bildes, bes. In Genes. homil. XIII,4; GCS Origenes VI, S. 119.

ben dies schon anvisiert. Die mittelalterliche Scholastik unterscheidet zwischen »Imago creationis – recreationis – similitudinis«[9]. Nach Thomas von Aquin kennzeichnet dies drei Ausprägungen des Gottesbezuges, »die natürliche Fähigkeit zur Gotteserkenntnis und Gottesliebe, die unvollkommene Gotteserkenntnis und Gottesliebe im Gnadenstand der Pilgerschaft und die vollkommene Gotteserkenntnis und Gottesliebe in der Glorie«[10]. In seiner Disputation über den Menschen fügt Luther jene christozentrisch orientierte Dynamik noch härter ein in den Streit zwischen Gesetz und Evangelium, in unser Hindurchdringen durch Gottes Gericht zur ewigen Errettung. Werner Elert erneuert diese Sicht.

2. Luther skizzierte die folgenden Schritte: Der Mensch, als Gottes Kreatur aus dem Erdenleib und dem geisthaften Lebenshauch bestehend, ist ursprunghaft zum Bilde Gottes erschaffen, sündlos, ausgerichtet auf das ewige Leben. Doch sein Fall hat ihn unter die Chaosmächte: Teufel, Sünde und Tod versklavt; er hat die Kraft verloren, sich aus eigener Macht heraus zu befreien. Erst in Jesus Christus, dem Sohne Gottes und wahren Ebenbild des Vaters, ist der Mensch errettet und zum ewigen Leben erneuert. Dies besagt: Wir können das Gottesbild im Menschen nicht statisch ontologisch fixieren, wir können die Imago Dei nur innerhalb dieses echten Weggeschehens umschreiben. Dieses stets neu zu erzählende Geschehen hat in Jesus Christus seinen eigentlichen Orientierungspunkt. Als die Prolepse des Zielbildes ist er erst die volle Enthüllung des Urbildes, freilich unter den Bedingungen der Entfremdung. Hierin stimmen die besprochenen Theologen im Grunde überein.

3. Imago Dei zwischen Urbild und Zielbild

1. Die Umpolung der Imago Dei vom ersten auf den zweiten Adam sowie auf die ihm im Glauben Anhangenden hat nicht nur eine theologische Dimension, in sie spielt ein Wandel im Verständnis des Menschseins überhaupt hinein, der sich nur indirekt in den Kontroversen der modernen Dogmatiker niederschlug.

2. Nach einigen frühchristlichen Theologen, vor allem nach Theophilus, Irenäus und Klemens von Alexandrien[11], war der Ersterschaffene noch nicht

---

9. Dieser Ternar entstammt sprachlich einer Glosse des Lombarden zu Ps 4,6 (PL 191,88 B, nach der Glossa ordinaria, PL 113,849 D); Alexander von Hales legte das hieraus gewonnene Schema seinen Quästionen über die Imago Dei zugrunde (Cod. lat. 121, Stadtbibl. in Todi, f.37vb–39ra); Thomas von Aquin (STh I,q.93.a.4) sowie Bonaventura (Sent. II,d.16,a.2,q.3) greifen den Ternar auf; hierzu *Ludwig Hödl:* Zur Entwicklung der frühscholastischen Lehre von der Gottebenbildlichkeit des Menschen, in: Der Mensch als Bild Gottes, Darmstadt 1969, S. 193–205.

10. *L. Hödl,* in: Der Mensch als Bild Gottes, S. 205.

11. Theophilus: Ad Autol. II,24f.; Irenäus: Adv. haer. IV,38,1; Clemens: Strom. IV,23.

Gottes vollkommenes Ebenbild, sondern ein kindgemäßer Beginn im Heranreifen zum Mannesalter Christi. Mit der Romantik erneuerte Tillich diese Schau[12]. Der Fall erscheint als sachnotwendiges Heraustreten aus dem Schwebezustand einer »träumenden Unschuld«, wodurch erst die menschheitliche Freiheitsgeschichte eröffnet wird. Je stärker die neuzeitliche Evolutionstheorie in die Theologie eindringt, um so bewußter wird das protologische Urbild als retrojiziertes Zielbild verstanden. Schon für Schleiermacher wandelt sich der Schöpfungsursprung in das Entwicklungsziel universaler Durchdringung von Natur und Geist[13]. In seiner Nachfolge formulieren etwa Richard Rothe und Ernst Troeltsch: Wie es im Begriff der Schöpfung liege, daß sich die personale Kreatur erst allmählich aus dem Rohzustand der Materie herausarbeite, so bezeichne auch die Chiffre der Imago Dei »nicht einen verlorenen Anfangszustand, sondern ein in der geschichtlichen Entwicklung zu erreichendes Ziel«[14]. Behutsamer suchen katholische Theologen um Karl Rahner den adamitischen Ursprung als christozentrischen Zielpunkt zu deuten. »Insofern nämlich der Anfang offener Anfang auf sein Ende ist und der Anfang erst im Ende zu sich selber kommt, hängen Protologie und Eschatologie innerlich miteinander zusammen.«[15]

3. Im Gegensatz hierzu haben Augustin[16] und ihm folgend die Reformatoren den Urstand als höchst vollkommen beschrieben. Adam und Eva erkannten nicht allein Gott unverstellt, ihnen waren auch die Kreaturen unmittelbar erschlossen und sie herrschten mühelos über die Welt der Tiere. Je farbenprächtiger die menschliche Hoheit ausgemalt wurde, desto härter mußte der Verlust der Urstandsrechtheit empfunden werden. Die Imago Dei wandelte sich in die »Imago satanae«[17]. Um so unausweichlicher mußte sich freilich auch die Frage stellen: Ist der Mensch durch den Fall radikal von Gott entfremdet, wie kann er dann noch wissen um jene Ursprungsherrlichkeit, wie ist er dann noch durch die Christusbotschaft erneut für Gott aufzuschließen? So verblieb auch bei den Reformatoren jener wenn auch noch so verstümmelte Überrest der Imago Dei, der im Überschritt von der Orthodoxie zur Aufklärung erneut zum »Träger großer Dinge« werden sollte.

---

12. Siehe oben S. 109f.
13. Der christliche Glaube, §§ 59–61.
14. *E. Troeltsch:* Glaubenslehre, München–Leipzig 1925, S. 295; *R. Rothe:* Theol. Ethik, Bd. III, Wittenberg 1870², §§ 480–483, S. 41–57; auf diese und ähnliche Texte verweist *E. Brunner:* Der Mensch im Widerspruch, S. 90.
15. Mysterium Salutis, Bd. II, S. 418.
16. Vgl. *E. Dinkler:* Die Anthropologie Augustins, S. 61–82. Diese Sicht des Mittelalters ist breit entfaltet bei Heinrich Köster: Urstand, Fall und Erbsünde, In der Scholastik, HDG II, 3b, Freiburg 1979, S. 11–95.
17. WA 42,47,22: »Haec et similia mala sunt imago Diaboli, qui ea nobis impressit«; vgl. oben S. 44.

4. Die gesamte neuzeitliche Theologie hat jene augustinisch-reformatorischen Thesen als mythologisierende Redeweise empfunden und deren historisierende Zusammenschau der Ur- und Erzvätergeschichten zu »entmythologisieren« gesucht. Hierbei wurde deutlich, daß die Reformatoren faktisch das endzeitliche Zielbild der Vollendeten in die Genesistexte einzeichneten und jene so mit überirdischer Herrlichkeit aufluden. Hierbei haben sie freilich diesbezügliche Fingerzeige (wie etwa das radikale Abnehmen des menschlichen Alters) sorgfältig beachtet. Indem jene historisierende Mythik zurückgenommen wurde, nähern sich auch diese kontroversen Sichtweisen einander an, jene mehr evolutiv-dynamische und diese stärker ursprunghaft-mythisierende; sie kulminieren beide in dem christozentrisch-soteriologischen Skopus.

b) Zur inhaltlichen Bestimmung der Imago Dei

Die strukturelle Frage nach dem Richtpunkt der Aussagen zur Imago Dei wirkt zwangsläufig ein auf die inhaltliche Bestimmung des Gottesbildes. Hierbei stoßen wir auf die eingangs an zweiter Stelle umschriebene Polarität: Ist die Imago Dei zu lokalisieren in bestimmten Eigenschaften oder auch in einem »Teil« unseres Menschseins oder muß sie ganz aus der Gottesrelation heraus beschrieben werden? Zu diesem Ringen zwischen einer mehr naiv seinshaft-materialen und einer reflektiert existential-relationalen Fassung der Imago Dei seien ebenfalls dogmengeschichtliche Streiflichter eingeblendet.

1. Zum anthropologischen Haftpunkt der Imago Dei

1. Die ältere Tradition schon des hellenistischen Judentums (Weisheit, Philo) konzentrierte die Imago im Menschengeist; er sei ein Abbild des göttlichen Logos[18]. Nach Klemens und Origenes[19] ist unser inwendiger Geistesmensch ebenso wie Gott selber unsichtbar, unkörperlich, unzerstörbar, unsterblich. Hier wirkt platonisches Erbgut in die Kirche hinein. Tertullian hingegen folgt stärker stoischen Gedanken. Neben die Unsterblichkeit der Geist-Seele rückt er die freie Entscheidungskraft des Willens als Zeichen unserer göttlichen Herkunft. Für Augustin ist unser inwendiger Geistesmensch die eigentliche Imago der Trinität. Indem er sich in innerer Selbstvergewisserung gleichsam gegenübertritt, um sich erneut mit sich selber zu vereinen, wird er zum Hinweis auf das innergöttliche Liebesgespräch. Augustin fixiert dies in mehreren

18. Vgl. *J. Jervell:* Imago Dei. Gen 1,26f. im Spätjudentum, in der Gnosis und in den paulinischen Briefen, FRLANT 76, Göttingen 1960.

19. Clemens: Strom. V,14; GCS Clemens Alex. II,388. Origenes: De princ. IV,4,10; GCS Origenes V,363. In Genes. homil. I,13; Bd. VI,15: »Is ... qui ›ad imaginem Dei‹ factus est, interior homo noster est, invisibilis et incorporalis et incorruptus atque immortalis.«

Triaden[20], welche das Mittelalter phantasiereich variiert. Die Reformatoren drängen jene Spekulationen zurück. Doch die These, daß man zur Frage nach dem Sitz der Imago vorzüglich auf die Seele blicken müsse, übernehmen sie und reichen sie an die Neuzeit weiter. Nach einem Wort von Herder ist die menschliche Seele »das Bild der Gottheit und sucht auf alles, was sie umgibt, dies Bild zu prägen; macht das Vielfache Eins, suchet aus Lüge Wahrheit, aus unsteter Ruhe helle Tätigkeit und Würkung, und immerdar ist's, als ob sie dabei in sich blicke und mit dem hohen Gefühl ›ich bin Tochter Gottes, bin sein Bild‹ zu sich spreche: ›lasset uns!‹ und will und waltet«[21]. Das innerste Wesen des Menschen in seiner dreigesichtigen Selbstüberschreitung und Selbstfindung ist wahrhaft Imago Dei.

2. Diese zentrale Tradition ist freilich schon von Tertullian an[22] verknüpft mit einem Verweis auf unsere Leibesexistenz; auch hierin wirkt die Antike nach[23]. Nach Augustin ist unser inwendiger Mensch wahrhaft »Imago trinitatis«; in unserem auswendigen Leibesmenschen finden sich nur »vestigia Dei«[24]. Für Thomas von Aquin ist der Menschenleib einbezogen in die intellektuelle Ebenbildlichkeit der Seele. Sie prägt in ihm die aufrechte Haltung aus und läßt in ihm Spuren der Gottheit aufleuchten. Vor allem die Eintracht zwischen Seele und Leib spiegelt unsere geisthafte Seligkeit in Gott ab[25]. Bei Calvin klingt dies nach: »So gewiß der Sitz des göttlichen Ebenbildes vornehmlich in Gemüt und Herz, in der Seele und ihren Anlagen sich befand, so wenig gab es irgend etwas an ihm, einschließlich des Leibes, in dem nicht gewisse Fünklein davon aufgeleuchtet wären« (Inst. I,15,3; OS III,178,30). Auch diese Akzentsetzung ist über Herder der neuzeitlichen Anthropologie vermittelt worden. Der Mensch als »der erste Freigelassene der Schöpfung«[26] ist bis in

---

20. Liebender – Geliebter – Liebesband, De trin. VIII, 10,14. Erinnerung (memoria) – aktuierendes Erkennen (intelligentia) – willentliche Verknüpfung (voluntas), De trin. IX,4,4; 12,18; X,11,17f. Zur mittelalterlichen Rezeption jener Ternare siehe *L. Hödl,* in: Der Mensch als Bild Gottes, S. 200ff.

21. *J. G. Herder:* Vom Erkennen und Empfinden der menschlichen Seele, 1778, Suphan, Bd. VIII, S. 165–235, S. 194f.; vgl. *H. Sunnus:* Die Wurzeln des modernen Menschenbildes bei J. G. Herder, Nürnberg 1971 (Diss. München 1971).

22. *St. Otto:* Der Mensch als Bild Gottes bei Tertullian, in: Der Mensch als Bild Gottes, S. 133–143.

23. Hierzu *Oswald Loretz:* Die Gottebenbildlichkeit des Menschen, München 1967, S. 12–19.

24. Vgl. *E. Dinkler:* Die Anthropologie Augustins, S. 63–68.

25. STh I,q.76,a.1 und 3; hierzu *Paulus Engelhardt:* Der Mensch und seine Zukunft. Zur Frage nach dem Menschen bei Thomas von Aquin, in: Die Frage nach dem Menschen, S. 352–374.

26. Suphan, Bd. XIII, S. 146; vgl. *J. Moltmann:* Die ersten Freigelassenen der Schöpfung, München 1976[5].

seinen aufrechten Gang und die freigesetzte Hand sowie das weit um sich blickende Auge hinein geprägt von seiner freien Geist-Seele.
3. Unter Hinweis auf Gen 5,3 hebt neuzeitliche Exegese seit Hermann Gunkel hervor, jenes Leitwort ṣälām müsse als »Skulptur, plastisches Bild, Statue« gedeutet werden. Hierbei hätten die Alten durchaus die aufrechte Erscheinung des Menschen vor Augen gehabt[27]. Dem »elohimartig« geschaffenen Menschen korrespondiert bei den Propheten der menschenähnlich geschaute Herr[28]. Wobei in der Chiffre demūt ein behutsames Abstandhalten liegen mag, schaut doch auch Hesekiel (1,26) nur etwas, das »einer Menschengestalt ähnlich« war. Natürlich darf bei der aufrechten Gestalt die körperliche Form nicht vom geisthaften Glanz abgehoben werden, doch sollte man auch nicht abstrahierend vom »ganzen Menschen« oder vom »Menschen selber und als solchem« sprechen[29], sondern sich zur Imago Dei bewußt die geistdurchwaltete aufrechte Leibesgestalt plastisch vor Augen stellen.

2. Totaler Verlust – Verbleibende Überreste der Imago Dei

1. Beim Versuch, die Imago Dei im Licht der Urgeschichte zu sehen und doch das Christuszentrum zu wahren, geriet die kirchliche Tradition fast zwangsläufig in die Aporie hinein, festlegen zu müssen, was nun vom Gottesbild durch den Fall verloren sei und folglich in Christus erneuert werden müsse und was sich durch allen Abfall hindurch erhalten habe.
2. Man half sich zunächst mit der Unterscheidung zwischen der Imago und der Similitudo Dei. Sie bahnt sich bei Irenäus an und wird von den griechischen Vätern ausgestaltet. Die Frühscholastik sprach von »Imago secundum naturalia« und »Similitudo secundum gratuita«[30]. Die Imago bezog man auf die verbleibenden, wenn auch arg verstümmelten Gaben der Vernunftfähigkeit und Willenskraft. Die Similitudo bezog man auf gnadenhafte Tugenden, vor allem auf die durch den Fall verspielte Heiligkeit und Gerechtigkeit.

---

27. Eine Skizze der Forschungsgeschichte bei *Cl. Westermann,* BKAT I, S. 206f. und *Ludwig Koehler:* Die Grundstelle der Imago-Lehre, Genesis 1,26, in: Der Mensch als Bild Gottes, S. 3–9.
28. *G. von Rad,* ATD 2–4, S. 38. Die Aussage der Ebenbildlichkeit wird abgeschwächt bei *Walter Zimmerli:* Der Mensch im Rahmen der Natur nach den Aussagen des ersten biblischen Schöpfungsberichtes, ZThK 76 (1979), S. 139–158.
29. So *Cl. Westermann,* BKAT I, S. 208f. und *K. Barth,* KD III,1,206f. Das Insistieren auf dem »ganzen Menschen« läuft vor allem in der Seelsorgelehre und in der Medizin parallel; hierzu *Dietrich Rössler:* Der »ganze« Mensch, Göttingen 1962.
30. Glossula vocabulorum in Genesim (Clm. 22307 f.5): »Distat inter imaginem et similitudinem: imago est in ratione et immortalitate, similitudo vero in morum sanctitate et iustificatione«; analoge Texte bei *L. Hödl,* in: Der Mensch als Bild Gottes, S. 197–205; vgl. *H. Köster,* HDG II, 3b, S. 76–88.

3. Bei Ambrosius und Augustin tritt jene Unterscheidung nicht heraus; ihnen folgen die Reformatoren. Obwohl Luther exegetisch ṣä́läm und demūt voneinander abhebt[31], wehrt er sich systematisch gegen die mittelalterliche Abstufung zwischen der »Imago secundum naturalia« und der »Similitudo secundum gratuita«, weil hierin das pelagianisierende Mißverständnis einer verbliebenen Vernunfthoheit und Willensfreiheit schlummere. Betrachte man jene Fähigkeiten abstrakt, losgelöst von unserem Gottesbezug, so müßte dem Satan eine viel vollkommenere Imago Dei zuerkannt werden[32]. Für Luther hat sich deshalb die Imago Dei radikal in die »Imago satanae« verkehrt. Doch nun wird das berechtigte Anliegen in jener Unterscheidung zwischen Abbild und Korrespondenz in die Chiffre der Imago selber aufgenommen. Im auch von den Reformatoren zugestandenen Rest des Gottesbildes überwinterte gleichsam die emanzipatorische Vernunft, um sich in der Aufklärung gegen die christliche Überlieferung auf ihre eigenen Füße zu stellen.

3. Aktuale und relationale Interpretation der Imago Dei

1. Im Kampf gegen jene neuzeitliche Vernunftautonomie greifen Emil Brunner und Karl Barth auf den reformatorischen Ansatz zurück und radikalisieren den christozentrischen Aspekt der Imago-Lehre. Hierbei rezipiert Brunner ausdrücklich und Barth mehr unreflektiert in der Nachfolge der Ich-Du-Philosophie die »anthropozentrische Wende«. Deshalb verknüpft sich in der skizzierten Neufassung der Imago Dei mit der theologischen eine philosophische Entscheidung. Der neue philosophische Denkgriff resultiert daraus, daß man aus einer angeblich statisch-dinglichen Sicht in eine relational-aktuale überwechselt. Man deutet die überkommenen Thesen zum Sitz der Imago in bestimmten Seelenvermögen oder auch in unserer Leibesgestalt als ungute Objektivierungen und insistiert dagegen auf der grundlegenden Gottesbeziehung, die sich im Je und Je personhafter Begegnung realisiere. Die Imago Dei sei nicht etwas am Menschen, sie sei die Gottesrelation selber. Wir Menschen leben allein aus Gottes Liebeszuwendung heraus; Gottes Liebe ruft uns an, gewährt uns den Atem- und Lebensraum und sucht unsere Antwort. Diese Sicht hat sich weithin durchgesetzt sowohl in der Dogmatik als auch in der Exegese. Da sie schon in Augustins trinitarischen Relationen vorgeprägt war, konnte sie gleichsam von hinten her in den älteren Texten, vor allem in Luthers und Calvins Neufassung der Imago, entdeckt werden[33]. Hierbei wurden die in Frage kommenden Texte freilich überinterpretiert.

---

31. WA 42,248,1–8.
32. Siehe oben S. 46.
33. In enger Anlehnung an Barth hat dies für Calvin *T. F. Torrance* versucht, in: Calvins Lehre vom Menschen, bes. S. 36ff.; vgl. oben S. 84; ähnlich sieht es für Luther *B. Hägglund:* De homine, S. 79ff.

2. Die Systematiker unterstreichen: »Die personale Relation zwischen Gott und Mensch, die mit der Erschaffung des Menschen gesetzt ist, ist die Mitte der Gottesebenbildlichkeit.«[34] Die Exegeten akzentuieren: Die Gottesrelation trete nicht erst zu unserem Geschöpfsein hinzu, sie sei dessen innerstes Wesen. Die Menschheit als Ganze sei zu Gottes Gegenüber erschaffen. Hiermit beginne eine echte Geschichte zwischen Schöpfer und Geschöpf, die hinziele auf unsere Bestimmung zur vollkommenen Gottesgemeinschaft[35]. Claus Westermann möchte zeigen, daß jene Sicht nicht erst durch Barth in die Exegese eingedrungen, sondern schon 1902 von W. Riedel vorweggenommen sei. Bereits bei jenem konzentriere sich die Imago – doch wohl im Anschluß an Wilhelm Herrmann – im »Verkehr zwischen Gott und Mensch«. Freilich bezog Riedel jenen »Verkehr« gerade gegen Barths Stoßrichtung auf die »Fähigkeit oder Anlage zur Religion«[36].
3. Diese Beobachtungen lenken unser Augenmerk zurück auf die Problematik eines Ansatzes bei der Beziehung und bei einzelnen Akten. Brunner sowie Barth vermeinten, hierdurch dem Dilemma des reformatorischen Zugeständnisses von Resten der Imago entgangen zu sein, sie glaubten das Problem eines inhaltlich gefaßten »Anknüpfungspunktes« hinter sich gelassen zu haben. Wir suchten zu zeigen, daß sie sich hierin täuschten[37]. Faktisch knüpfen beide an die anthropologische Struktur an, daß echte Menschwerdung nur dadurch möglich wird, daß uns ein Du liebend annimmt. Dies wird existential als »responsorische Aktualität« gefaßt. Auch dies ist eine Art »Anknüpfungspunkt«, nur hat man ihn aus den korrespondierenden Vermögen im Menschen verlagert in die zwischenmenschliche Begegnungsstruktur. Dieser für Dogmatik und Exegese charakteristische Überschritt fußt auf dem dialogischen Personalismus.

4. Imago Dei und Herrschaftsauftrag

1. Hieraus resultiert ein weiteres Problem, das auch die Exegese beschäftigt: Wieweit ist es einer derartigen Sichtweise möglich, die aufrechte Leibesge-

34. *P. Brunner,* in: Pro Ecclesia, Bd. I, S. 91; *G. Ebeling* formuliert: »Der sündige Mensch erfährt sich selbst unmittelbar nur als Ort der Absenz Gottes. Die Gottebenbildlichkeit ist in der Tat keine verfügbare unmittelbare Gegebenheit, sondern eine gnadenweise erst wiederherzustellende, dem Menschen zu vermittelnde Gottesbeziehung, freilich so, daß solche Vermittlung gerade die Unmittelbarkeit des Gottesverhältnisses in Kraft setzt, das heißt, den Menschen selbst zum Ebenbild Gottes und damit zum Ort der Präsenz Gottes macht« (Dogmatik des christlichen Glaubens, Bd. I, S. 383).
35. *Cl. Westermann,* BKAT I, S. 217f.
36. *W. Riedel:* Die Gottesebenbildlichkeit des Menschen, 1902, S. 42; zit. BKAT I, S. 208.
37. Siehe oben S. 117f., 122f., 127f., 134ff.

stalt des Menschen und die mit ihr gegebenen zwischenmenschlichen und welthaften Bezüge in die Gottesrelation aufzunehmen? Im Blick auf die Urgeschichte gefragt: Wieweit gehört die Herrschaft über die Erde zur Imago Dei? Ist sie lediglich deren »Konsequenz« (KD III/1,210) und »konsekutive Folge«[38], oder ist sie deren »Bestimmung«[39] und »finaler Zweck«[40]?

2. Nach dem Bericht der Priesterschrift, aber auch nach dem Jahwisten, gehören der Gottesbezug des Menschen und seine Herrschaft über die Kreaturen innigst zusammen. Erst durch unsere hoch aufgerichtete Leibesgestalt vermögen wir jene von Gott selber als Zeichen seiner Herrschaft aufgestellte »Skulptur« zu sein. Dieses präzise Ineinander zwischen der grundlegenden Relation auf Gott und der hieraus resultierenden Relation auf die übrigen Geschöpfe gerät aus dem Blick, wenn man ausschließlich eine aktualistische Gottesrelation urgiert[41]. In seinem emporgereckten Geist-Leib spiegelt der Mensch Gott ab und dokumentiert darin Gottes Herrschaft über die Kreatu-

---

38. *Odil Hannes Steck:* Der Schöpfungsbericht der Priesterschrift. Studien zur literarischen und überlieferungsgeschichtlichen Problematik von Genesis 1,1–2,4a, FRLANT 115, Göttingen 1975, S. 151.

39. *Cl. Westermann,* BKAT I, S. 218.

40. *H. W. Wolff:* Anthropologie des Alten Testaments, S. 234f.

41. Die Herkunft der These vom Menschen als dem Bild Gottes ist umstritten. Auf der einen Seite hat man erstaunlich variationsreiche Vorstellungen aus Ägypten zusammengetragen, in denen der König Statthalter der göttlichen Schutzmacht ist und als deren aufgerichtete Erscheinungsgestalt die feindlichen Mächte niederhalten soll. Jene Imago bleibt freilich auf den Herrscher und auf den kultisch handelnden Priester eingegrenzt; eine »Demokratisierung« läßt sich nur spärlich nachweisen, wenn auch gerade für die Zeit, die man für Israels Aufenthalt in Ägypten ansetzt (Lehre des Anii). Deshalb hat man auf sumerische und akkadische Schöpfungsmythen verwiesen. In ihnen freilich werden die Menschen erschaffen, damit sie den aufbegehrenden niederen Göttern die Last des Tragkorbes und der Spitzhacke abnehmen. Die im Herrschaftsauftrag verwendeten Verben des mit den Füßen Tretens (wie die Kelter) und Niedertretens verweisen wie auch Ps 8 derart stark in den Kontext königlicher Ermächtigungen, daß man hierin schon den Beginn der unverantwortlichen Ausbeutung der Erde sehen wollte. An die Stelle des Königs tritt der Mensch, an die Stelle der zur Unterwerfung aufgeforderten (Fremd-)Völker die außermenschliche Kreatur. Doch sind diese Worte eingeordnet in die Verantwortung vor Gott für das gesamte Leben bis hin zur nắpăš in den Tieren (Gen 1,28f.). Ein Überblick über die Forschungen von H. Wildberger, W. H. Schmidt, V. Maag findet sich bei *Cl. Westermann,* BKAT I,209–213; vgl. noch *Giovanni Pettinato:* Das altorientalische Menschenbild und die sumerischen und akkadischen Schöpfungsmythen, AHAW.PH 1971 I, Heidelberg 1971; *Erik Hornung:* Der Mensch als »Bild Gottes« in Ägypten, in: *O. Loretz:* Die Gottebenbildlichkeit des Menschen, S. 123–156; *Eberhard Otto:* Der Mensch als Geschöpf und als Bild Gottes in Ägypten, in: Probleme biblischer Theologie; Festschrift für *G. von Rad,* hg. von *H. W. Wolff,* München 1971, S. 335–348.

ren, freilich nicht als eigenmächtiger Selbstherrscher, sondern als ihnen zugewandtes Gottesbild.

»Nicht in selbstherrlicher Willkür, sondern als verantwortlicher Geschäftsträger nimmt er die Aufgabe wahr. Sein Herrschaftsrecht und seine Herrschaftspflicht sind nicht autonom, sondern abbildhaft.«[42]

c) Verlust der Imago Dei in Adam – Erneuerung in Jesus Christus, expliziert anhand der Coram-Relationen

1. Die menschliche Forum-Struktur in ihren Coram-Relationen

1. In einer derart umfassenden Sicht der Imago Dei lassen sich die unterschiedlichen Bezüge unseres Menschseins zwangloser integrieren. Hierzu greifen wir zurück auf die Explikation der Coram-Relationen, wie Luther sie vorbildlich ansetzte[43] und die neuzeitliche Diskussion aufgriff.

Wir leben vor Gott (coram Deo) und zugleich in der Welt (coram mundo), nicht als isolierte Einzelwesen, sondern eben als »Adam«[44] in der Einheit des Menschengeschlechts (coram hominibus), die aufgipfelt im Miteinander von Mann und Frau (coram socio). Weil wir ein von Gottes Atemhauch durchpulster Seelen-Leib (coram meipso) sind, deshalb leben wir verantwortlich in jenen unterschiedlichen Bezügen.

Nach dem Zeugnis der Schrift stehen die Relationen nicht unverbunden und auch nicht gleichwertig nebeneinander. Die selbst- wie weltüberschreitende Gottesbeziehung prägt und strukturiert die anderen Bezüge; es entscheidet sich alles am »Coram Deo«.

2. Innerhalb dieses präzisen Gefüges vollzieht sich dasjenige, was der Jahwist vom Urfall, von der Schuld des Menschen und von Gottes Strafen berichtet. Die alttestamentliche Forschung der letzten Jahrzehnte zeigt uns, wie tief jenes zwiegesichtige Wissen um unser aller Herkunft und Entfremdung vom göttlichen Ursprung in der Menschheitsgeschichte verwurzelt ist. Darin artikuliert sich der eine, bleibende Haftpunkt menschlicher Vernunft in deren Welttranszendierung.

Die Janusköpfigkeit jener Grunderfahrung ist in der gegenwärtigen Systematik umsichtig herausgearbeitet.

---

42. *H. W. Wolff:* Anthropologie des Alten Testaments, S. 235.
43. Siehe oben S. 49ff.
44. *Cl. Westermann,* BKAT I, S. 329: »Adam (ist) ein Kollektiv. Der Mensch und seine Frau sind nicht Individuen in unserem Sinn, sie repräsentieren die Menschheit in ihrem Entstehen.« Vgl. *Wilfried Joest:* Adam und wir. Gedanken zum Verständnis der biblischen Urgeschichte, in: Gott will zum Menschen kommen. Zum Auftrag der Theologie im Horizont gegenwärtiger Fragen; Ges. Aufsätze, Göttingen 1977, S. 124–139; auch KD IV/1,566ff.

2. Wechselseitige Erhellung der Antitypen: Adam – Christus

1. Dieses präzise Gefüge erweist sich zugleich in dem zentralen Haftpunkt unseres christlichen Glaubens, im Menschengeschick Jesu Christi, als mächtig. Der Apostel Paulus formuliert in 1 Kor 15,21f., 45–49 und Röm 5,12–21 jene Entsprechung antitypisch: »Wie wir alle in Adam sterben, so werden alle in Christus lebendig gemacht werden.« Wie wir alle das Bild des ersten erdgebundenen Menschen getragen haben, so werden wir auch das Bild des letzten himmlischen Adam tragen. »Wie durch einen Menschen die Sünde in die Welt kam und durch die Sünde der Tod und so zu allen Menschen der Tod hindurchdrang«, so will in diesem einen Jesus Christus die Errettung alle erreichen. Wie bereits der priesterschriftliche Schöpfungsbericht einmündet in Jahwes geheiligte Ruhe (Gen 2,1–3) und wie die vom Jahwisten skizzierte Lawine des Abfalls und der Strafe ihren Kontrapunkt im universalen Abrahamssegen findet (Gen 12,1–3), so legt Paulus den Akzent noch eindeutiger auf den Pol des Gottesheils[45]. Erst im Lichte des Gotteswirkens in Jesus Christus fügt sich die gesamte Menschheit unter dem Antityp Adam zur Einheit zusammen.

2. Unter diesem Hinüber und Herüber zwischen Christus und Adam bildet sich ein kaum zu entwirrendes Geflecht wechselseitiger Ausdeutung. Einerseits werden die Schöpfungsberichte der Priesterschrift und des Jahwisten auf dem Hintergrund des Urfalls ausgelegt, andererseits erscheint die gesamte Urgeschichte als Gegenfolie zu Jesu neuem Gehorsam. Bei dieser wechselseitigen Erhellung orientiert man sich maßgebend am Christusgeschehen. In seinem klaren Licht erlangt die retrospektive Ätiologie der Genesis prophetische Prägnanz. Eine derartige doppelseitige Ausleuchtung ist schon bei den Synoptikern und im Johannesevangelium im Spiel; Paulus hat sie reflex formuliert. Über Augustin hinaus sucht Luther sie auch nach ihrer existentialen Innenseite zu erfassen; Pascal und Kierkegaard greifen dies auf[46]. Wir klammern die mythischen Überhöhungen ein[47] und skizzieren jene existentiale Korrespondenz anhand der Coram-Relationen; hierzu lassen wir uns mit Barth leiten vom synoptischen Bilde Jesu.

---

45. Zum Verhältnis Christus – Adam siehe bes. *Egon Brandenburger:* Adam und Christus. Exegetisch-religionsgesch. Untersuchung zu Röm 5,12–21 (1. Kor 15), WMANT 7, Neukirchen 1962 und *Peter Lengsfeld:* Adam und Christus. Die Adam-Christus-Typologie im Neuen Testament und ihre dogmatische Verwendung bei M. J. Scheeben und K. Barth, Koin. 9, Essen 1965.

46. *Arthur Rich:* Pascals Bild vom Menschen, SDGSTh 3, Zürich 1953. – *Johannes Sløk:* Die Anthropologie Kierkegaards, Kopenhagen 1954. – *Gerolf Schultzky:* Die Wahrnehmung des Menschen bei Sören Kierkegaard, Studien zur Theol. und Geistesgesch. des 19. Jhs. 19, Göttingen 1977.

47. Vgl. oben S. 43f.

3. Struktur des Falls gemäß der Trias: Unglaube, Hochmut, Begierde

1. Der Urbundesbruch setzt an im Gottesverhältnis, im »Coram Deo«. Doch sind alle anderen Relationen zwangsläufig mitbetroffen, das Verhältnis zum eigenen Leib, zum menschlichen Partner und zur außermenschlichen Kreatur. In Jesus Christus wird dieser Riß geheilt, auch dies erfolgt streng aus dem erneuerten Gottesbezug heraus. Jesu ursprunghafte und niemals zerbrochene Gottesgewißheit durchdringt alle anderen Dimensionen seines Lebens und gestaltet sie heilshaft. »Die Unbedingtheit des wirklichen Menschen aus Gott und vor Gott« heilt das gesamte »Beziehungsfeld von menschlichem Handeln und Erleiden«[48]; sie gestaltet die Taufe, die Versuchung und den gesamten Gehorsamsweg Jesu zum Gegenbild des Urbundesbruches.

2. Augustins Hinweise aufgreifend, haben die Reformatoren die Kernverfehlung in einem Dreischritt entfaltet[49]; Tillich erneuert dies unter den Chiffren: Unglaube, Hybris, Konkupiszenz[50]. Die Christenheit bekam jenen Dreitakt erst voll zu Gesicht, indem sie gleichsam von hinten nach vorne und von außen nach innen vorstieß. Zunächst fiel ihr die Begierde, die Concupiscentia, ins Auge, das Anschauen, das Gelüsten und Greifen nach der Frucht. Augustin zeigte dann, daß hinter ihr der selbstsüchtige Hochmut steckt, unser Wunsch, zu sein wie Gott, doch aus eigener Vollmacht[51]. Die Reformatoren gehen noch einen Schritt zurück. Vor dem Wunsch, wie Gott zu sein, regt sich der Zweifel an Gottes gutem Gebot: Sollte Gott wirklich gesagt haben[52]? Somit ergibt sich der Dreischritt: »Infidelitas – Superbia – Concupiscentia«[53].

---

48. *G. Sauter:* Mensch sein – Mensch bleiben. Anthropologie als theol. Aufgabe, in: Anthropologie als Thema der Theologie, S. 71–118, S. 115.

49. Vgl. oben S. 47, 91.

50. Vgl. oben S. 110f. Beachtenswert sind Gestalt und Funktion der Schlange. Sie gehört zu Gottes guter Kreatur und trägt doch die Verlockung an den Menschen heran. Aus Gottes guter Schöpfung heraus rührt uns die Versuchung zum Abfall an. Sicher läßt hier »der Mythos ... im Äußerlichen geschehen, was innerlich ist« (*S. Kierkegaard:* Der Begriff Angst, Ges. Werke, 11./12. Abt., S. 45). Doch ob jene Einladung zum Bruch mit Gott ausschließlich von innen kommt, das bleibt die unheimliche Frage. Nach *Paul Ricœur* »symbolisiert die Schlange etwas vom Menschen und von der Welt, eine Seite des Mikrokosmos und eine Seite des Makrokosmos, das Chaos in mir, zwischen uns und draußen« (Symbolik des Bösen. Phänomenologie der Schuld, Bd. II, Freiburg–München 1971, S. 295).

51. Vgl. *E. Dinkler:* Die Anthropologie Augustins, S. 82–90; zum Mittelalter vgl. *H. Köster,* HDG II, 3b, S. 141–148.

52. Vgl. oben S. 47.

53. Bei Calvin unter bewußter Korrektur Augustins: infidelitas – superbia – inoboedientia (Inst. II,1,4; OS III,231,32ff.). Melanchthon bezieht die Verfehlungen stärker auf Gottes Gesetz und umschreibt die Sünde als »defectus vel inclinatio vel actio pugnans cum Lege Dei« (StA II,1,255,23ff.). Doch dahinter steht auch für ihn die Abkehr des Herzens (StA II,1,253,19ff.).

3. Im Gegenüber zum Bericht von Jesu Versuchung und seinem Ausharren im Glaubensgehorsam wird jener Dreischritt vertieft. Urgrund wahren Menschseins ist das ungespaltene Atmen in der Gottesgewißheit.
Aus der »trunkenen Gottesfreude«[54] stößt die Verlockung den Menschen hinaus in den nagenden Zweifel an Gottes gütiger Weisung. In der Angst, die sich vom nicht verbotenen Berühren fernhält, lauert schon die Lust am Untersagten. Das Grundvertrauen wird überwältigt vom Mißtrauen. Das Geborgensein in Gottes unsichtbarer Segenshand verkehrt sich zum Standsuchen im eigenen Willen zur Macht. Im perversen Streben nach Höhe gibt der Menschengeist den göttlichen Urgrund preis und möchte sich selber zum Prinzip setzen[55].
Der Mensch kann aber nicht rein in sich selber stehen. Er greift haltsuchend nach der Kreatur und schlingt diese in sich hinein. Augustin deutet dies als Abkehr vom einenden Gott und Zuwendung zur zerstreuenden und nichtenden Kreatur. Doch die Geschöpfe verweigern ihm den Halt, sie verweisen ihn zurück auf sich selber. Er erkennt seine Nacktheit und schämt sich ihrer.
4. Dies ist der Dreischritt einer Art existentialen Ausleuchtung des Urbundesbruches, wie ihn die Reformatoren im Anschluß an Augustin explizieren. Er wird in Jesus Christus rückgängig gemacht, und hierdurch die in Gott gegründete rechte Menschenexistenz wiederhergestellt.
Auch hierbei liegt der entscheidende Ansatz im Grundvertrauen, in Jesu Sohnesgewißheit, die sich im Abba-Ruf ausspricht. Diese Gewißheit ist über spezielle Auditionen hinaus ursprunghaft und muß sich doch in einem furchtbaren Glaubensringen bewähren. Dieses bezeugen die Taufe und Verklärung oder auch der Heilandsruf auf der einen, die Versuchung, das Ringen in Gethsemane und der Kreuzesschrei der Gottverlassenheit auf der anderen Seite. Jesu Abba-Gewißheit eröffnet den Demutsweg wahrer Freiheit quer hindurch zwischen Selbstbehauptung und Selbstvernichtung. Das innerlich gespaltene Hinundherschwanken zwischen Hybris und Nemesis liegt hinter, weil ständig unter ihm. Der begehrliche und zugleich angstvolle Griff nach der Kreatur ist nicht mehr notwendig. Jesus klammert sich weder an den Besitz noch hält er die Verlockungen der Welt gewaltsam von sich fern. In diesem Dreifachen wird er zum »Exemplar« der aus der Gottesrelation heraus erneuerten Menschenexistenz.

---

54. WA 42,71,31: »... conditus Adam, ut quasi ebrius esset laetitia erga Deum et gauderet quoque in omnibus aliis creaturis.«
55. De civ. Dei XIV,13 (CSEL 40b,31): »Perversa enim est celsitudo deserto eo, cui debet animus inhaerere, principio sibi quodam modo fieri atque esse principium. Hoc fit, cum sibi nimis placet.« Vgl. *H. Somers:* Image de Dieu. Les sources de l'exégèse augustienne, REAug 7 (1961), S. 105–125.

4. Zerbrechen und Heilen der welthaften Relationen aus dem Transzendenzbezug heraus

1. Der jahwistische Bericht von Schuld und Strafe zeigt uns, wie sich der Riß in der Gottesdimension durch alle anderen Bezüge hindurchzieht. Das Gegenbild Jesu bestätigt uns, wie sich die Heilung aus der Gottesrelation heraus in allen anderen Dimensionen als kräftig erweist.

2. Der Urbundesbruch verkehrt die tragende Ausrichtung auf Gott. »Der Mensch, der bestimmt ist, frei für Gott zu sein, macht sich frei von Gott.«[56] Anstatt der Theonomie erwählt er sich die Autonomie und verfällt der Heteronomie. Die Erde steht gegen ihn auf, sie lohnt ihm die Mühsal mit Dornen und Disteln und preßt ihm den Schweiß heraus[57]. Die Tiere widersetzen sich; der Mensch fürchtet sich vor ihnen; hierin sah Luther ein Anzeichen der Sünde[58]. – In Jesus ist der »Herr der Tiere« erneut auf dem Plan. Markus beschließt seine Andeutungen zur Versuchung Jesu mit dem hintergründigen Satz: »Er war bei den Tieren, und die Engel dienten ihm« (Mk 1,13). Jesus bedroht die tosende See und schreitet ohne Angst über die Wassertiefen; er gebietet den Dämonen und weicht selbst vor dem Tod nicht zurück. Dies ist nicht einfach der Adam vor dem Fall; dies ist der »zweite Adam« inmitten der von Schuld und Tod gezeichneten Kreatur. Hendrikus Berkhof hat Barths Christusdarstellung als Zentrum rechter Anthropologie nach dieser Seite hin ergänzt: In Jesus ist auch die herrscherliche Dimension der Imago Dei wieder aufgebrochen[59]. Auch in diese Freiheit der Gottessöhne will der Herr die Seinen aufnehmen. Sie sollen das Harren und Seufzen der versklavten Kreatur hören und ihm Stimme verleihen; sie sollen es aber auch schon hier anbruchsweise verwandeln in den Lobgesang der befreiten Schöpfung.

3. Der Riß im Gottesverhältnis dringt zugleich in die menschliche Gemeinschaft ein. Mann und Frau liegen fortan miteinander im Streit. Sie schämen sich voreinander und kämpfen um den Vorrang; hier patriarchalische Herrscherpose, dort emanzipatorische Schlachtrufe. Die Partnerschaft hat sich verkehrt in den Streit um die Vorherrschaft. Auch in die übergreifende Gesellschaft dringen Neid, Verstellung, Lüge und Mord ein. Der Kampf aller gegen alle hebt an. »Kain ist der erste Mensch, der auf dem verfluchten Acker gebo-

---

56. *Hendrikus Berkhof:* Der Mensch unterwegs. Die christliche Sicht des Menschen, Neukirchen 1967, S. 71.

57. WA 42,159,17–36 unterscheidet Luther einen dreifachen Schweiß, je nachdem ob er im Dienste der Oeconomia, Politia oder Ecclesia vergossen wird; Adam vergoß ihn als »Pater, Rex et Sacerdos« (Z.35) dreifach.

58. WA 42,49f.

59. *H. Berkhof:* Der Mensch unterwegs, S. 27ff.; Barth weist hierauf hin, wo er Jesus als den »Herrn der Zeit« (KD III/2,524–616) ins Licht der Auferweckung rückt.

ren ist. Mit Kain erst hebt die Geschichte an, die Geschichte des Todes.«[60] – Auch hier ist Jesus das Gegenbild. Weil er vom allgewaltigen Zwang zur Selbstsucht frei ist, kann er als Mensch für Gott zugleich »der Mensch für den anderen Menschen« sein (KD III/2,242–264). Unermüdlich ringt er um diese Offenheit bei denen, die ihm begegnen. Hierin erfüllt er die zweite Forderung des Doppelgebotes, die selbstlose Nächstenliebe; hierin zeigt er: »Humanität ist das durch die Liebe Gottes konstituierte liebende Sein des Menschen.«[61] »Der wirkliche natürliche Mensch ist ... der Mensch, der in der Freiheit seines Herzens mit seinem Mitmenschen zusammen ist« (KD III/2,337).

4. Auch die letzte Dimension, das Zerspaltensein im eigenen Selbst, deutet sich im Bericht von Urfall und Strafe an, wenn dies – charakteristischerweise – auch noch nicht eigens thematisiert ist. Der Jahwist schreibt noch vor der »anthropozentrischen Wende«. Augustin hat jenes Aufbegehren der leiblichen Lüste gegen die geisthafte Vernunft nahezu lustvoll ausgemalt und auf das geschlechtliche Begehren zentriert[62]. Luther greift dies knapp auf: »Sie waren abgefallen und Gotte ungehorsam worden, da ward hernach auch alles ungehorsam, was am Leibe war, daß sie es nicht zähmen kunnden, widder Gedanken noch Geliedmaß. Das ist nu an uns geerbet und bleibet noch also; wie sie gewesen sind, so sind alle ihre Kinder, wo nicht glauben und Christen sind, da ist's ungewehret, daß sie ohne böse Lust und Begierde seien« (WA 24,90,28). – Auch in dieser Hinsicht ist uns Jesus das erneuerte Ur- und zugleich das Zielbild. In seiner rückhaltlosen Hingabe an den väterlichen Willen, in seiner unverstellten Zuwendung zur Not der Menschenbrüder, in seiner souveränen Herrschaft über die Natur erweist er sich als der mit sich selber in Eintracht lebende Mensch. »Das Neue Testament hat weder von einer Emanzipation des leiblichen gegenüber dem seelischen Leben Jesu, noch auch von einem asketischen Streit der Seele Jesu gegen seinen Leib auch nur die geringste Andeutung gemacht« (KD III/2,407). Der heiligende Gottesgeist, der auf ihm ruht, durchdringt die Seele und von ihr her auch den Leib. So ist Jesu Leibesleben geprägt vom Atemhauch der Auferweckung, in seinem Erdenleib wird mitten unter uns sündigen, todverfallenen Menschen Gottes Reich, Recht und Regiment aufgerichtet.

5. Aus dem »Coram Deo« heraus, in der ungespaltenen Gottesgewißheit sind in Jesus Christus alle Dimensionen menschlicher Existenz geheilt und geheiligt, das Verhältnis zur Natur (coram mundo), das Verhältnis der Menschen untereinander (coram hominibus) und schließlich auch das Verhältnis zum

60. *D. Bonhoeffer:* Schöpfung und Fall, S. 119.

61. *Wilfried Härle:* Humanität. Überlegungen zum Verhältnis von Anthropologie und Ethik, in: Anthropologie als Thema der Theologie, S. 119–129, S. 125.

62. Hierzu *E. Dinkler:* Die Anthropologie Augustins, S. 93–118; aber auch *Rudolf Strauss:* Der neue Mensch innerhalb der Theologie Augustins, Zürich 1967.

eigenen Selbst (coram seipso). In dieser christologischen Mitte gewinnen das protologische Urbild sowie das eschatologische Zielbild ihr eindeutiges Zentrum. Unser Verwandeltwerden in jene Mitte hat Luther im Freiheitstraktat als Dynamik eines glaubenden Herzens umschrieben: »Ein Christenmensch lebt nit ihm selb, sondern in Christo und seinem Nächsten, in Christo durch den Glauben, im Nächsten durch die Liebe; durch den Glauben fähret er uber sich in Gott; aus Gott fähret er widder unter sich durch die Liebe und bleibt doch immer in Gott und gottlicher Liebe« (WA 7,38,6).

d) Christozentrische Sicht exzentrischer, responsorischer, eschatologischer Menschenexistenz

Wolfhart Pannenberg fordert eine Explikation des christologischen Sinns vernunftgeleiteter Individualität: »Die Nüchternheit der Selbstunterscheidung von Gott und seiner Zukunft endgültiger Wahrheit und die Exzentrik unbedingten Vertrauens auf Gottes Zukunft« zusammen sollten dasjenige markieren, was die »vernünftige Individualität« eines jeden Menschen konstituiere, »insofern er in seinem Personsein zu der Gottebenbildlichkeit bestimmt« sei, »die in der Einheit von Gott und Mensch in Jesus Christus erschienen« sei[63]. Von Wilfried Joest haben wir die Chiffren des Exzentrischen, Responsorischen und Eschatologischen aufgegriffen und hierin die reformatorische Sicht des Menschen einzuzeichnen gesucht[64]. Abschließend sollen anhand jenes Dreifachen die anthropologischen Einsichten gegenwärtiger Humanwissenschaften mit dem synoptischen Jesus-Zeugnis ins Gespräch gebracht werden.

1. Der exzentrische Charakter des Menschen

1. Nach Friedrich Nietzsche ist der Mensch das »noch nicht festgestellte Tier«[65]. Er ruht nicht in sich, sondern ist in sich exzentrisch. Max Scheler und Helmuth Plessner haben uns sehen gelehrt, daß jene Struktur sinnhaft herauswächst aus der Dynamik des Seins[66]. Schon anorganischen Gebilden ist eine kristallartige Struktur eigen. Bei den Pflanzen potenziert sich dies zu einem atmenden Zentrum, das sich nach außen hin darleben muß. Bei den Tieren hat sich dies zentriert zu einer echten »Rückmeldestelle« der Organzu-

63. *W. Pannenberg:* Das christologische Fundament christlicher Anthropologie, Conc(D) 9 (1973), S. 425–434, S. 434; vgl. *Alexandre Ganoczy:* Neue Aufgaben der christl. Anthropologie, a.a.O. S. 417–425.
64. *W. Joest:* Ontologie der Person bei Luther, S. 232–353.
65. Vgl. Anm. 22 (S. 163).
66. *M. Scheler:* Die Stellung des Menschen im Kosmos, Darmstadt 1928; *H. Plessner:* Die Stufen des Organischen und der Mensch, Samml. Göschen 2200.

stände, zugleich bildet sich eine frontartige Weltzuwendung heraus. Der Mensch steht in einer weiteren »Wesensverwandlung«; er muß sich in all seinen Weltbezügen zu sich selber verhalten. Er kann sich aus seiner Position herausheben, sich gleichsam selber verlassen und sich in seinem Beziehungsfeld vor sich sehen. Alles, was die Reformatoren zur Rechtfertigung erarbeitet haben, sucht die Gestalt jener Reduplikation zu erhellen.

2. Mit ihr ist nicht lediglich ein abstrakter Denkvollzug anvisiert, sondern ein geisthaftes Seinsgeschick angerührt. Weil wir aus einem fraglosen Eingepaßtsein in die Umwelt herausgestoßen wurden, müssen wir unseren Standort selber suchen. Wir sind positionell exzentrisch. Der Zwang zur ständigen Rechtfertigung bestätigt, daß diese unsere wesenhafte Exzentrizität nach einem letzten Ankergrund schreit. Weil wir uns selber um ein Unendliches übersteigen, deshalb können wir jenen Halt letztlich nicht im Welthaften und Todverfallenen finden, und doch klammern wir uns unermüdlich an das Vergehende. So geht durch das Menschengeschlecht die Frage hindurch: Wo ist unter den unendlich vielen Menschen der Eine, der diese unsere Exzentrizität unverkrampft und unverstellt ausleidet? Wo ist der Mensch, der in der unsichtbaren, unheimlichen Macht über Leben und Tod seinen wahren Stand findet und zugleich freier Mensch auf dieser Erde bleibt?

3. Die synoptische Überlieferung verweist uns hierzu auf den Abba-Ruf Jesu. Auch dieser Gebetsruf ist keineswegs ohne Tradition innerhalb der Menschheitsgeschichte. Er ist vorgeprägt in einer Kette von Anrufungen des »Urvaters« bis hin zu den Formeln im palästinensischen Judentum: »Unser Vater, unser König!« Jesu Ruf läßt die zwischenmenschlichen Bezüge mitschwingen und transzendiert sie zugleich radikal. In der frühkindlichen Lallform »Abba« (Papa) löst sich die Sprache nicht auf ins Namen- und Weiselose, hier gilt keineswegs: »Ich habe keinen Namen / Dafür! Gefühl ist alles;/ Name ist Schall und Rauch,/ Umnebelnd Himmelsglut.«[67] Die Sprache konzentriert sich vielmehr auf ihre ursprunghafte Alltagsintensität; das spontane Vertrauen des Kleinkindes wird eingebracht. Frühkindliches »Urvertrauen« bricht auf in einer geläuterten »Naivität«, die durch unauslotbare Abgründe der Anfechtungen unverstellt hindurchgegangen ist und hindurchgeht.

4. Im Vaterunser hat Jesus diese seine Sohnesgewißheit der Jüngerschar übereignet. Er nimmt die Seinen auf in die eigene Gottesgewißheit und schenkt ihnen Anteil an seiner radikalen Exzentrizität. »Mit dem schlichten ›Abba, du lieber Vater‹ hat die Urkirche das Herzstück des Gottesglaubens Jesu aufgenommen.«[68] Worum es hierbei geht, zeigt Paulus in Gal 4,6 und

---

67. *J. W. Goethe:* Faust – Ein Fragment, V,175ff.; dtv Bd. V, S. 126.

68. *Joachim Jeremias:* Abba. Studien zur neutestamentl. Theologie und Zeitgeschichte, Göttingen 1966, S. 66; vgl. S. 15–67 und Neutestamentl. Theologie, I. Teil, Gütersloh 1971, S. 67–73.

Röm 8,15f. auf: Weil Gott den Geist des Sohnes in die Herzen der Glaubenden hineinsenkte, deshalb vermögen sie ins Unendliche den Kindesruf rückhaltlosen Vertrauens hinauszuschreien. Der unnahbare Gott, der in einem unzugänglichen Licht und somit zugleich in einem undurchdringlichen Dunkel thront, schenkt uns die Gewißheit, daß wir ihm über Leben und Sterben hinaus zugehören.

5. In jenem Abba-Schrei verdichtet sich dies radikal Exzentrische jeglichen Menschseins zu äußerster Präzision. Damit greifen wir das von Tillich Anvisierte auf. Die positionelle Exzentrizität ist ein allen Menschen gemeinsames anthropologisches Existential. Ihre transzendierende Offenheit und volle Personhaftigkeit sind erst im Verlauf der Menschheitsgeschichte hervorgetreten, in Sokrates angebahnt, in den Propheten angesagt, in Jesus aus Nazareth verwirklicht. Gegen Tillich insistieren wir jedoch auf dem konkreten Christuszeugnis, in dem uns diese Gewißheit personal zugeeignet wird. Insofern bleibt Jesus Christus der alleinige Mittler zwischen uns sündigen Menschen und dem heiligen Gott.

2. Der responsorische Charakter des Menschen

1. Die Exzentrizität verknüpft sich unlöslich mit dem responsorischen Charakter menschlicher Existenz. Mit dem dialogischen Personalismus haben dies auch die Theologen unterstrichen. Wir sind nicht autochthon. Kein Mensch vermag in absoluter Isolierung zum Menschen zu werden. Wir alle sind nur dadurch zu Menschen geworden, daß wir gezeugt, geboren, angenommen, angelächelt, angesprochen, genährt und ins Leben eingewiesen wurden. Auch das Responsorische ist ein Geheimnis, das sich auf den früheren Stadien der Wesensverwandlung des Lebendigen anbahnt.

2. Die Woge allwaltender Lebensdynamik trägt uns in unserem Atem; sie hebt uns empor, durchflutet uns und entläßt uns wieder.

Wir vertrauen uns ihr unreflektiert an.

Als Säugling werden wir aufgenommen und an die Mutterbrust gelegt; von früh auf müssen wir uns einschwingen in den Rhythmus von Gewähren und Versagen.

Die Bewegung alles Lebendigen lockt uns in ihr Spiel hinein, lehrt uns dessen Regeln beachten.

Nur durch das Angesprochenwerden von einem Du, durch das Aufgenommenwerden in eine Lebensgemeinschaft, durch das Erlernen einer Muttersprache werden wir Menschen.

Jene Dynamis von Tradition und Rezeption ist seit Jahrhunderttausenden am Werk, sie vollzieht sich nach erstaunlich variationsreichen und doch höchst einfachen Regeln.

Wir werden vielmehr gelebt, als daß wir selber leben. Zugleich erleiden wir die Gegenspontaneität eines Sichverlierens im Nichtenden, erfahren wir uns als hineingerissen in den Todesstrom und werden unausweichlich schuldig[69]. Dies zeigte vor allem Werner Elert[70].

3. Die responsorische Struktur sucht eine angemessene Antwort; in jener müßten »Widerstand und Ergebung«[71], äußerstes Widerstreben und innigste Hingabe, miteinander ausgesöhnt sein. Aus den Berufungsszenen der Propheten schlägt uns die Härte eines derartigen Ringens entgegen. Auf der einen Seite kristallisiert sich der Widerstand in Worten wie: »Ich bin noch zu jung; ich kann nicht reden; sende Herr, wen du willst, nur nicht mich!« Auf der anderen Seite artikuliert sich die Ergebung in Worten wie: »Rede, Herr, dein Knecht hört; hier bin ich, sende mich; der Herr hat mir das Ohr geöffnet.« Widerstand und Ergebung schwingen ineinander in dem fast blasphemischen Bekenntnis des Jeremia: »Du hast mich betört, und ich habe mich betören lassen. Du bist mir zu stark geworden und hast mich überwältigt« (Jer 20,7). Widerstand wandelt sich in Ergebung in Jesu Gethsemanegebet: »Abba, Vater, ... laß diesen Kelch an mir vorübergehen! Doch nicht, was ich will, sondern was du willst« (Mk 14,36). In diesen beiden extremen Worten geht es um ein Gehorsam-Lernen durch Leiden.

4. Anthropologisch gesehen, zeigt sich hierin der Widerstreit im menschlichen Wollen. Zwei Willensrichtungen streiten in uns gegeneinander; in welcher von beiden findet die Person ihren Ankergrund? In seiner Vaterunser-Auslegung von 1519 spricht Luther diesen Streit an: »Und also sall ein Mensch sich selbst uben, daß er einen Uber-Willen habe wider seinen Willen und nimmer unsicher sei ... Mußte Christus' Wille aus gehen, der doch ahn' Zweifel gut, ja der allerbest' allzeit gewest ist, auf daß gottlicher Wille geschehe, was wollen dann wir armen Wurmlein brangen mit unserm Willen, der doch nimmer ahn' Bosheit ist und allzeit wirdig, der vorhindert werde« (WA 2,101,16; 102,22). In diesem Willenswiderstreit wird menschliches Wollen nicht von außen her gezwungen (keine coactio), wohl aber von innen heraus überwunden (durch eine necessitas). Hierzu greifen tiefste Gebundenheit und höchste Freiheit ineinander.

5. Sprachlich verdichtet sich jene Responsorizität zum vorangestellten Amen

---

69. Zu Freuds These vom »Todestrieb« vgl. *Erich Fromm:* Anatomie der menschlichen Destruktivität, rororo 7052, Reinbek 1977, S. 492–532; *Paul Ricœur:* Die Interpretation. Ein Versuch über Freud, stw 76, Frankfurt 1974, S. 289–317(346).

70. Siehe oben S. 142ff.

71. *D. Bonhoeffer:* Widerstand und Ergebung (Ausg. München 1959, S. 150f.), Brief vom 21. Febr. 1944: »Ich habe mir hier oft Gedanken darüber gemacht, wo die Grenzen zwischen dem notwendigen Widerstand gegen das ›Schicksal‹ und der ebenso notwendigen Ergebung liegen ... Gott begegnet uns nicht nur als Du, sondern auch ›vermummt‹ im ›Es‹ und in meiner Frage geht es also im Grunde darum, wie wir in diesem ›Es‹ (›Schicksal‹) das ›Du‹ finden, oder, mit anderen Worten: wie aus dem ›Schicksal‹ wirklich ›Führung‹ wird.«

Jesu. Auch dies ist vorgeprägt in der prophetischen Vollmachtsformel: »Spruch Jahwes! So spricht der Herr!« und bahnt sich an in apokalyptischen Schwureinleitungen[72]; plötzlich jedoch ist es in erstaunlicher Häufung und fester Prägung da, und zwar ausschließlich in Worten Jesu. Johannes unterstreicht es durch die fast liturgische Doppelung: »Wahrlich, wahrlich, ich sage euch!« In diesem vorangestellten Amen antwortet Jesus gleichsam auf Gottes heimliche Weisung und gibt sie den Seinen weiter in der unausweichlichen Betroffenheit des vom Kommen Gottes Ergriffenen. In diesem vorhergehenden Amen erfüllt sich das wesenhaft Responsorische menschlicher Existenz. In der Christenheit klingt Jesu Amen wider im Bekenntnis zu ihm als dem treuen und wahrhaftigen Zeugen, in dem alle Gotteszusagen Ja und Amen sind (Apk 3,14; 1,5; 2Kor 1,20).

6. Das Ineins von Gebundenheit und Freiheit konzentriert sich im apokalyptischen δεῖ (oportet), im »Es muß so geschehen«. Aus Jesu Leidensweissagungen klingt es uns im Ohr (Mk 8,31 par). Es prägt die synoptische Apokalypse und verdichtet sich in Jesu Leidens- und Gehorsamsweg ans Kreuz. Hierbei stoßen wir auf eine nachsinnenswerte Spannung zwischen den Synoptikern, insbes. Markus, auf der einen und dem Johannesevangelium auf der anderen Seite. Bei Markus zeigt der Todeskampf in Gethsemane und der Verlassenheitsschrei am Kreuz Jesus als den hart Gebundenen und völlig Preisgegebenen. Bei Johannes deutet sich Gethsemane nur eben an in Jesu Worten zur Stunde seiner Erhöhung (Joh 12,27), und der Todesschrei ist ersetzt durch das »Es ist vollbracht« (Joh 19,30); Jesus ist der in hoheitlicher Freiheit durch die Todespforte zum Vater Heimkehrende. Jeweils ist eines einseitig akzentuiert, dort die Gebundenheit, hier die Freiheit. Doch darf dies nicht auseinanderbrechen zu einem Entweder–Oder, ist doch allein der wahrhaft Gebundene wirklich frei. Anthropologisch geurteilt, gipfelt hierin die responsorische Exzentrizität auf.

3. Der eschatologische Charakter des Menschen

1. Jenes Zwiefache, das Exzentrische und Responsorische menschlicher Existenz, drängt hin auf ein Drittes, auf das Eschatologische. Auch jenes Tertium ist von Luther schroff akzentuiert; Elert griff es auf in seiner These: Menschsein heißt, einem Urteil ausgesetzt sein[73]. Der Neuprotestantismus hat es reduziert zu einer Anthropologie der Hoffnung. Gemeinsam ist die Einsicht: Dieses Leben ist »nit ... ein Frummkeit, ßondern ein Frummb-Werden, nit ein Gesundheit, ßondern ein Gesund-Werden, nit ein Weßen, sunderen ein Werden, nit ein Ruge, ßondern ein Ubunge; wir seins noch nit, wir werdens aber. Es ist noch nit getan und geschehen; es ist aber im Gang und Schwank. Es

72. Nach *Klaus Berger:* Die Amen-Worte Jesu, ZNW Beih. 39, Berlin 1970, S. 4–28.
73. Siehe oben S. 139.

ist nit das End, es ist aber der Weg; es gluhwet und glinzt noch nit alles, es fegt sich aber alles« (WA 7,337,31). Jene Dynamik wird in der Reformation und in der Moderne unterschiedlich gesehen. In der Neuzeit blickt man auf die Naturgewalt, die in der Evolution des Lebendigen zu immer höheren Gestalten empordrängt. Ihr dürfe sich der Mensch anvertrauen; sie werde ihn durch alle Tode hindurch ins Ungeahnte hineinwandeln. Nach den Reformatoren bricht jene Dynamik von oben her aus Gottes Zukunft heraus in das Menschenleben ein und treibt das alte Wesen beharrlich aus, gibt den alten Adam unermüdlich in den Tod. Diese Einsicht hat Luther sowohl gegen Eck als auch gegen Karlstadt, sowohl gegen eine mittelalterliche »Imitatio Christi« als auch gegen den sog. linken reformatorischen Flügel hart akzentuiert: Wir lehren nicht, wie wir aus eigener Vernunft oder Kraft heraus zum Gottesgeist emporsteigen sollen, sondern wie der Geist mit Hilfe des Wortes zu uns herabkommt.
2. Die Kernfigur für jene Sicht entstammt ebenfalls dem Neuen Testament und ist wiederum speziell der Botschaft Jesu entnommen. Es ist Gottes Königsherrschaft, bzw. das Reich der Himmel, also nichts Geringeres als das Zentrum der Verkündigung Jesu, in welchem er den Ruf des Täufers aufgreift: »Erfüllt ist die Zeit und nahe gekommen die Königsherrschaft Gottes! Kehrt um und glaubt an das Evangelium!« (Mk 1,15 par.). Gottes Machtergreifung ist zugleich Inhalt der Kernbitte des Vaterunsers. »Wer um das Kommen des Königtums Gottes betet, bittet um die Königsherrschaft, bittet also zunächst darum, daß Gott auf Erden königlich sichtbar werde und in seiner großen Herrlichkeit das Weltall erfülle.«[74] Die streng endzeitliche Gottesherrschaft intendiert die Totalerfüllung, in der die Mächte des Nichtigen absolut überwunden sind. Dies übersteigt Menschenkraft. Nicht wir Menschen errichten durch unsere Großtaten die Gottesherrschaft, sondern Gott nimmt uns auf in sein Kommen. Nach Mt 25,34 gilt es ein vor Anbeginn der Welt zubereitetes Reich zu ererben; hierzu formuliert Luther steil: »Das Reich Gottes wird nicht bereitet, sondern es ist schon bereitet. Die Kinder des Reiches aber werden bereitet, nicht bereiten sie das Reich, das heißt: das Reich verdient sich die Kinder, nicht verdienen sich die Kinder das Reich« (WA 18,694,26). In Jesu Botschaft, in seinen Zeichen und Wundern, in seiner Auferweckung und in der Sendung des Geistes bricht die Gottesherrschaft schon unter Glaube, Liebe und Hoffnung ein in diesen vergehenden Äon. Die Zukunft hat schon begonnen; die Eschatologie wird bereits vergeschichtlicht.
3. Die Reformatoren reflektierten das vorlaufende Einbrechen der Gottesherrschaft zeitbezogen wie existentiell durch. Hier wird nicht lediglich ein Je und Je des Schon-Jetzt geöffnet für ein ständig zukünftiges Noch-Nicht, vielmehr dringt Gottes letztgültige Zukunft hinein in unseren Alltag. »Der Pro-

74. *Heinz Schürmann:* Das Gebet des Herrn, Freiburg 1957, S. 43; vgl. *Friedrich Beißer:* Das Reich Gottes, Göttingen 1976.

gressus ... ist nicht ... eine Hinwärts-, sondern eine Herwärtsbewegung; ist nicht unser Progressus zu Gott hin, sondern das Kommen des Christus zu uns herein; nicht das Schreiten der Welt zur Ewigkeit, sondern das Kommen der letzten Dinge in die Zeit herein.«[75] Keineswegs läutert sich unter dem Ruf des Evangeliums unser sündiges Wesen empor zur völligen Gottes- und Nächstenliebe, vielmehr bricht der Herr aus seiner endzeitlichen Zukunft heraus ein in unsere vergehende Zeit, gibt den in sich verkrümmten alten Adam beharrlich in den Tod und läßt Tag für Tag den neuen Menschen erstehen, der schon hier und jetzt in Gerechtigkeit und Heiligkeit vor ihm eschatologisch lebt. Weil die Christusgnade Gottes heiliges Nein zu unserem sündigen Wesen nicht einfach in eitel Liebe umwandelt, deshalb führt der Glaubensweg durch Tod und Gericht hindurch. Dies hebt an in der Taufe. Das Begrabenwerden mit Christus, unser Tauftod, vollendet sich im letzten Ersterben des Sünders; das Auferstehen in Christus, unsere Tauferweckung, vollendet sich in der endgültigen Annahme des Gerechtfertigten.

4. Jesu zentrale Botschaft vom Genahtsein der Gottesherrschaft entläßt gleichsam aus sich jene spezifische Gestalt menschlicher Existenz als eines eschatologischen Weges. Hierbei verwirklicht sich zugleich die responsorische Exzentrik allen Menschseins. Aus der absoluten Zukunft heraus, von jenseits der Todesgrenze her stößt die Dynamik hinein in diese Raum-Zeit und trifft mitten ins menschliche Herz. Ihr Anruf rückt jeden einzelnen hinein in den spezifischen Kairos, in die Ankunft der erfüllten Zeit. Am Ort der Todesschatten kann der Kairos nur in radikalem Vertrauen ergriffen werden; hierin realisiert sich das responsorische Wesen des Menschen. Wahrhaft vertrauen können wir nur, indem wir die Exzentrizität unserer Person anerkennen. Hierin sagen wir dem Willen des alten Menschen ab, in sich selber oder in der menschlichen Gemeinschaft oder in der zuhandenen Welt letztgültigen Stand zu gewinnen.

5. Die drei neutestamentlichen Chiffren: der Abba-Ruf, das vorangestellte Amen und die hereinbrechende Gottesherrschaft enthüllen zugleich das dreigesichtige Geheimnis menschlicher Existenz, lassen uns deren unauslotbare Abgründe ahnen. Wir alle sind radikal exzentrisch, responsorisch und eschatologisch. Wir wollen dies nicht wahrhaben und können es doch nicht leugnen. Wir suchen Stand in uns selber und können es nicht. Wir möchten aus einer in sich autarken Spontaneität heraus leben und sind schon längst eingefügt in ein Spiel, das seit Jahrhunderttausenden im Gange ist und ohne uns weitergehen wird. Wir blenden hartnäckig die Zweifelsfragen nach dem Woher und Wohin, nach dem Wozu und Wofür unseres Lebens ab und müssen doch faktisch jener Urmacht vertrauen, die uns den Lebenssinn garantie-

---

75. *W. Joest:* Gesetz und Freiheit. Das Problem des Tertius usus legis bei Luther und die neutestamentl. Parainese, Göttingen 1968^4, S. 98.

ren will, den wir in uns selber vergeblich suchen, die uns unser Selbst endzeitlich zusprechen und übereignen will, das wir hier ständig mit Füßen treten. Das ist jener Widerstreit, der jegliches Menschsein durchdringt und deshalb hinausweist über das Hier und Jetzt auf ein letztgültiges Sich-Erweisen Gottes in Gericht und Errettung[76].

Hinweise zur Einarbeitung in die Anthropologie

1. Für das Alte Testament besitzen wir die instruktive Darstellung von *Hans Walter Wolff:* Anthropologie des Alten Testaments, München 1973 (Lit. S. 331–345); der religionsgeschichtliche Hintergrund ist aufgehellt durch *Claus Westermann:* Genesis, BKAT I, bes. S. 26–103. 197–222. 245–284; eine Skizze nach den verschiedenen Textkomplexen bietet *Walter Zimmerli:* Der Mensch und seine Hoffnung im Alten Testament (KVR 272).
2. Leider fehlt eine analoge Übersicht für das Neue Testament; wichtig bleibt die anthropologische Aufschlüsselung der paulinischen und johanneischen Theologie bei *Rudolf Bultmann:* Theologie des Neuen Testaments, §§ 17–26 und 42, mit der Korrektur durch *Ernst Käsemann:* Paulinische Perspektiven, Tübingen 1972², S. 9–60; der antike Kontext ist lebensvoll dargestellt bei *R. Bultmann:* Das Verständnis von Welt und Mensch im Neuen Testament und im Griechentum, in: Glauben und Verstehen, Bd. II, S. 59–78 und bei *Günther Bornkamm:* Mensch und Gott in der griechischen Antike, in: Studien zur Antike und Urchristentum, Ges. Aufs., Bd. II, S. 9–46.
3. Zu Luther sind vor allem hilfreich *Wilfried Joest:* Ontologie der Person bei Luther, Göttingen 1967 und die (geplante) Auslegung der »Disputatio de homine« (1536) durch *Gerhard Ebeling:* Lutherstudien, Bd. II, vorliegend Teil I, Tübingen 1977; zu Melanchthon ist immer noch unersetzlich *Johann Rump:* Melanchthons Psychologie (seine Schrift de anima) in ihrer Abhängigkeit von Aristoteles und Galenos, Kiel 1897. Sie ist ergänzt vor allem durch *Wilhelm Maurer:* Der junge Melanchthon zwischen Humanismus und Reformation, Bd. II, Göttingen 1969, S. 230–454; zu Calvin ist wichtig die durch Barth geprägte Analyse von *T. F. Torrance:* Calvins Lehre vom Menschen, Zürich 1951, mit den Ergänzungen durch *Gerd Babelotzky:* Platonische Bilder und Gedankengänge in Calvins Lehre vom Menschen, Wiesbaden 1977.
4. Zur Geschichte der Anthropologie sind hilfreich: *Michael Landmann* (und Mitarbeiter): De homine. Der Mensch im Spiegel seines Gedankens, Frei-

---

76. Ließe es der zur Verfügung stehende Raum zu, so müßten in einer Art Gegenzug die Konsequenzen bedacht werden, die sich aus der in Jesus aus Nazareth vollmächtig gelebten exzentrischen, responsorischen und eschatologischen Positionalität für das Kategoriengefüge der Anthropologie ergeben. Diese Aufgabe muß an die Ethik weitergegeben werden; sie wird sich auch in den Ausführungen zur Rechtfertigung und zu Gesetz und Evangelium andeuten.

burg–München 1962; *Bernhard Groethuysen:* Philosophische Anthropologie (1931), Darmstadt 1969; *Sergio Moravia:* Beobachtende Vernunft. Philosophie und Anthropologie in der Aufklärung, München 1973; *Odo Marquard:* Schwierigkeiten mit der Geschichtsphilosophie, Frankfurt 1973, S. 122–144. 213–248 (Lit.).

5. Die theologische Diskussion um die Imago Dei ist zusammengestellt in: Der Mensch als Bild Gottes, hg. von *Leo Scheffczyk,* WdF CXXIV, Darmstadt 1969 (Lit. S. 526–538); knappe dogmengeschichtliche Übersichten finden sich in den Abschnitten zum Menschen in der katholischen Dogmatik: Mysterium Salutis, Bd. II, S. 602ff. zu Leib und Seele; S. 743ff. zur Ehe; S. 808ff. zur Imago Dei; S. 822ff. zum Urstand; S. 906ff. zur Erbsünde.

6. Die gegenwärtige Diskussion in den Humanwissenschaften ist breit dokumentiert in den sieben Bänden zur Neuen Anthropologie, hg. von *Hans-Georg Gadamer* und *Paul Vogler,* dtv WR Bd. 4069–4074. 4148; eine knappe Einführung findet sich in: Kreatur Mensch, hg. von *A. Altner,* München 1973, dtv 892; Hilfen zu einer Diskussion bieten *Walter Neidhart* und *Heinrich Ott:* Krone der Schöpfung? Humanwissenschaften und Theologie (Maßstäbe des Menschlichen Bd. X), Stuttgart 1977, und *Christofer Frey:* Arbeitsbuch Anthropologie: Christliche Lehre vom Menschen und humanwissenschaftliche Forschung, Stuttgart 1979; besonders instruktiv sind ferner: Die Frage nach dem Menschen. Aufriß einer phil. Anthropologie, Festschrift für Max Müller, hg. von *Heinrich Rombach,* Freiburg–München 1966; Wege zur pädagogischen Anthropologie. Versuch einer Zusammenarbeit der Wissenschaften vom Menschen, hg. von *Andreas Flitner,* Heidelberg 1967^2; *Carl Friedrich von Weizsäkker:* Der Garten des Menschlichen. Beiträge zur geschichtlichen Anthropologie, München–Wien 1977.

7. Zur Anthropologie der Theologen zwischen den beiden Weltkriegen siehe *Emil Brunner:* Der Mensch im Widerspruch (1937), Zürich 1965^4; *Dietrich Bonhoeffer:* Schöpfung und Fall (1933), München 1958; *Gert Hummel:* Theologische Anthropologie und die Wirklichkeit der Psyche, Darmstadt 1972 (zu Barth, Bultmann, Gogarten, Tillich und C. G. Jung); E. Kamlah zu R. Bultmann und Chr. Frey zu Barth in: Anthropologie als Thema der Theologie, hg. von *Hermann Fischer,* Göttingen 1978; *Chr. Frey:* Arbeitsbuch Anthropologie, S. 37–94 (zu Bultmann, Barth, Tillich, Pannenberg, Rahner).

8. Zum gegenwärtigen theologischen Gespräch: Anthropologie als Thema der Theologie, Göttingen 1978; *John B. Cobb:* Die christliche Existenz. Eine vergleichende Studie der Existenzstrukturen in den verschiedenen Religionen, München 1970; *Gerhard Ebeling:* Dogmatik des christlichen Glaubens, Tübingen 1979, Bd. I, S. 334–414; Bd. II, S. 50–76, 132–147, 260–279. 483–496; *Alexandre Ganoczy:* Der schöpferische Mensch und die Schöpfung Gottes, Mainz 1976; *Eberhard Jüngel:* Der Gott entsprechende Mensch, dtv WR 4074, S. 342–372; *Jürgen Moltmann:* Mensch, ThTh, Stuttgart 1977^3; *Hans-Rudolf*

Müller-Schwefe: Der Mensch – das Experiment Gottes, EvEnz 14, Gütersloh 1966; die Abschnitte zur Anthropologie in Mysterium Salutis, Bd. II, S. 405–941; *Wolfhart Pannenberg:* Was ist der Mensch?, KVR 1139, Göttingen 1976[5] und Die Bestimmung des Menschen, KVR 1443, Göttingen 1978; zu Karl Rahner: *Klaus P. Fischer:* Der Mensch als Geheimnis. Die Anthropologie Karl Rahners, Freiburg 1974; *Helmut Thielicke:* Mensch sein – Mensch werden. Entwurf einer christlichen Anthropologie, München 1976.

Sachregister